D1941855

10 509
Deutsche Weltwirtschaftliche
Gesellschaft E. V.
1 BERLIN 15
Kurfürstendamm 188

Kieler Studien

Institut für Weltwirtschaft an der Universität Kiel

Herausgegeben von Herbert Giersch

136

Dr. Bernd Stecher

Erfolgsbedingungen der Importsubstitution und der Exportdiversifizierung im Industrialisierungsprozeß

Die Erfahrungen in Chile, Mexiko und Südkorea

J.C.B. MOHR (PAUL SIEBECK) TÜBINGEN

1976

CIP-Kurztitelaufnahme der Deutschen Bibliothek

Stecher, Bernd
Erfolgsbedingungen der Importsubstitution und der Exportdiversifizierung im Industrialisierungsprozeß. — 1. Aufl. — Tübingen: Mohr, 1976.
(Kieler Studien; 136)
ISBN 3-16-338251-7 kart.
ISBN 3-16-338252-5 Lw.

Schriftleitung: Hubertus Müller-Groeling

©
Institut für Weltwirtschaft an der Universität Kiel
J. C. B. Mohr (Paul Siebeck) Tübingen 1976
Alle Rechte vorbehalten
Ohne ausdrückliche Genehmigung des Verlages ist es auch nicht gestattet, den Band oder Teile daraus auf photomechanischem Wege (Photokopie, Mikrokopie) zu vervielfältigen
Printed in Germany

Inhaltsverzeichnis

Verzeichnis der Tabellen im Text

Seite

Seite

Verzeichnis der Tabellen im Anhang

Verzeichnis der Schaubilder

Vorwort

Die vorliegende Studie entstand in den Jahren 1973/1974 am Institut für Weltwirtschaft. Sie soll einen empirischen Beitrag zu den Untersuchungen leisten, die dort im Rahmen des Sonderforschungsbereichs "Weltwirtschaft und internationale Wirtschaftsbeziehungen" über Industrialisierungs- und Außenhandelsprobleme in ausgewählten Entwicklungsländern durchgeführt werden.

Besonderen Dank schulde ich Professor Herbert Giersch, der die Untersuchung durch vielfache Anregungen und kritische Hinweise gefördert hat. Mit Juergen B. Donges habe ich die Arbeit von Beginn an diskutieren können; ihm verdanke ich eine Vielzahl von kritischen Anmerkungen und Verbesserungsvorschlägen. Professor Gerhard Fels und Klaus-Werner Schatz haben durch steten Rat zum Fortgang der Untersuchung beigetragen; ebenfalls danken möchte ich Professor Josef Gruber und Professor Jürgen Rohwedder für wertvolle Hinweise. Nicht zuletzt gilt mein Dank auch jenen Mitarbeiterinnen im Institut, die Manuskripte geschrieben, Rechenarbeiten durchgeführt und Schaubilder angefertigt haben. Frau Ingeborg Langner und Frau Marlies Böttcher haben sich mit großer Sorgfalt der redaktionellen Überarbeitung des Manuskripts angenommen.

Kiel, im August 1975 Bernd Stecher

I. Einleitung

1. Bis zu Beginn der dreißiger Jahre galt das System der - komplementären - internationalen Arbeitsteilung, in dem die Entwicklungsländer vorwiegend Agrargüter und Rohstoffe und die Industrieländer verarbeitete Produkte exportierten, als für beide Seiten nutzbringend. Jedenfalls war während eines längeren Zeitraums das Expansionstempo bei Primärgüterexporten und bei Industriewarenexporten etwa gleich hoch[1]. Mit der Weltwirtschaftskrise begann indes eine Phase, in der sich die Weltexportstruktur mehr und mehr zum Nachteil der Entwicklungsländer wandelte. Sieht man vom Erdöl ab, so blieb nicht nur das mengenmäßige Exportwachstum der Primärgüter deutlich hinter dem der Industriewaren zurück, sondern auch die commodity terms of trade verschlechterten sich trendmäßig - nur unterbrochen durch den Zweiten Weltkrieg und den Koreakrieg - zum Nachteil der Entwicklungsländer. Daraus resultierten u.a. wachstums-, beschäftigungs- und zahlungsbilanzpolitische Probleme, die allseitig zu einer entwicklungspolitischen Neubesinnung führten.

2. Einige Entwicklungsländer versuchten aus der für sie ungünstig gewordenen Spezialisierung auf Primärgüter dadurch auszubrechen, daß sie den Weg der Industrialisierung einschlugen; abgestellt wurde dabei auf Importsubstitution. Unter dieser Form der Industrialisierung ist ein Prozeß zu verstehen, in dem ein Land seine Importe durch heimische Produkte ersetzt. Was als Importsubstitution zu beobachten ist, ist das Ergebnis zweier Komponenten; der natürlichen, spontanen Importsubstitution, die sich auch unter Laissez-faire-Bedingungen ergibt, und der wirtschaftspolitisch induzierten Importsubstitution[2]. Im letzten Fall handelt es sich um eine Strategie, die darauf abzielt, die inländische Produktionsstruktur im Bereich industriell gefertigter Halb- und Fertigwaren zu verbreitern und damit

---

[1] Von 1876 bis 1929 betrug die jahresdurchschnittliche Zuwachsrate für jede der Gütergruppen etwa 2,4 vH. Vgl. R. Prebisch, Towards a New Trade Policy for Development. In: Proceedings of the United Nations Conference on Trade and Development, Geneva, 23 March - 16 June 1964. Vol. II: Policy Statements. New York 1964. S. 12. - Als Primärgüter werden hier die Positionen 0-4 der internationalen SITC-Klassifizierung (Standard International Trade Classification) zusammengefaßt, während die Industriegüter die Positionen 5-8 enthalten.

[2] Diese beiden Komponenten lassen sich zwar qualitativ unterscheiden, nicht aber quantitativ erfassen. Vgl. dazu auch die Ausführungen der Ziff. 10 ff.

die bisher aus dem Ausland befriedigte Nachfrage nach Industriegütern durch inländisches Angebot zu ersetzen[1]. Eine Importsubstitution war bereits im Laufe des neunzehnten und des frühen zwanzigsten Jahrhunderts vor allem in lateinamerikanischen Entwicklungsländern - ähnlich wie im Entwicklungsprozeß der heute hochindustrialisierten Länder - zu beobachten, jedoch hatte sie damals mehr den Charakter eines spontanen Vorgangs[2]. Zur erklärten Industrialisierungsstrategie wurde die Importsubstitution in der Dritten Welt erst zu Beginn der fünfziger Jahre; von ihr erhoffte man sich nun ein schnelleres wirtschaftliches Wachstum bei steigendem Beschäftigungsstand sowie die Überwindung strukturell bedingter Zahlungsbilanzschwierigkeiten.

3. Diese Erwartungen haben sich nicht oder nur teilweise erfüllt. Das Wirtschaftswachstum hat sich in nur wenigen Ländern nachhaltig beschleunigt (vgl. Tabelle 1) und auch nur vereinzelt zu einer breiteren Produktionsstruktur geführt. Die meisten Entwicklungsländer sehen sich trotz der Industrialisierungsbemühungen nach wie vor in der Rolle von Rohstofferzeugern. Es ist kaum irgendwo gelungen, den Zahlungsbilanzdruck zu mildern und das Arbeitsplatzangebot an das Arbeitskräftepotential anzupassen; und überall stieß früher oder später der Prozeß der Importsubstitution an die Grenzen des verhältnismäßig engen inländischen Marktes.

4. Von diesen enttäuschenden Erfahrungen ausgehend, zeigt sich in der entwicklungspolitischen Diskussion zunehmend Unsicherheit in der Beurteilung der Importsubstitution als Industrialisierungsstrategie. Die Importsubstitution, die seit dem sogenannten Prebisch Manifest[3], kaum bestritten, als der richtige Weg zur langfristig erfolgreichen Industrialisierung galt, geriet seit der Ersten Welthandelskonferenz im Jahre 1964 immer mehr in Verruf. Bei der Suche nach Alternativen kam es dann in der wirtschaftswissenschaftlichen Diskussion zu einem deutlichen Meinungsumschwung zugunsten einer

---

[1] Es scheint an dieser Stelle nicht zweckmäßig zu sein, die Importsubstitution begrifflich enger abzugrenzen. Vgl. dazu Ziff. 48 ff. des empirischen Teils, in dem verschiedene Konzepte der Importsubstitution dargestellt sowie näher auf das ihnen jeweils zugrundeliegende Referenzsystem eingegangen wird.

[2] Der Kolonialstatus der meisten asiatischen und afrikanischen Länder dürfte einer der Gründe sein, warum es dort zu ausgeprägten Industrialisierungswellen vorerst noch nicht kam.

[3] Vgl. R. Prebisch, The Economic Development of Latin America and Its Principal Problems. Lake Success, New York 1950.

Tabelle 1 - Durchschnittliche jährliche Veränderungsraten ausgewählter Indikatoren für verschiedene Entwicklungsländer 1950-1968 (vH)

Land	Bevölkerung		Bruttoinlandsprodukt				Agrar-produktion		Industrie-produktion		Exporte		Importe	
			insgesamt		pro Kopf									
	1960/50	1968/61	1960/50	1968/61	1960/50	1968/61	1960/50	1968/61	1960/50	1968/61	1960/50	1968/61	1960/50	1968/61
Ägypten	2, 4	2, 5	2, 9	5, 3	0, 5	2, 7	3, 5	1, 4	8, 8	12, 0	1, 2	- 0, 2	2, 3	2, 3
Argentinien	2, 0	1, 6	3, 1	3, 0	1, 1	1, 4	- 1, 6	3, 8	0, 3	3, 7	0, 4	4, 6	2, 6	0, 1
Brasilien	3, 1	3, 0	6, 8	4, 6	3, 6	1, 6	4, 6	2, 6	9, 2	4, 5	0, 4	3, 2	4, 2	0, 7
Chile	2, 4	2, 5	3, 6	4, 9	1, 2	2, 3	3, 1	1, 6	5, 5	5, 6	5, 2	8, 9	8, 8	4, 5
Indien	1, 8	2, 5	3, 7	3, 4	1, 9	0, 9	3, 2	1, 3	6, 6	5, 9	1, 8	2, 7	7, 1	3, 0
Malaysia	2, 9	3, 1	4, 1	6, 5	1, 2	3, 3	3, 0	4, 0	5, 7	3, 4	3, 2	10, 9	0, 4	3, 8
Mexiko	3, 2	3, 4	5, 8	7, 2	2, 5	3, 7	5, 8	4, 2	6, 6	8, 4	5, 4	6, 9	7, 9	6, 6
Nigeria	2, 0	2, 4	4, 1	4, 0	2, 0	1, 6	5, 1	0, 9	-	12, 0	6, 0	5, 7	12, 9	3, 8
Pakistan	2, 4	2, 6	2, 6	5, 7	0, 2	3, 0	1, 3	2, 9	18, 3	12, 4	1, 9	4, 9	5, 2	9, 3
Philippinen	3, 1	3, 4	6, 6	4, 5	3, 4	1, 0	3, 2	3, 2	10, 2	6, 0	3, 0	9, 6	5, 0	9, 6
Südkorea	2, 7	2, 7	6, 0	7, 6	3, 2	4, 8	5, 7	4, 8	16, 4	15, 8	9, 1	28, 0	16, 5	15, 6
Taiwan	3, 4	3, 1	8, 1	10, 0	4, 5	6, 7	5, 8	4, 7	14, 9	15, 7	6, 8	22, 2	5, 5	14, 9
Tunesien	2, 3	2, 9	3, 6	3, 7	1, 3	0, 8	4, 7	- 3, 6	-	3, 8	0, 7	2, 3	3, 7	4, 5

Quelle: UN, Yearbook of International Trade Statistics, versch. Jgg. - UN, ECLA, "Statistical Bulletin for Latin America", versch. Jgg. - UN, The Growth of World Industry, versch. Jgg. - UN, Yearbook of National Accounts Statistics, versch. Jgg. - IBRD, World Tables, 1968, 1971.

vornehmlich exportorientierten Industrialisierungsstrategie[1]. Mitunter stößt man auf die Erwartungen, daß eine allein exportorientierte Strategie die Verwirklichung der genannten drei entwicklungspolitischen Ziele ermöglichen würde - ebenso wie einst alle Hoffnungen auf die Importsubstitution gesetzt worden waren. Empirische Erfahrungen, die den abrupten Meinungswandel rechtfertigen könnten, liegen freilich bis heute noch nicht vor. Häufig wird auf die eindrucksvollen Erfolge Hongkongs und Singapurs verwiesen. Doch erscheinen Zweifel angebracht, ob sich die Erfolge zweier Stadtstaaten mit traditionell hochentwickelten Handelsverflechtungen auf andere Entwicklungsländer übertragen lassen.

5. Auch neuere umfangreiche empirische Untersuchungen über den Industrialisierungsprozeß in ausgewählten Entwicklungsländern, die im Rahmen eines OECD-Projekts unter der Leitung von Ian Little, Tibor Scitovsky und Maurice Scott durchgeführt worden sind[2], können den sogenannten Strategiestreit nicht befriedigend schlichten; es zeigt sich nämlich, daß die in den Länderstudien, besonders in der über Brasilien, vertretenen Auffassungen nicht immer mit denen der von den Projektleitern im zusammenfassenden Band niedergelegten programmatischen und stark meinungsbetonten Plädoyers für eine exportorientierte Industrialisierung übereinstimmen. Die OECD-Studie läßt insbesondere offen, ob die Importsubstitution unter den gegebenen institutionellen, soziologischen und weltwirtschaftlichen Bedingungen nicht doch eine nützliche und vielleicht sogar notwendige Phase im Prozeß der Industrialisierung darstellt. Immerhin ist bemerkenswert, daß während der sechziger Jahre einige Entwicklungsländer, die ihre Industrialisierung binnenmarktorientiert begonnen haben, zu relativ erfolgreichen Exporteuren von industriellen Halb- und Fertigwaren werden konnten (so die Länder Brasilien, Indien,

---

[1] Vgl. z.B. Prebisch, Towards a New Trade Policy, a.a.O., S. 21 f. - H. Myint, The Inward and Outward-Looking Countries of Southeast Asia. "The Malayan Economic Review", Vol. 12 (1967), No. 1, S. 1 ff. - D.B. Keesing, Outward-Looking Policies and Economic Development. "The Economic Journal", Vol. 77 (1967), S. 303 ff. - B. Balassa, Trade Policies in Developing Countries. "The American Economic Review", Vol. 61 (1971), Papers and Proceedings, S. 178 ff.

[2] Vgl. I. Little, T. Scitovsky, M. Scott, Industry and Trade in Some Developing Countries: A Comparative Study. London, New York, Toronto 1970. - Länderstudien wurden für Brasilien (Joel Bergsman), Mexiko (Timothy King), Indien (Jagdish Bhagwati und Padma Desai), Pakistan (Stephen Lewis), die Philippinen (Gerardo Sicat) und Taiwan (Mo-Huan Hsing) durchgeführt.

Mexiko, Pakistan, Südkorea und Taiwan). Wie hingegen eine von vornherein exportorientierte Industrialisierung wirkt, insbesondere ob sie frei von Fehlentwicklungen ist, muß dahingestellt bleiben, weil hierüber (noch) keine praktischen Erfahrungen vorliegen.

6. Mit der vorliegenden Untersuchung ist beabsichtigt, einen empirischen Beitrag zur Klärung der anhaltenden Kontroverse über Industrialisierungsstrategien in Entwicklungsländern zu leisten. Dabei wird vor allem untersucht, ob und unter welchen Bedingungen

- Importsubstitution und Exportdiversifizierung miteinander konkurrieren, also als Alternativen aufzufassen sind, oder

- Importsubstitution eine Vorbedingung für Exportdiversifizierung ist, d.h. beide Strategien im zeitlichen Sinne zueinander komplementär sind.

Anhand von konkreten Beispielen soll geprüft werden, inwiefern die Importsubstitution mit Nachteilen verbunden war, die vermeidbar gewesen wären, und wie eine Importsubstitutionspolitik angelegt sein muß, damit sie zur Exportdiversifizierung hinführt. Eine auch nur einigermaßen befriedigende Antwort auf diese Frage könnte schon zur Versachlichung der Kontroverse um die "richtige" Strategie beitragen (und damit auch die entwicklungspolitische Beratung insbesondere der Länder, die erst am Beginn ihrer industriellen Entwicklung stehen, erleichtern).

7. Die Untersuchung beginnt mit einer Diskussion der Ziele der bisherigen Importsubstitutionspolitik, der Annahmen über die vermutete Wirkung der eingesetzten Mittel und der Zielkonflikte, die bei der tatsächlich verfolgten Politik auftraten. Dabei werden die Engpässe aufgezeigt, auf die die Importsubstitution stieß oder die sie selbst verursacht hat. Dieser Teil der Arbeit beruht weniger auf länderspezifischen als auf den generalisierten Erfahrungen, wie sie in der relevanten entwicklungspolitischen Literatur Eingang gefunden haben. Die Analysen und Wertungen, die sich in der Literatur finden, werden kritisch erörtert und durch eigene Plausibilitätsüberlegungen ergänzt. Daran schließt sich eine wohlfahrtstheoretische Betrachtung der Importsubstitution an; sie soll die Bedingungen spezifizieren, unter denen eine Abkehr vom Freihandelszustand gesamtwirtschaftlich gerechtfertigt werden kann.

8. Aus der Analyse der Vor- und Nachteile der Importsubstitution werden Hypothesen abgeleitet, die in dem darauffolgenden Kapitel anhand von Länderstudien über Chile, Südkorea und Mexiko überprüft

werden. Folgende Umstände waren für die Auswahl dieser Länder maßgebend. Alle drei Länder

- haben ihre Industrialisierung via Importsubstitution begonnen und danach versucht, auch für den Weltmarkt zu produzieren;
- zählen zu der Gruppe der schon fortgeschritteneren Entwicklungsländer mit einem Grundstock an industrieller Infrastruktur, einem Mangel an qualifizierten und einem breiten Angebot an weniger qualifizierten Arbeitskräften;
- sehen sich einem sehr starken Bevölkerungsdruck ausgesetzt, der mit einer anhaltenden Urbanisierungstendenz einhergeht.

Die Länder unterscheiden sich jedoch in der Größe des heimischen Marktes, der Ausstattung mit natürlichen Ressourcen und der Entfernung zu kaufkräftigen Absatzmärkten. Dies sind wichtige Bestimmungsfaktoren für die Wahl der Industrialisierungsstrategie, deren Einfluß in der empirischen Analyse besonders untersucht werden soll.

Natürlich hätte sich nach diesen Kriterien auch eine andere Ländergruppe bilden lassen; letztlich bleibt aber jede Auswahl wegen unvermeidlicher Willkür angreifbar. Wir haben uns bei unserer Wahl auch durch die Tatsache beeinflussen lassen, daß zumindest zwei der drei Länder, nämlich Chile und Südkorea, bislang nur wenig untersucht worden sind. Darüber hinaus mußte auch einem formalen, für empirische Arbeiten unerläßlichen Kriterium Rechnung getragen werden; es gibt für alle drei Länder eine relativ umfangreiche statistische Datenbasis, die sich zudem sektoral in vergleichbarer Form disaggregieren läßt.

Im letzten Teil der Arbeit werden einige entwicklungspolitische Schlußfolgerungen gezogen; insbesondere wird versucht, die Frage zu beantworten, unter welchen Bedingungen ein Land möglichst reibungslos von der einmal begonnenen Importsubstitution auf Exportdiversifizierung umschalten kann (spillover).

II. Zur Rolle der Importsubstitution im Industrialisierungsprozeß

1. Natürliche und wirtschaftspolitisch induzierte Importsubstitution

9. Mit Importsubstitution wird - in einer evolutorischen Wirtschaft - ein Prozeß bezeichnet, in dem ein Land die heimische Produktion von Gütern, die mit tatsächlichen oder potentiellen Importen konkurrieren, stärker ausdehnt, als es der internen Nachfrageexpansion bei diesen Gütern entspricht. Dadurch vermindert sich der Anteil der Einfuhren am Gesamtangebot. Dieser Prozeß kann sowohl die Folge des entwicklungsbedingten Strukturwandels wie das Ergebnis aktiver Wachstumspolitik sein.

(a) Im ersten Fall sprechen wir von einer natürlichen Importsubstitution. Der Anstieg des Durchschnittseinkommens der Bevölkerung bewirkt zum einen eine Ausweitung des Binnenmarktes; und er bringt zum anderen einen Wandel der Nachfragestruktur mit sich. Beides impliziert, daß sich die Bedingungen für einzelwirtschaftlich rentable Produktion im Inland zunehmend verbessern und damit die inländische Investitionstätigkeit stimuliert wird. Eine Ausdehnung der mit Importen konkurrierenden heimischen Produktion wird nicht durch staatliche Anreize und Diskriminierungen hervorgerufen, sondern durch den Markt selbst, jedenfalls wenn es (inländische oder ausländische) Unternehmer gibt, die bereit sind, die Marktchancen zu nutzen und das Risiko einzugehen, im Wettbewerb mit ausländischen Anbietern unter Umständen zu unterliegen. Die Importsubstitution, die dann stattfindet, ist gleichsam dem freien Spiel der Kräfte überlassen und entspricht jener, die sich als Folge des wirtschaftlichen Wachstums und des entwicklungsbedingten Strukturwandels auch bei Freihandel einstellen würde.

(b) Im zweiten Fall erscheint Importsubstitution den verantwortlichen Instanzen politisch geboten. Start, Ausmaß und Tempo der Importsubstitution werden durch die vorherrschenden gesellschafts- und wirtschaftspolitischen Ziele und die für deren Verwirklichung eingesetzten Mittel bestimmt. Eine durch besondere staatliche Maßnahmen forcierte Importsubstitution wird u. a. derjenige fordern,

- der glaubt, daß die Bevölkerung in den unterentwickelten Wirtschaften in Kenntnis des in den hochindustrialisierten Ländern erzielten wirtschaftlichen Wohlstandes auf eine nachhaltige Verbesserung ihres Lebensstandards drängt;

- der bezweifelt, daß die spontanen Kräfte ausreichen werden, um eine diesem Einkommenstreben entsprechende wirtschaftliche Entwicklung zu bewirken;
- der befürchtet, daß eine Dämpfung dieser Bestrebungen über kurz oder lang sozialen Unfrieden und politische Instabilität zur Folge haben würden;
- der überzeugt ist, daß das System der komplementären Arbeitsteilung die Entwicklungsländer in eine ökonomische Abhängigkeit von unsicheren Absatzmärkten für ihre Primärgüterexporte und von oligopolistisch strukturierten Beschaffungsmärkten für die benötigten Investitionsgüter bringt;
- der eine solche ökonomische Abhängigkeit für unvereinbar mit dem nationalen Selbstbewußtsein hält, das sich im Zuge und als Folge der Erlangung politischer Unabhängigkeit hebt;
- der davon ausgeht, daß eine wachstumsbewußte Wirtschaftspolitik binnenmarktorientiert sein muß, damit die planerische Unsicherheit, die das "Ausland" für eine Volkswirtschaft bedeutet, reduziert werden kann;
- der in der Wirtschaftsgeschichte Hinweise dafür findet, daß die heute hochindustrialisierten Länder ebenfalls eine Phase staatlich geförderter importsubstituierender Industrialisierung durchlaufen haben, bevor ihr industrielles Wachstum auch exportorientiert wurde, und der diesem Entwicklungsmuster trotz veränderter Bedingungen nacheifert.

Welches Gewicht man den einzelnen Importsubstitutionsargumenten auch immer beimessen mag[1], so darf man doch die Gefahr nicht übersehen, daß die wirtschaftspolitisch induzierte Importsubstitution nicht den Markttendenzen entspricht, sondern sich möglicherweise dagegen richtet. Dies ist vor allem dann der Fall, wenn die

---

1 Bis zu einem gewissen Grad müssen die einzelnen Argumente hinsichtlich ihrer Überzeugungskraft vor dem Hintergrund der weltwirtschaftlichen und weltpolitischen Lage, in der sich die einzelnen Entwicklungsländer jeweils sehen, bewertet werden. Vor allem in Lateinamerika waren die beiden Weltkriege und die Depression der dreißiger Jahre Anlaß, die industrielle Produktionsstruktur via staatlich geförderter Importsubstitution zu verbreitern. Vgl. A.O. Hirschman, The Political Economy of Import Substituting Industrialization in Latin America. "The Quarterly Journal of Economics", Vol. 82 (1968), S. 4. - A. Maddison, Economic Progress and Policy in Developing Countries. London 1970. Kapitel 6.

verantwortlichen Instanzen keine klaren Vorstellungen von der künftigen Produktionsstruktur haben, die einen maximalen Wohlstand auf mittlere und längere Sicht ermöglicht, wenn sie eher zu wirtschaftspolitischer Improvisation neigen und wenn ihr Tun oder Unterlassen übermäßig am Prestigebedürfnis des Staates orientiert ist. In diesem Fall wird sich die Importsubstitution exzessiv entfalten, d.h., es werden dort mehr Produktionsfaktoren gebunden, als mit deren optimaler Allokation vereinbar ist, und es kommt zu wirtschaftlichen und sozialen Fehlentwicklungen, die sich später nur mit hohen gesamtwirtschaftlichen Kosten (wenn überhaupt) korrigieren lassen. Diese Vermutung deckt sich, wie wir noch sehen werden, weitgehend mit dem Bild, das die Wirklichkeit in der Dritten Welt bietet.

10. Im Grunde handelt es sich bei der wirtschaftspolitisch induzierten Importsubstitution um den Versuch, Produktionsfaktoren aus den traditionellen Sektoren Landwirtschaft und Bergbau, in denen die meisten Entwicklungsländer komparative Vorteile besitzen, in die Industrie umzulenken. Da in diesen Ländern im Frühstadium der industriellen Entwicklung die privatwirtschaftliche Investitionsneigung in diesem Sektor noch gering ist, müssen hier stärkere Investitionsanreize geschaffen werden, als sie in den traditionellen Sektoren bestehen. Die nächstliegende Möglichkeit, dieses Ziel zu erreichen, besteht darin, den potentiellen heimischen Anbietern im Industriesektor durch Zölle oder Importkontingente Protektion gegenüber der Auslandskonkurrenz zu gewähren und ihnen damit den Inlandsmarkt teilweise oder ganz zu reservieren. Gesamtwirtschaftlich läßt sich eine solche Politik mit Überlegungen rechtfertigen, wie sie dem Erziehungszollargument zugrunde liegen, allerdings nur dann, wenn die Protektionsmaßnahmen in dem Maße aufgehoben werden, in dem sie sich dank erfolgreicher Importsubstitution überflüssig machen. Natürlich könnte man auch durch direkte Subventionen die Industrie bevorzugen und dabei auch deren Exporte gezielt fördern. Die Erfolgsaussichten einer solchen exportorientierten Industrialisierung scheinen jedoch ungewiß, weil die internationalen Industriegütermärkte von potenten Anbietern beherrscht werden und überdies der Zutritt zu diesen Märkten durch Handelshemmnisse erschwert wird. Der bequemere Weg aus der Sicht der verantwortlichen Instanzen in den Entwicklungsländern besteht deshalb darin, die Auslandskonkurrenz vom heimischen Markt erst einmal fernzuhalten; eine Rolle spielt dabei auch der Umstand, daß Zölle und die Vergabe von Einfuhrlizenzen eine Einnahmequelle des Staates darstellen, während direkte Subventionen erst durch Steuern aufzubringen wären. So kam es in nahezu allen industrialisierungswilligen Entwicklungsländern dazu, daß via

Importprotektion die Grenzleistungsfähigkeit des Kapitals im Industriesektor relativ zu der in den traditionellen Wirtschaftsbereichen erhöht worden ist.

11. Damit ist die Grenzleistungsfähigkeit des Kapitals in der Industrie auch im Vergleich zum Ausland gestiegen. Ausländischen Anbietern, denen der Warenexport nunmehr verwehrt wird oder weniger attraktiv erscheinen muß, wird der Kapitalexport jetzt um so lohnender erscheinen. In der Tat ging die wirtschaftspolitisch induzierte Importsubstitution im allgemeinen mit umfangreichen ausländischen Direktinvestitionen einher, die sich unter dem Gesichtspunkt des gesamtwirtschaftlichen Wachstums positiv ausgewirkt haben. An sich hätte man erwarten können, daß ausländische Unternehmen auch für den Export produzieren, da für sie das Auslandsgeschäft mit wenig Risiken behaftet ist, insbesondere wenn es sich um Töchter internationaler Gesellschaften handelt. Zu einer Exportoffensive aus den Entwicklungsländern kam es jedoch noch nicht. Die Auslandsinvestitionen, die dort getätigt wurden, hatten vorwiegend den Charakter von sogenannten Markterschließungsinvestitionen. Dies bedeutet, daß man mit der Gründung von Betriebsstätten die Protektionsbarrieren übersprang und im Inland die Rente abschöpfte, die die Protektion gewährte. Der Export wurde zum einen dadurch behindert, daß die Währungen in der Regel überbewertet waren, die Protektion die Faktorpreise erhöht hatte oder Engpässe auftraten, die auf den Devisenmangel und Einfuhrverbote zurückzuführen waren. Töchter internationaler Gesellschaften waren zudem am Export wenig interessiert, weil die Exportmärkte von den Muttergesellschaften bedient wurden; eine Ausnahme bilden dabei allenfalls die Direktinvestitionen japanischer Provenienz, für die Kostengesichtspunkte bei der Produktionsverlagerung in Niedriglohnländer ein wichtiges Motiv waren.

12. Was man als Importsubstitution beobachten und messen kann, ergibt sich aus dem Zusammenwirken spontaner Vorgänge und induzierter Prozesse. Um festzustellen, was die Marktkräfte unter Laissez-faire-Bedingungen hervorgebracht hätten und was Folge staatlicher Politik ist, kann man grundsätzlich zwei Methoden anwenden. Einmal könnte man hypostasieren, wie die Entwicklung bei Freihandel verlaufen wäre. Die Schwierigkeit hierbei ist, daß es nur wenig Erfahrungen gibt, auf die man sich stützen könnte, da fast kein Entwicklungsland diesen Weg gegangen ist. Die zweite Methode bestünde darin, die Maßnahmen, die die Regierungen im Rahmen der Importsubstitutionspolitik getroffen haben, zu erfassen und ihre Wirkung zu quantifizieren. Das ist grundsätzlich möglich und beispielsweise in der Berechnung von effektiven Protektionsraten für ausgewählte Ent-

wicklungsländer auch schon in großem Stil versucht worden[1]. Schwierig wird es jedoch, wenn man fragt, inwieweit die gemessenen Effektivraten auch tatsächlich heimische Anbieter geschützt haben. Denn neben dem (relativen) Niveau der effektiven Protektion hängt die Schutzwirkung vom Grad der Überbewertung der heimischen Währung ab. Ein Teil der effektiven Protektion kann mithin ein Äquivalent für eine überbewertete Währung sein; häufig wird ja auch die Protektion aus Zahlungsbilanzgründen erhöht, oder eine an sich fällige Abwertung kann dank der bestehenden Protektion unterbleiben bzw. hinausgeschoben werden. Aus der Berechnung effektiver Protektionsraten läßt sich bestenfalls für einzelne Branchen ermessen, in welchem Maße die betreffende Branche im Vergleich zum Durchschnitt der Gesamtindustrie geschützt ist. Auf methodisch ungesichertem Boden bewegt man sich jedoch, wenn man nach den Wirkungen fragt, die von der Importsubstitutionspolitik, gemessen an der effektiven Protektion, auf die Allokation der Produktionsfaktoren ausgeht. Denn dazu bedarf es wiederum des oben erwähnten Freihandels-Referenzsystems. Diese Bemerkungen mögen agnostisch klingen, sie sollen aber nur die Grenzen markieren, die einer empirischen Analyse gezogen sind. Im Einzelfall wird diese Arbeit trotz der generellen methodischen Schwierigkeiten aber doch versuchen, die Wirkung der Importsubstitutionspolitik zu erfassen. Die Ergebnisse, zu denen die Arbeit dabei gelangt, hängen dann natürlich von den Alternativhypothesen ab, auf denen sie beruhen, d.h. von den Annahmen über die Wirkung alternativer Politiken.

13. Die Annahme alternativer Entwicklungsverläufe, die sich zu einem Teil auf intuitive Urteile stützen muß, bildet nicht nur die Basis für die Diagnose der tatsächlichen Importsubstitutionspolitik, sondern auch für die Aussagen darüber, wie eine Industrialisierungspolitik ausgestaltet werden müßte, die die faktormobilisierenden Vorteile der Importsubstitution, von denen noch die Rede sein wird (Ziff. 32 ff.), ausschöpft, die allokationsverzerrenden und exporthemmenden Nachteile aber vermeidet. Dieses Untersuchungsziel impliziert bereits die Hypothese, daß wohlfahrtstheoretische Argumente für eine Förderung der Importsubstitution sprechen und daß, sofern diese Förderung sich an rationalen Kriterien orientiert, die Importsubstitution eine Vorschaltphase für die Exportdiversifizierung darstellen kann. Wie schon in Ziff. 6 erwähnt, ist dies die zentrale Hypothese, die in dieser Arbeit getestet werden soll.

---

[1] B. Balassa and Ass., The Structure of Protection in Developing Countries. Baltimore, Md., London 1971. In dieser Untersuchung finden sich Berechnungen für Brasilien, Chile, Mexiko, Malaysia, Pakistan und die Philippinen (sowie, zum Vergleich, Norwegen).

2. Nachteile der bisher praktizierten Importsubstitution

14. Die Erwartungen, die die meisten Entwicklungsländer an die Importsubstitution geknüpft hatten, haben sich in nur wenigen Fällen erfüllt. Faßt man die Ergebnisse dieser Industrialisierungsbemühungen zusammen, so ergibt sich nach fast drei Dekaden staatlich geförderter Importsubstitution im großen und ganzen folgendes Bild:

- In der Mehrzahl der Länder hat sich das wirtschaftliche Wachstum im Verlauf der Importsubstitution nur vorübergehend, etwa für einen Zeitraum von zehn bis fünfzehn Jahren, merklich beschleunigt[1] (Ziff. 17 ff.).
- Die Entlastung der Zahlungsbilanz trat allenfalls für kurze Zeit ein[2] (Ziff. 19 ff.).
- Die Anzahl der durch binnenmarktorientierte Industrialisierung geschaffenen Arbeitsplätze reichte bei weitem nicht aus, das Beschäftigungsproblem zu lösen[3] (Ziff. 25 ff.).

Gemessen an den gesetzten Zielen scheint somit die Erfolgsbilanz der Importsubstitution wenig positiv auszufallen. Im folgenden soll versucht werden, die Frage zu beantworten, warum es den meisten Ländern trotz einer erfolgreichen Anfangsphase der angestrebten binnenmarktorientierten Industrialisierung nicht gelungen ist, das Wirtschaftswachstum nachhaltig zu beschleunigen, die Zahlungsbilanz zu verbessern und die Arbeitslosigkeit und Unterbeschäftigung zu vermindern.

15. Den Ausgangspunkt dieser Analyse bildet die Darstellung eines - aus empirischen Untersuchungen gewonnenen - Industrialisierungsmusters, das für die Importsubstitution als typisch gilt. Diese Art des Vorgehens gestattet zweierlei: Zum einen lassen sich auf die in diesem Abschnitt gestellten Fragen allgemeine Antworten geben, die empirisch abgesichert sind; zum anderen aber läßt diese Methode auch zu, gegebenenfalls auf spezifische, vom "Normalmuster" abwei-

---

[1] Vgl. z.B. L. Hoffmann, Importsubstitution und wirtschaftliches Wachstum in Entwicklungsländern unter besonderer Berücksichtigung von Argentinien, Brasilien, Chile und Kolumbien. (Schriften zur Angewandten Wirtschaftsforschung, 25.) Tübingen 1970. S. 262 ff.

[2] Little, Scitovsky, Scott, a.a.O., S. 62.

[3] H. Bruton, Employment, Productivity and Import Substitution. Williamstown, Mass., 1972. (Unveröff. Manuskript.)

chende Besonderheiten im Industrialisierungsprozeß einzelner Entwicklungsländer einzugehen und damit möglicherweise zusätzliche Erklärungsgründe für Fehlentwicklungen aufzufinden.

16. Bereits die frühen Studien W. Hoffmanns[1] für Länder, die heute hochentwickelt sind, haben ergeben, daß Industrialisierungsprozesse in offenen wie geschlossenen Volkswirtschaften - unabhängig von der anfänglichen Faktorausstattung - durch typische Stadien gekennzeichnet sind. Jüngere empirische Untersuchungen, die auf der Basis internationaler Querschnittsberechnungen vorgenommen worden sind, kommen ebenfalls zu dem Ergebnis, daß es - in Abhängigkeit von der Größe des heimischen Marktes - Gemeinsamkeiten im industriellen Entwicklungsprozeß verschiedener Länder gibt; hier sind insbesondere die Arbeiten von H. B. Chenery, der UN, von M. D. Steuer und C. Voivodas sowie von S. Kuznets zu nennen[2]. Allen diesen Untersuchungen ist gemeinsam, daß sie in der Importsubstitution den Kern der Industrialisierung sehen.

In bezug auf die zeitliche Sequenz der festgestellten Industrialisierungsphasen scheinen sie sich hingegen zu widersprechen: Während W. Hoffmann zu dem Ergebnis kommt, diese Sequenz beginne mit der Produktion kurzlebiger Konsumgüter, erfasse mit zunehmender Entwicklung auch dauerhafte Konsumgüter und Vorprodukte und gehe dann auf Kapitalgüter über[3], ziehen andere Autoren, allen voran H. B. Chenery, aus ihren Untersuchungen den Schluß, die Industrialisierung vollziehe sich mehr oder weniger gleichzeitig auf allen Stufen.

Die Widersprüche zwischen W. Hoffmanns und H. B. Chenerys Ergebnissen sind in erster Linie darauf zurückzuführen, daß Hoffmann die Industrialisierung heute hochentwickelter Länder untersuchte, die in etwa gleichzeitig im konsumnahen Bereich einsetzte und sich dann stufenweise fortentwickelte. Sofern die Industrialisierung in dem

---

[1] W. G. Hoffmann, Stadien und Typen der Industrialisierung. (Probleme der Weltwirtschaft, 54.) Jena 1931.

[2] H. B. Chenery, Patterns of Industrial Growth. "The American Economic Review", Vol. 50 (1960), S. 624 ff. - Derselbe, L. Taylor, Development Patterns. Among Countries and Over Time. "The Review of Economics and Statistics", Vol. 50 (1968), S. 391 ff. - UN, A Study of Industrial Growth. New York 1963. - M. D. Steuer, C. Voivodas, Importsubstitution and Chenery's Patterns of Industrial Growth: A Further Study. "Economia Internazionale", Vol. 18 (1965), S. 47 ff. - S. Kuznets, Economic Growth of Nations. Cambridge, Mass., 1971.

[3] So auch H. Hesse, Strukturwandlungen im Welthandel 1950-1960/61. Tübingen 1967. S. 241 f.

einen oder anderen Land später als in anderen begann und sofern Importsubstitution betrieben wurde, betraf diese den sich zu der Zeit allgemein erst entwickelnden Bereich der Konsumgüterindustrie. Chenery dagegen berücksichtigte in seiner Untersuchung - neben den hochindustrialisierten Ländern - eine Reihe fortgeschrittenerer Entwicklungsländer, deren Importsubstitutionspolitik auch die kapitalintensiven Industriebetriebe einbezogen hatte. Inzwischen gibt Chenery selbst Anlaß zu einer Reinterpretation seiner Ergebnisse; aus Querschnittsuntersuchungen, die mit H. Hughes gemeinsam durchgeführt wurden, ergibt sich ein Bild, das weitgehend mit den Resultaten der Studie von W. Hoffmann übereinstimmt[1]. Die Erklärung dafür liegt darin, daß die der neueren Querschnittsanalyse zugrundeliegende Länderstichprobe umfangreicher ist; vor allem umfaßt sie Länder, deren Industrialisierungsprozeß - und Importsubstitution - noch in den Anfängen steckt.

17. Für die Annahme, daß die binnenmarktorientierte Industrialisierung bei einfachen Konsumgütern beginnt und erst in einer späteren Phase auf höherwertige Erzeugnisse übergeht, sprechen folgende Überlegungen: In Entwicklungsländern mit noch niedrigem Pro-Kopf-Einkommen besteht eine hohe und einkommenselastische Nachfrage nach Konsum- und Massenbedarfsgütern. Verglichen damit sind die Einkommenselastizität der Nachfrage und das Ausmaß der Nachfrage bei Kapitalgütern, intermediären Produkten und industriellen Rohstoffen zunächst noch gering; sie nehmen erst im Verlauf der Entwicklung zu, wenn die über den Konsumgüterbereich eingeleitete Industrialisierung intensiviert wird und Produktionsgüter sowie Vorprodukte verstärkt benötigt werden. Mit anderen Worten: Bei Konsumgütern ist die in unterentwickelten Volkswirtschaften so typische Enge des Binnenmarktes am geringsten; in die teils durch Importe befriedigte, teils aber noch latente Nachfrage können heimische Produzenten besonders leicht dann stoßen, wenn sie zu Beginn ihrer Aktivitäten von der Auslandskonkurrenz abgeschirmt werden.

Abgesehen von diesen Nachfrageaspekten hat sich gezeigt, daß sich in Entwicklungsländern, in denen unternehmerische Fähigkeiten und Risikobereitschaft besonders knapp sind, das Interesse für Aktivitäten am ehesten in einem Bereich wecken läßt, in dem Importe lohnende Absatzchancen signalisieren, d.h. die Außenhandelsstatistiken quasi anzeigen, welche Mengen eines Gutes zu gegebenen Preisen auf dem Inlandsmarkt abgesetzt werden können. Die benötigten Input-

---

[1] H.B. Chenery, H. Hughes, Industrialization and Trade Trends: Some Issues for the 1970s. In: H. Hughes (Ed.), Prospects for Partnership. Baltimore, Md., London 1973. S. 3 ff.

güter und Maschinen werden vorerst noch importiert. Später kommt es über backward linkages zu einer Importsubstitutionssequenz, von der dann in zunehmendem Maße auch höherwertige Güter erfaßt werden. Industrialisierung via Importsubstitution bedeutet also in der frühen Phase vorwiegend Imitation von Importprodukten und von erprobten Techniken in den verbrauchsnahen Bereichen. Sie verläuft damit reibungsloser, bewirkt aber auch geringere Lerneffekte als beispielsweise die frühen Industrialisierungsprozesse der heute hochentwickelten Länder[1].

18. Mit der ersten Phase der Importsubstitution hat sich in den meisten Entwicklungsländern, die diesen Weg der Industrialisierung beschritten haben, das Wirtschaftswachstum merklich beschleunigt. Dies entspricht durchaus den a-priori-Erwartungen, die man an die frühe Importsubstitution knüpfte. Denn reagieren Unternehmer auf staatliche Maßnahmen, die ihnen im Konsumgüterbereich den Inlandsmarkt weitgehend reservieren, mit der Aufnahme einer eigenen Produktion, so treffen sie auf einen vorhandenen, aber ungedeckten Bedarf, der ihnen eine rasche Expansion der Produktion sichert.

Dieser Wachstumsschub ist aber zeitlich begrenzt; er hält nur so lange an, wie der Binnenmarkt eine weithin unbefriedigte Nachfrage nach diesen Gütern aufweist. Ist die substitutive Inlandsproduktion aufgebaut, dann wird das Wachstumstempo dieser Branchen nur noch durch die Expansion der gesamten inländischen Nachfrage getragen, die wiederum vom Tempo des Bevölkerungswachstums und des durchschnittlichen Einkommensanstiegs abhängt. Da dieser Einkommensanstieg aber in Ländern der frühen Entwicklungsphase zum weitaus größten Teil von der Entwicklung der traditionellen, d.h. nicht-industriellen Wirtschaftsbereiche determiniert wird, kann es dazu kommen, daß die Industrieproduktion langsamer zunimmt, als es den entwicklungspolitischen Notwendigkeiten entspricht[2].

19. Die Chancen, zusätzliche Wachstumsimpulse zu erhalten, liegen nach Abschluß der ersten Phase der Importsubstitution im Prinzip darin, daß man versucht, mit den Produkten der neu entstandenen Konsumgüterindustrien Marktanteile im Ausland zu erringen oder die Importsubstitution auf andere Erzeugnisse als Konsumgüter auszuweiten.

---

[1] G. Stigler, The Division of Labour is Limited by the Extent of the Market. "The Journal of Political Economy", Vol. 59 (1951), S. 190.

[2] Die Stagnation Argentiniens illustriert diesen Fall besonders deutlich. Vgl. C.F. Díaz-Alejandro, Essays on the Economic History of the Argentine Republic. New Haven, Conn., London 1970.

(a) Was die erstgenannte Möglichkeit anlangt, so gibt es nur wenige Länder, die davon Gebrauch zu machen wußten. Südkorea und Taiwan sind die bekanntesten Beispiele. In den meisten Entwicklungsländern verspielte man vorhandene Exportchancen, weil die zur Stimulierung privatwirtschaftlicher Investitionen im Konsumgüterbereich gewährte Protektion exzessiv war und damit nicht nur zu einer Überbewertung der Währung führte, sondern auch eine Überbesetzung dieses Sektors mit meist kleinen Betriebseinheiten bewirkte, bei denen Skalenerträge nicht zu realisieren waren[1]. Bei den wenigen größeren Betrieben handelte es sich sehr häufig um ausländische Investoren, die jedoch nur an der Bedienung und der Erschließung des geschützten Binnenmarktes interessiert waren und daran, die Rente abzuschöpfen, die die Protektion gewährte. Da kaum irgendwo die Protektion im Verlauf des Importsubstitutionsprozesses vermindert wurde und somit kein Zwang zur Rationalisierung und Qualitätsverbesserung geschaffen worden war, blieben die heimischen Konsumgüterindustrien allenfalls auf dem heimischen Markt wettbewerbsfähig.

(b) Was die zweite Möglichkeit angeht, die Importsubstitution über den Konsumgütersektor hinaus auszudehnen, so haben sich keine nachhaltigen Wachstumsgewinne erzielen lassen. Zum einen war der Wachstumsspielraum gering, weil der Binnenmarkt für intermediäre Güter und Kapitalgüter ohnehin klein war; zusätzlich eingeengt wurde dieser Spielraum durch das Verhalten potentieller Abnehmer von heimisch erzeugten intermediären und Kapitalgütern, die ausländische Erzeugnisse inländischen Produkten gleicher Qualität auch dann vorziehen, wenn sie teurer sind. Zum anderen verminderte die Verwendung heimischer Inputgüter die Chancen der Konsumgüterindustrien, für Auslandsmärkte zu produzieren; und zwar aus folgendem Grund: Wegen der Enge des Binnenmarktes lagen die Produktionskosten in den meisten Entwicklungsländern über den Importpreisen vergleichbarer Güter. Die Einfuhrbeschränkung für intermediäre Güter und Kapitalgüter zwang aber die bereits bestehenden Konsumgüterindustrien, statt wie bisher ihre Inputgüter aus dem Ausland zu beziehen, jetzt auf die teureren heimischen

---

[1] D. Felix, Monetarists, Structuralists, and Import Substituting Industrialization: A Critical Appraisal. In: W. Baer, I. Kerstenetzky (Eds.), Inflation and Growth in Latin America. Homewood, Ill., 1964. S. 382 ff. - Wurde in einigen Fällen Wettbewerbsfähigkeit erreicht, so führte dies nicht immer dazu, daß es tatsächlich zum Export kam. Denn in den meisten Industrieländern genießen gerade jene Branchen den höchsten effektiven Schutz, bei denen die Entwicklungsländer noch am ehesten wettbewerbsfähig sind.

Erzeugnisse zurückzugreifen. Müssen aber die Inputgüter oder ein Teil davon aus der teureren (und nicht selten minderwertigeren) Inlandsproduktion bezogen werden, so verringert sich dadurch der Grad der effektiven Protektion[1], die die bestehenden Konsumgüterindustrien genossen hatten. Da die wirtschaftspolitischen Instanzen auf das daraufhin einsetzende zusätzliche Schutzbegehren der Konsumgüterindustrien im allgemeinen mit einer Erhöhung der Protektionsrate reagierten, trieben sie die Produktionskosten in diesem Bereich erneut in die Höhe und verringerten damit die Exportchancen noch weiter, da in den wenigsten Fällen eine Wechselkurskorrektur vorgenommen wurde.

20. Temporär wie die Wachstumserfolge waren, war auch die erhoffte Entlastung der Zahlungsbilanz. Die Diskrepanz zwischen Erwartung und Ergebnis resultiert aus einer für den Importsubstitutionsprozeß typischen Entwicklung: In der ersten Phase der Importsubstitution fällt der Importrückgang bei den Fertigprodukten geringer aus als der Einfuhranstieg bei Inputgütern, weil bei Aufnahme der Importsubstitution ein einmaliger, besonders starker Nachfragesog nach Vorerzeugnissen und vor allem Investitionsgütern auftritt, den die heimische Industrie zu Beginn der Industrialisierung nicht befriedigen kann. In der zweiten Phase vermindert sich der Importanstieg, weil ein Teil der Vorerzeugnisse nun im Inland produziert wird und weil noch kein Reinvestitionsbedarf besteht (es kann zur Importersparnis kommen). In der dritten Phase schließlich schwillt der Einfuhranstieg mit Zunahme der interindustriellen Verflechtung und der dadurch bedingten verstärkten Investitonsgüterimporte vor- und nachgelagerter Industrien wieder stark an[2]. In dieser Phase verschlechtert sich - unter sonst gleichbleibenden Bedingungen - die Zahlungsbilanz gegenüber dem Anfangszustand. In welchem Umfang dies ge-

---

[1] Das Konzept der effektiven Protektion berücksichtigt außer den Nominalzoll eines importierten Endprodukts auch den Nominalzoll der importierten Rohstoffe und Vorleistungen, die in die Produktion des Fertigungsprodukts mit eingehen. Damit wird es möglich, das Ausmaß des tatsächlichen Schutzes zu bestimmen, den eine inländische Industrie gegenüber ausländischen Wettbewerbern genießt: Der Schutz ist um so größer, je höher der Nominalzoll des Endprodukts im Vergleich zu dem der Vorleistungen ist; und er ist bei gegebenen Differenzen im Nominalzoll um so größer, je kleiner die im jeweiligen Produktionsprozeß geschaffene Wertschöpfung im Vergleich zum Bruttoproduktionswert ist. Vgl. dazu etwa M. Corden, The Theory of Protection. Oxford 1971.

[2] Vgl. D.T. Healey, Development Policy: New Thinking about an Interpretation. "The Journal of Economic Literature", Vol. 10 (1972), S. 761.

schieht, hängt von der Wahl der Produkte selbst, die nun im Inland hergestellt werden, und von den Technologien ab, derer sich die Unternehmer bedienen. In den meisten Entwicklungsländern hat die überbewertete heimische Währung der in diesen Ländern ohnehin bestehenden Neigung, "moderne" - d.h. auf die Bedürfnisse der Industrieländer ausgerichtete und damit kapitalintensive - Fertigungsverfahren einzuführen, Vorschub geleistet, so daß die Importabhängigkeit sehr groß geworden ist. Die Folge war, daß es zu keiner gesamtwirtschaftlichen Verminderung der Importe, sondern nur zu einer Änderung der Importstruktur bei absolut sogar steigenden Einfuhren gekommen ist. Anstelle von Enderzeugnissen mußten vermehrt Kapitalgüter und Vorprodukte eingeführt werden[1]. Mit der Verlagerung des Schwergewichts der Importe von den Konsumgütern auf intermediäre Erzeugnisse und Kapitalgüter sind die Volkswirtschaften dieser Entwicklungsländer ökonomisch noch abhängiger vom Ausland geworden als vor Beginn der Importsubstitution.

21. Der mit dem Ablauf der Importsubstitution ständig gestiegene Devisenbedarf hätte nicht notwendigerweise zu einer Ausweitung der Devisenlücke zu führen brauchen, wenn es in diesen Ländern gelungen wäre, stärker zu exportieren oder mehr Auslandskapital zu attrahieren. Was die erste Bedingung anlangt, so wurde in Ziff. 18 darauf hingewiesen, daß die weithin geübte Praxis exzessiver Protektion keinen Zwang zur Ausnutzung von Produktivitätsspielräumen bewirkt, und somit die internationale Wettbewerbsfähigkeit der neu entstandenen Industrien geradezu verhindert hat. Gelang es trotzdem einzelnen Industrien, ihre Produkte zu Preisen anzubieten, mit denen sie unter Zugrundelegung eines gleichgewichtigen Wechselkurses international wettbewerbsfähig gewesen wären, so verhinderte die tatsächliche Überbewertung der Währung, daß es tatsächlich zum Export kam. Auch zu einer nennenswerten Exportausweitung bei traditionellen Primärgütern, die die Devisenlücke hätte schließen helfen können, ist es nur in vereinzelten Fällen, wie etwa bei den erdölproduzierenden Entwicklungsländern, gekommen. Daß dies generell nicht der Fall war, lag teils an der trendmäßigen Verschlechterung der Nachfragebedingungen für die traditionellen Primärgüter, teilweise aber auch daran, daß die Investitionstätigkeit im Agrar- und Berg-

---

[1] Vgl. dazu z.B. J.B. Sheahan, Imports, Investments, and Growth. Colombia. In: G.F. Papanek (Ed.), Development Policy - Theory and Practice. Cambridge, Mass., 1968. S. 93 ff. - D. Seers, A Theory of Inflation and Growth in Under-Developed Economies Based on the Experience of Latin America. "Oxford Economic Papers", N.S., Vol. 14 (1962), S. 179 f.

bausektor, in dem bisher die komparativen Vorteile der Entwicklungsländer lagen, nachließ, weil fast überall der Industrialisierung Priorität eingeräumt wurde[1]. Die relativ geringere Rentabilität privatwirtschaftlicher Investitionen vor allem im Agrarsektor infolge unzureichender komplementärer Infrastrukturinvestitionen, verbunden mit der durch die Protektion gesicherten höheren Grenzleistungsfähigkeit des Kapitals im Industriesektor, führten in großem Umfang zu Investitionsumlenkungen.

22. Was die ausländischen Kapitaleinfuhren anlangt, so haben sie zwar kurzfristig zum Zahlungsbilanzausgleich beigetragen, nicht aber die mit dem weiteren Verlauf der Importsubstitution aufgetretene Verschärfung des Zahlungsbilanzdrucks wesentlich mildern können. Zu Beginn der Industrialisierung sind ausländische Investitionen in größerem Umfang getätigt worden, Importzölle und quantitative Einfuhrbeschränkungen hatten den Zugang zu den Märkten der Entwicklungsländer erschwert, damit für das Ausland den Warenexport weniger attraktiv und den Kapitalexport um so lohnender gemacht. Im weiteren Verlauf der Industrialisierung hat sich jedoch der Zustrom von Auslandskapital abgeschwächt: Die ursprünglich vorwiegend am Inlandsabsatz interessierten ausländischen Unternehmen bekamen neben den nicht zu unterschätzenden institutionellen Problemen, die mit den oft langwierigen Genehmigungsverfahren verbunden waren, bald die Enge des Binnenmarktes zu spüren. Versuchten diese Unternehmen daraus absatzpolitische Konsequenzen zu ziehen, d.h. sich stärker um Auslandsmärkte zu bemühen - wie dies vereinzelt geschah -, so stießen sie auf Hindernisse, die aus der überbewerteten Währung und den protektionsbedingten Faktorpreisverzerrungen resultierten. Zusätzliche Produktionsengpässe ergaben sich aus dem Umstand, daß die wirtschaftspolitischen Instanzen nicht selten aus Zahlungsbilanzgründen die Einfuhren auch von intermediären und Kapitalgütern lizenzierten oder gar verboten, so daß es zu Produktionsausfällen kam.

All dies hat bewirkt, daß die Grenzleistungsfähigkeit des Kapitals in den meisten Entwicklungsländern rasch gesunken ist. Deshalb überrascht es kaum, daß die Kapitaleinfuhren keinen wesentlichen und vor allem längerfristigen Beitrag zur Erhöhung der Importkapazität haben leisten können, insbesondere wenn man bedenkt, daß Auslandsinvestitionen durch die meist zugesicherte Freiheit von Kapital- und Gewinnrücktransfer einen zusätzlichen Zahlungsbilanzdruck induzieren.

---

[1] W. Baer, Industrialization and Economic Development in Brazil. Homewood, Ill., 1965. S. 156.

23. Halten wir als Zwischenergebnis fest: Die im großen und ganzen recht einheitlich verlaufene Importsubstitution ist nach einer meist sehr kurzen, in bezug auf das Wirtschaftswachstum und die Zahlungsbilanzentlastung relativ erfolgreichen Phase in die entwicklungspolitische Sackgasse gemündet. Als Ursachen konnten neben Fehlern bei der Anwendung der Importsubstitution zwei der Importsubstitution quasi inhärente Faktoren herausgefunden werden, die die Wachstumsdynamik einer binnenmarktorientierten Industrialisierung begrenzen[1]: Zahlungsbilanzengpässe infolge des steigenden Importbedarfs der expandierenden heimischen Industrien und Nachfrageengpässe infolge der Enge des Binnenmarktes. Das in den nächsten Ziffern dargestellte partialanalytische Modell soll die Faktoren, die die Grenzen der Importsubstitution bestimmen, genauer aufzeigen[2].

24. Zunächst zum Problem des steigenden Importbedarfs: In dem folgenden einfachen Modell sei dieser Anstieg definiert als Veränderung des Quotienten aus dem Wert der importierten Inputgüter zum Wert des inländischen Produktes (Endprodukt). Dabei werden sowohl die direkten importierten Inputs einer bestimmten Industrie als auch ihre indirekten Importe, die in den Vorlieferungen von anderen heimischen Industrien enthalten sind, berücksichtigt. Weiterhin nehmen wir an, daß

- ein Entwicklungsland, das das Konsumgut A bisher importiert hat, zum Zeitpunkt t+1 Importsubstitution beim Gut A betreibt,
- das Gut A eines von mehreren importierten Erzeugnissen ist,
- die Importsubstitution von A bisher nur ungenutzte Ressourcen bindet, so daß die Produktion anderer heimischer Industrien nicht vermindert zu werden braucht.

---

[1] Noch während der frühen Nachkriegszeit galt die Importsubstitution sowohl bei wirtschaftspolitischen Entscheidungsträgern in Entwicklungsländern als auch bei einer Reihe von Entwicklungsökonomen als ein Mittel, das auch langfristig gesehen geeignet schien, das wirtschaftliche Wachstum unterentwickelter Volkswirtschaften zu tragen. Vgl. dazu UN, ECLA, The Growth and Decline of Import Substitution in Brazil. "Economic Bulletin for Latin America", Vol. 9 (1964), S. 1 ff. - A.O. Hirschman, The Strategy of Economic Development. (Yale Studies in Economics, 10.) New Haven, Conn., 1958. S. 120 ff.

[2] Vgl. F.E. Greckel, Import Substitution in Underdeveloped Nations and Regions: The Mexican Experience. Ph.D. Dissertation, Indiana University 1969. - C.F. Díaz-Alejandro, On the Import Intensity of Import Substitution. "Kyklos", Vol. 18 (1965), S. 495 ff. - P.B. Clark, Planning Import Substitution. Amsterdam, London 1970.

Es sei:

M_{At} = Wert der Importe des Gutes A zum Zeitpunkt t

W_A = $M_{At+1} - M_{At}$, wertmäßige Änderung der Importe von A

M^*_A = gesamter (direkter und indirekter) Importbedarf für die Produktion von A

U_A = $P_A (Q_{At+1} - Q_{At})$, wertmäßige Änderung der heimischen Produktion des Gutes A. (Im ersten Jahr der Importsubstitution entspricht $U_A = P_A Q_{At}$)

m^*_A = $\frac{M^*_A}{P_A Q_{At}}$; Importintensität der Produktion in der importsubstituierenden Industrie

D = $W_A - m^*_A U_A$; wertmäßige Änderung der Importe in t+1 infolge der Importsubstitution

(a) Die Importverminderung D, die durch die Substitution des Gutes A realisiert wird und zugleich das Ausmaß an Devisenersparnis angibt, ist positiv, solange $m^*_A U_A < W_A$ bleibt. Die Devisenersparnis kann negativ werden, sofern die Importintensität (m^*_A) größer als 1 wird, eine Bedingung, die im Verlauf des Aufbaus importsubstituierender Industrien infolge verstärkter Importnachfrage nach Kapitalgütern und intermediären Gütern sehr häufig anzutreffen sein kann. Nach einer bestimmten Aufbauperiode ist damit zu rechnen[1], daß $W_A > m^*_A U_A$ ist, jedoch wird die Devisenersparnis erheblich geringer sein, als es der wertmäßigen Verminderung der Importe durch die Aufnahme der Inlandsproduktion entspricht.

(b) Wird die Importsubstitution bei dem Gut A fortgesetzt (und dadurch ein Einkommenszuwachs realisiert), so wird D sinken. Das liegt zum einen daran, daß W_A sich verringert, wenn das betreffende Entwicklungsland Selbstversorger beim Gut A wird und/oder $m^*_A U_A$ steigt, wenn eine steigende Nachfrage nach diesem Gut ein Ausdehnen der Inlandsproduktion möglich macht, ohne daß die

---

[1] Schätzungen darüber, wie lange es dauert, bis ein erhöhter Importbedarf infolge von Kapitalgüterimporten wieder aufgeholt ist, wurden angestellt von Díaz-Alejandro, On the Import Intensity of Import Substitution, a.a.O., S. 502.

Importe von A entsprechend zurückgehen (oder, wenn ein größeres Angebot - zu niedrigeren Preisen - den Absatz steigert).

Der zweite Grund für die Verminderung von D liegt darin, daß mit dem Anstieg des Einkommens (Y) die Importe anderer Güter zuzunehmen tendieren. Diesen zweiten Grund wollen wir nun genauer betrachten; dazu modifizieren wir die Definitionsgleichung für D. Es sei:

$M_{DF} = M_G - (M_A + M^*_A)$; Differenz aus Gesamtimport und Importen von A und (direktem + indirektem) Importbedarf zur Produktion von A

dann ist:

$D = W_A - m^*_A U_A - \Delta M_{DF}$; da $m_{DF} = \frac{M_{DF}}{Y}$ ist, ergibt sich:

$D = W_A - m^*_A U_A - \Delta(m_{DF} Y)$

Nehmen wir an, das betreffende Importsubstitution betreibende Entwicklungsland strebe Zahlungsbilanzgleichgewicht an und versuche, dies nicht durch Devisenkontrollen oder Wechselkursänderungen zu erreichen, und nehmen wir weiterhin an, daß die Exporterlöse nicht steigen, dann ist die Ausdehnung der Inlandsproduktion des Gutes A begrenzt:

$W_A - m^*_A U_A + \Delta(m_{DF} Y) \geqq 0$, bzw.

$W_A \geqq m^*_A U_A + \Delta(m_{DF} Y)$

Das bedeutet also:

Je höher der Importgehalt von A ist, um so größer ist die Importneigung; und je erfolgreicher die Importsubstitution im Hinblick auf die angestrebte Einkommenssteigerung ist, desto stärker ist der Druck, die Produktionsausweitung von A aus Zahlungsbilanzgründen abzubrechen.

(c) Wird die Importsubstitution dann auf andere, mit der A-Industrie durch backward linkages verbundene Produktionsbereiche ausgedehnt, so wird der direkte und indirekte Importbedarf - d.h. der Importbedarf, der für die Herstellung von A notwendig ist - verringert; auch in den neuen Importsubstitutionsbereichen wird eine unmittelbare Importverminderung auftreten, damit sinkt die Nachfrage nach Devisen. Aber auch in diesem Fall können Zahlungsbilanzengpässe auftreten, die die Ausdehnung der Inlandsproduktion durch einen Anstieg von $m_{DF} Y$ behindern. Denn sofern die Importsubstitution zu einer Erhöhung des Einkommens in dem betreffenden

Entwicklungsland führt, können Importe nur in dem Maße zunehmen, wie m_{DF} sinkt. Dieser Spielraum ist jedoch sehr eng, weil die Importnachfrage sich in diesem Stadium stark ausweitet, während m_{DF} sich wenig verringert[1]. Das liegt daran, daß sich mit zunehmendem Einkommen der Begehrkreis auf jene Güter ausweitet, die das Inland noch nicht anzubieten in der Lage ist, und zusätzliche Kapitalgüterimporte notwendig werden, sobald die Inlandsproduktion in neue Bereiche drängt.

(d) Neben dem Zahlungsbilanzengpaß behindern bei Ausweitung der Importsubstitution auf den intermediären Bereich noch andere Faktoren das Industriewachstum. Die heimische Produktion von intermediären Gütern ist in einem Entwicklungsland technisch problematischer und auch relativ teurer, als dies bei Konsumgütern der Fall ist. Der Grund ist, daß die angewandten Produktionsverfahren technisch komplexer angelegt und auf größere Losserien abgestellt sind und zudem mit einem relativ hohen Einsatz an Sach- und Ausbildungskapital verbunden sind - und dies um so mehr, je weiter die Importsubstitution fortschreitet. So kommt der Importsubstitutionsvorgang dadurch zum Stillstand, daß die Einkommenssteigerung eine zusätzliche Nachfrage nach Importen und/oder importintensiven Gütern induziert, so daß $m^*_A U_A + \Delta m_{DF} Y$ größer wird als W_A.

25. Wenden wir uns nun dem zweiten limitierenden Faktor der Importsubstitution zu, der Marktgröße. Die Größe des Binnenmarktes eines Landes läßt sich an der Bevölkerung bzw. durch die Höhe des Pro-Kopf-Einkommens messen. Je kleiner ein Binnenmarkt ist, desto geringer sind die Aussichten, durch Importsubstitution eine nachhaltige Einkommenssteigerung zu bewirken; denn ein enger Binnenmarkt wird in aller Regel keine Betriebsgrößen erlauben, durch die sich eine fühlbare Senkung der Stückkosten erreichen lassen könnte; und was die Chancen anlangt, die von den Importsubstitutionsaktivitäten ausgehenden möglichen externen Ersparnisse zu realisieren, so werden sie bei einem kleinen Markt vergleichsweise gering sein. Denn die Größe des Binnenmarktes beeinflußt - neben anderen Faktoren - auch die Entscheidung von Unternehmern, in den vor- und nachgelagerten Produktionsbereichen zu investieren; ist der Markt klein, so

[1] Es gibt allerdings eine Reihe von Entwicklungsländern, bei denen M/Y über eine lange Periode der Importsubstitution nahezu unverändert blieb; d.h. also, daß in diesen Fällen die Importsubstitution nicht zu einer Verminderung der Importneigung, sondern insgesamt zu einem Wandel der Importstruktur geführt hat.

kann auch die erwartete Nachfrage so gering sein, daß eine Investition selbst dann nicht getätigt wird, wenn ihre Investitionsgewinne den "Pionierunternehmen" in Form niedrigerer Preise zufließen.

Begünstigen die wirtschaftspolitischen Instanzen die Importsubstitution im intermediären Sektor und im Kapitalgütersektor, um auf diese Weise dem oben beschriebenen Zahlungsbilanzengpaß zu entgehen, so dürften bei relativ kleinem Binnenmarkt die Alternativkosten dieser Aktivitäten angesichts hoher fixer Kosten und ungünstiger Losgrößen in diesen Bereichen sehr hoch sein. Das bedeutet: Selbst wenn die Importsubstitution hier und dort mit externen Ersparnissen einhergeht, kann nicht ausgeschlossen werden, daß die sozialen Grenzkosten der Importsubstitution im intermediären und Kapitalgütersektor die sozialen Grenzerträge dieser Aktivitäten überschreiten können. Darüber hinaus besteht auch ein enger Zusammenhang zwischen der Größe eines Landes und der Importintensität der Produktion. Je kleiner der Binnenmarkt, desto schneller wird die durch die Importsubstitution ausgelöste anfängliche Verminderung der Importe (W_A) abnehmen, desto schneller werden sich also die Möglichkeiten für eine ökonomisch effiziente Importsubstitution erschöpfen und desto schneller wird sich die industrielle Entwicklung jenem Punkt nähern, bei dem sich ein zusätzlicher Wachstumsspielraum nur gewinnen läßt, wenn sich die betreffenden Industrien von der Importsubstitution auf die Exportdiversifizierung verlegen.

26. Die bisherigen Erörterungen haben eine Reihe von Erklärungen dafür liefern können, warum die Importsubstitution in vielen Entwicklungsländern nicht zu einem nachhaltigen Wirtschaftswachstum und zu einer Milderung der anhaltenden Zahlungsbilanzengpässe geführt hat; die zu Beginn dieses Abschnitts gestellte Frage nach den Gründen für die relative Erfolglosigkeit dieser Länder, mit dem von ihnen gewählten Weg der Industrialisierung der Lösung des Beschäftigungsproblems näherzukommen, ist damit teilweise schon beantwortet. Doch haben noch andere Faktoren die Lösung des Beschäftigungsproblems erschwert. Darauf soll im folgenden eingegangen werden.

27. In den meisten Entwicklungsländern haben die Importsubstitutionspolitik und die Umstände, die mit ihr verbunden waren, zu einer Überkapitalisierung des Industriesektors geführt[1]. Das bedeutet, daß in der neu entstandenen Industrie insgesamt mehr Kapital gebunden

---

[1] H.J. Bruton, Economic Development and Labor Use. "World Development", Vol. 1 (1973), No. 12, S. 6 ff. - Little, Scitovsky, Scott, a.a.O., S. 93 ff.

und weniger Arbeitskraft eingesetzt wurde, als es angesichts der Faktorknappheitsverhältnisse gesamtwirtschaftlich erwünscht gewesen wäre. An der Faktorausstattung gemessen, die durch Reichtum an (ungelernten) Arbeitskräften und durch Knappheit an Sach- und Ausbildungskapital gekennzeichnet ist, hatten kapitalintensive Industrien in der industriellen Produktionsstruktur ein zu hohes Gewicht, und die in den einzelnen Industrien eingesetzte Technik war eine Technik, die vielfach die reichlich vorhandenen Arbeitskräfte einsparte. Zwei Gründe scheinen dafür maßgebend gewesen zu sein: Erstens der Importsubstitution inhärente Entwicklungen und zweitens Fehler in der Gestaltung der Importsubstitutionspolitik selbst. Der erste Grund besagt, daß eine Importsubstitution, die nicht gezielt nach Maßgabe gesamtwirtschaftlicher Effizienzkriterien gesteuert wird, tendenziell zum Aufbau einer heimischen Industrie führt, in der relativ kapitalintensiv produzierende Branchen besonders stark vertreten sind. Dies läßt sich damit erklären, daß der Bereich, in dem sich Importsubstitution entfalten kann, in den genuinen kapitalintensiven Branchen am größten ist, weil Entwicklungsländer hier bei der für sie typischen Faktorausstattung komparative Nachteile haben, die sich bei Freihandel in einem Importüberschuß bei diesen Industriegütern niederschlagen würden[1].

28. Was die vermeidbaren Fehlentwicklungen angeht, so haben die im Rahmen der binnenmarktorientierten Industrialisierung ergriffenen wirtschaftspolitischen Maßnahmen häufig dieser Entwicklung Vorschub geleistet.

(a) Obwohl sich die Importsubstitutionspolitik von Land zu Land unterscheidet, gibt es gemeinsame Merkmale. Uberbewertete Währungen, verbunden mit einem weitgefächerten Bündel von Investitionsanreizen, die Zinssubventionen, Sonderkonditionen für Industriekredite, Investitionsprämien und Steuererleichterungen nach Maßgabe der Investitionssumme bereitstellten, haben den Einsatz von (relativ knappem) Sachkapital subventioniert.

(b) Mit dieser Kapitalsubventionierung ging in vielen Entwicklungsländern eine Politik einher, die die Verwendung des Produktionsfaktors Arbeit systematisch verteuerte. Mindestlohngesetzgebung, restriktive Kündigungsvorschriften sowie die arbeitsrechtliche Verankerung nichtpekuniärer Einkommensansprüche haben die Löhne im allgemeinen auf ein Niveau gebracht, das über dem Knappheits-

---

1 G. Fels, The Export Needs of Developing Countries and the Adjustment Process in Industrial Countries. In: H. Giersch (Ed.), The International Division of Labour. Problems and Perspectives. International Symposium. Tübingen 1974. S. 194.

preis dieses Produktionsfaktors lag. Damit aber wurde eine Verzerrung der Faktorallokation bewirkt, die längerfristig die mit diesen Maßnahmen ursprünglich verfolgte Absicht konterkariert hat[1].

(c) Die Tendenz zur Überkapitalisierung des Industriesektors, die sich als Folge der wirtschaftspolitisch induzierten Verzerrung der Faktorpreisrelationen einstellte, wurde noch dadurch verstärkt, daß Politiker und Unternehmer in Entwicklungsländern dazu neigten, eine möglichst moderne Technologie zu importieren. Politiker ließen sich dabei von Prestigeüberlegungen, Unternehmer von technischen Gesichtspunkten leiten. Beide übersahen, daß moderne Technologien, die meistens in kapitalreichen Hochlohnländern entwickelt worden sind, arbeitssparend und damit in Entwicklungsländern fehl am Platze sind - unter Beschäftigungsaspekten ebenso wie im Hinblick auf die internationale Wettbewerbsfähigkeit der jungen Industrie.

29. Fassen wir die Ergebnisse dieses Abschnitts zusammen: Die Fehlentwicklungen, die den Importsubstitutionsprozeß der meisten Länder begleitet haben, sind das Resultat einer falschen Einschätzung der Leistungsfähigkeit dieser Industrialisierungsform. Die Importsubstitution kann nur für begrenzte Zeit Wachstumsimpulse erzeugen; wird sie über diese Zeit hinaus weiter getrieben, so stößt sie auf Nachfrageengpässe infolge der Enge des Binnenmarktes und - beim gegebenen Wechselkurs - auf Zahlungsbilanzengpässe infolge des progressiv steigenden Importbedarfs. Die Möglichkeiten, diese Engpässe zu meiden, liegen im rechtzeitigen Übergang zur Exporttätigkeit (spillover).

Daß dies in den meisten Entwicklungsländern nicht oder erst sehr spät gesehen wurde, dürfte das Ergebnis sowohl politischer Kurzsichtigkeit als auch wirtschaftspolitischer Irrationalität gewesen sein. Nur in wenigen Fällen (so etwa in den bereits erwähnten Ländern Südkorea und Taiwan) war die Importsubstitution von rationalen Allokationskriterien geleitet mit der Folge, daß auch der Übergang zum spillover mit geringeren Friktionen behaftet war. Damit ist angedeutet, daß wohlfahrtstheoretische Überlegungen eine temporäre Importsubstitution durchaus gesamtwirtschaftlich rechtfertigen können. Die Bedingungen, unter denen dies der Fall ist, sollen im folgenden Abschnitt erörtert werden.

---

[1] E.J. Berg, Wage Structure in Less Developed Countries. In: A.D. Smith (Ed.), Wage Policy Issues in Economic Development. London 1969.

3. Einige wohlfahrtstheoretische Aspekte der Importsubstitution

30. Sieht man von den geringen Erfolgen der Importsubstitution in den meisten Entwicklungsländern ab, so basiert der wohl wichtigste Einwand gegen die Importsubstitution darauf, daß die damit zusammenhängende Loslösung vom System der internationalen Arbeitsteilung mit den Erkenntnissen der klassischen Außenhandelstheorie über die Beziehungen zwischen wirtschaftlichem Wachstum und internationalem Handel inkompatibel ist. In ihrem Kern besagt diese Theorie zunächst, daß ein Land unter bestimmten (Ideal-) Bedingungen sein Realeinkommen steigern kann, wenn es Außenhandel betreibt und sich dabei nach Maßgabe seiner komparativen Vorteile spezialisiert. Die dabei realisierbaren Handels- und Spezialisierungsgewinne haben eine Produktions- und eine Konsumkomponente; und zwar bewirkt der Außenhandel eine produktivere Allokation der gegebenen Produktionsfaktoren und ermöglicht es, über eine Verbesserung der terms of trade den Wohlstand der Gesellschaft als Ganzes zu erhöhen (wir unterstellen, daß das Kompensationsproblem gelöst ist). Die neue paretooptimale Produktionsstruktur ist durch die Bedingung bestimmt, daß das Verhältnis der (sozialen) Grenzkosten in der Produktion zweier beliebiger Güter (die Grenzrate der Transformation) mit dem Verhältnis der Weltmarktpreise (der sozialen Grenzrate der Substitution im Verbrauch) übereinstimmt. Daß dieser durch Außenhandel ermöglichte Zustand unter wohlfahrtsökonomischen Gesichtspunkten tatsächlich dem bei Autarkie herrschenden Pareto-Optimum vorzuziehen ist, läßt sich mit Hilfe der konventionellen geometrischen Darstellungsform leicht zeigen. Im Schaubild 1 ist eine (steigende Alternativkosten widerspiegelnde) Transformationskurve für zwei Güter, M und X, sowie gesellschaftliche Indifferenzkurven abgebildet.

Die Gerade FG gibt die Preisrelation für die geschlossene Volkswirtschaft an, die Gerade HK das Weltmarktpreisverhältnis. Bei Autarkie ist das Produktions- und Nachfragegleichgewicht durch den Punkt A repräsentiert. Da der relative Preis von X in dem betrachteten Land niedriger ist als im Ausland, hat das Land in der Produktion von X den komparativen Vorteil. Bei Außenhandel wird es deshalb die Produktion von X auf Kosten von M ausdehnen, bis Grenzkosten- und Weltmarktpreisverhältnis übereinstimmen (in B). Mit diesem neuen optimalen Produktionspunkt korrespondiert ein Konsumpunkt C, der auf einer höheren Indifferenzkurve liegt und infolgedessen ein höheres Nutzenniveau anzeigt. Die sich ergebenden Abweichungen zwischen Produktions- und Verbrauchsstruktur werden dadurch überbrückt, daß das Land die Gütermenge PQ exportiert und dafür die Gütermenge RN importiert.

Schaubild 1 - Statische Effizienzgewinne durch Außenhandel

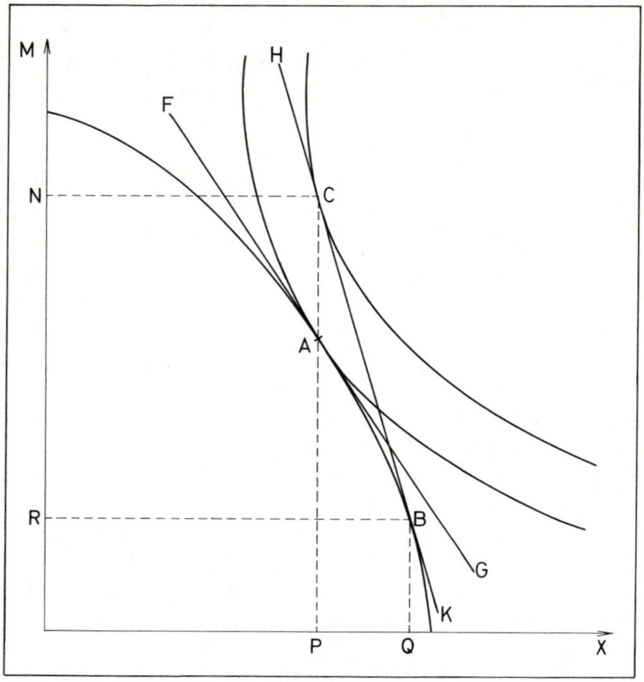

31. Abgesehen von den (statischen) Effizienzgewinnen, die auf einer Reallokation der gegebenen Produktionsfaktoren beruhen (Bewegungen auf der Transformationskurve), begründet die klassische Theorie des internationalen Handels die Erwartung, daß mit einem höheren Realeinkommen zusätzliche Wachstumschancen verbunden sind, weil der Außenhandel durch Beschaffung von Produktionsmitteln aus dem Ausland die inländische Ausstattung mit Produktionsfaktoren erhöhen kann (Verschiebung der Transformationskurve nach rechts oben)[1]. Hierunter fallen insbesondere die für den Entwicklungsprozeß benötigten Kapitalgüter, Zwischenerzeugnisse und Rohstoffe. Darüber hinaus kann der internationale Handel, in der klassischen Betrachtungsweise, Anreize für den Transfer von technologischem Wissen und unternehmerischen Fähigkeiten bieten sowie durch Intensivierung des Wettbewerbs die Entstehung von Monopolen verhindern und damit zur Ausschöpfung der Möglichkeiten für Produktivitätssteigerungen zwingen, also die von Leibenstein so bezeichnete "X-Effi-

---

[1] G. Haberler, International Trade and Economic Development. New York 1968. S. 10 ff. - A.K. Cairncross, Factors in Economic Development. London 1962. S. 214 ff. - S.B. Linder, An Essay on Trade and Transformation. Uppsala 1961. S. 49 ff.

zienz" (im Gegensatz zur reinen Allokations-Effizienz) erhöhen[1]. Die außenhandelsbedingte hohe Wettbewerbsintensität ist allerdings nicht der einzige Faktor, der auf die Ausnutzung möglicher Durchschnittskostensenkungen hinwirkt. Hinzu kommt, daß die außenhandelsinduzierten Wachstumseffekte eine Ausweitung des Absatzmarktes bewirken und damit das betreffende Land in die Lage versetzen, beim gegebenen Stand der Technologie Skalenerträge in der Produktion zu realisieren.

32. Von diesen Überlegungen ausgehend, könnte man die Importsubstitution, bei der sich ein Land ja von der internationalen Arbeitsteilung abkehrt, für eine Politik halten, die von ihrem Ansatz her verfehlt ist, weil das Realeinkommen nicht maximiert und die Chance zur Beschleunigung des wirtschaftlichen Wachstums nicht genutzt wird. Sofern die Importsubstitution dennoch als ein sinnvoller Weg betrachtet wird, um die Industrialisierung in Entwicklungsländern voranzutreiben, impliziert dies, daß die Bedingungen, unter denen Freihandel die erwähnten Wohlfahrtsgewinne bewirkt - insbesondere die Bedingung der vollkommenen Konkurrenz auf den Güter- und Faktormärkten -, in der Realität der Entwicklungsländer oft nicht anzutreffen sind. Fast jede Abweichung von den der klassischen Außenhandelstheorie zugrundeliegenden Idealbedingungen führt dazu, daß das Verhältnis der privaten Grenzkosten (an denen allein sich unternehmerische Produktionsentscheidungen orientieren) nicht mehr mit den sozialen Grenzkostenrelationen übereinstimmt. Das Freihandelsoptimum ist dann nicht mehr erreichbar, es sei denn, daß die Diskrepanz zwischen Annahmen und Wirklichkeit durch interventionistische Maßnahmen, wie beispielsweise Protektion zugunsten der zu entwickelnden Industrie, ausgeglichen wird - ein Umstand, dem die neuere Außenhandelstheorie ebenso Rechnung trägt wie die sozialökonomische Theorie des "second best"[2].

---

[1] Vgl. H. Leibenstein, Allocative Efficiency Versus X-Efficiency. "The American Economic Review", Vol. 56 (1966), S. 392 ff.

[2] J.E. Meade, The Theory of International Economic Policy. Vol. II: Trade und Welfare. London, New York, Toronto 1955. S. 156 ff. - G. Ranis, Production Functions, Market Imperfections and Economic Development. "The Economic Journal", Vol. 72 (1962), S. 344 ff. - J.N. Bhagwati, The Pure Theory of International Trade: A Survey. "The Economic Journal", Vol. 74 (1964), S. 62 ff. - H.G. Johnson, Tariffs and Economic Development: Some Theoretical Issues. In: D. Wall (Ed.), Chicago Essays in Economic Development. Chicago, London 1972. S. 274 f.

33. Unter wohlfahrtstheoretischen Argumenten, die in der entwicklungspolitischen Diskussion zugunsten einer Importsubstitutionspolitik vorgebracht worden sind, spielen zwei Argumente eine besonders große Rolle:

- Das eine betrifft Unvollkommenheiten auf dem Arbeitsmarkt, die sich in (nach unten) starren Löhnen zeigen und in einem Wirtschaftsbereich (z. B. in der Landwirtschaft) zu Arbeitslosigkeit führen, wenn die effektive Nachfrage nach den Produkten dieses Bereichs unzureichend expandiert.
- Das andere Argument beruht auf externen Ersparnissen, die die Ausdehnung einer Industrie mit sich bringt.

Wir wollen im folgenden auf diese beiden Argumente eingehen. Dabei muß sich der Versuch, eine Importsubstitutionspolitik wohlfahrtstheoretisch zu begründen, darauf beschränken, die Bedingungen zu spezifizieren, unter denen Freihandel für ein Land nicht optimal ist; ob die Anwendung handelbeschränkender Maßnahmen tatsächlich zu einer Erhöhung des Realeinkommens führt, kann a priori nicht bestimmt werden. Dieses Dilemma ergibt sich aus folgendem Umstand: Wird das Wohlfahrtsmaximum wegen bestehender Unvollkommenheiten, die die Erfüllung der notwendigen Marginalbedingungen ausschließen, nicht erreicht, dann können bewußte Marktinterventionen die Volkswirtschaft sowohl näher an das Wohlfahrtsmaximum heranführen als sie auch weiter von ihm entfernen. Unter dieser Einschränkung sind auch die folgenden Erörterungen und Beispiele zu betrachten; sofern wir im einen oder anderen Fall zu dem Ergebnis kommen, die Anwendung eines Zolls oder einer anderen handelbeschränkenden Maßnahme führe zu einer Realeinkommensverbesserung, so beruht dies auf der Annahme, daß zusätzlich Bedingungen, die genannt werden, in der Wirklichkeit erfüllt sind.

34. Betrachten wir zunächst das Argument der Unvollkommenheiten auf dem Arbeitsmarkt. Wir unterstellen der Einfachheit halber eine Zwei-Sektoren-Wirtschaft, in der ein Industriesektor mit Importen konkurriert und ein Agrarsektor arbeitsintensiv hergestellte Primärgüter exportiert. Wir nehmen weiterhin an, daß die effektive Nachfrage nach den Produkten der Landwirtschaft langsamer steigt, als dies bei gegebenem Wachstum des Arbeitskräfteangebots zur Sicherung der Vollbeschäftigung in diesem Sektor notwendig wäre. Wegen der sich hieraus ergebenden Unterbeschäftigung in der Landwirtschaft lassen sich Arbeitskräfte aus diesem Sektor abziehen und in die Industrie lenken, ohne daß damit eine verminderte Agrarproduktion in Kauf genommen werden muß. Solange die Grenzproduktivität dieser Arbeitskräfte im Industriesektor positiv und damit größer als

in der Landwirtschaft ist, führt der Transfer zu einem direkten Realeinkommensgewinn (wir gehen davon aus, daß die komplementären Produktionsfaktoren zur Ausdehnung der industriellen Erzeugung zur Verfügung stehen). Damit nun der Arbeitskräftetransfer aus der Landwirtschaft in die Industrie optimal ist, muß in der Industrie der Lohnsatz für die zusätzlich beschäftigten Arbeitskräfte deren sozialer Grenzproduktivität (= Wert des physischen Grenzprodukts bei alternativer Verwendung in der Landwirtschaft) entsprechen. Diese Bedingung ist verletzt, wenn der freisetzbare Produktionsfaktor Arbeit in der Landwirtschaft nach seiner Durchschnittsproduktivität entlohnt wird, die höher ist als seine Grenzproduktivität[1]. In diesem Fall findet eine Arbeitskräftewanderung in die Industrie ceteris paribus nur statt, wenn die industriellen Löhne zumindest das Niveau der durchschnittlichen landwirtschaftlichen Produktivität der Arbeit erreichen. Damit wird aber die Arbeitskraft für die Industrie "zu teuer" oder, anders ausgedrückt, die privatwirtschaftlichen Kosten einer Produktionsausweitung in der Industrie durch zusätzliche Beschäftigung übersteigen die sozialen Kosten. Die Preisrelationen zwischen den beiden Sektoren stimmen nicht mehr mit den sozialen Grenzraten der Transformation bzw. Substitution überein, mit der Folge, daß sich eine gesamtwirtschaftlich suboptimale Außenhandelsstruktur herausbilden kann. So könnte z.B. ein Entwicklungsland, das aufgrund einer reichlichen Ausstattung mit Arbeitskräften komparative Vorteile bei arbeitsintensiv erstellten Gütern hat, diese Vorteile nicht nutzen, sondern die betreffenden Güter importieren, obwohl sie gemäß den sozialen Grenzraten der Transformation im Inland produziert werden müßten. Eine Protektionspolitik zugunsten des Industriesektors könnte diesen Zustand korrigieren[2].

35. Diese Zusammenhänge sind in Schaubild 2 dargestellt[3]. Die betrachtete Volkswirtschaft operiert auf der Transformationskurve $A P_2 B$, die jedoch wegen der Unterbeschäftigung des Faktors Arbeit

---

[1] Für eine ausführliche Diskussion dieses Sachverhalts vgl. W.A. Lewis, Economic Development with Unlimited Supplies of Labour. "The Manchester School of Economic and Social Studies", Vol. 22 (1954), S. 139ff. - E.E. Hagen, An Economic Justification of Protectionism. "The Quarterly Journal of Economics", Vol. 72 (1958), S. 496 ff. - J.N. Bhagwati, V.K. Ramaswami, Domestic Distortions, Tariffs and the Theory of Optimum Subsidy. "The Journal of Political Economy", Vol. 71 (1963), S. 44 ff.

[2] Eine Alternative könnte darin bestehen, dem Industriebereich Lohnsubventionen zu gewähren (vgl. Ziff. 36).

[3] Vgl. zur Darstellung Hagen, a.a.O., S. 496 ff. - Vgl. ferner die intensive Diskussion bei G. Haberler, Some Problems in the Pure

Schaubild 2 - Unvollkommenheiten auf dem Arbeitsmarkt

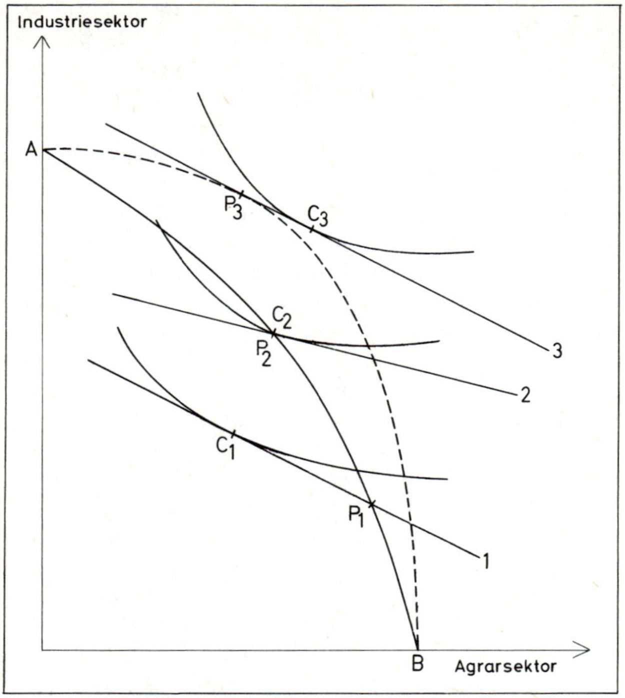

innerhalb der (Effizienz-) Transformationskurve A P_3 B liegt. Die Gerade 3 repräsentiert das Weltmarktpreisverhältnis;[3] die Geraden 1 und 2 sind die heimischen Austauschrelationen zwischen landwirtschaftlichen und industriellen Gütern, wobei die Gerade 2 den Zustand bei Protektion des Industriesektors kennzeichnet. Angenommen, die Lohndifferenz bliebe bei jeder Kombination der Produktion von A und B bestehen, dann ist der relative Preis von B (P_B / P_A) an jedem Punkt auf der Kurve niedriger als die entsprechende Grenzrate der Transformation; folglich ist die Steigung der Preisgeraden bei jeder

---

Theory of International Trade. "The Economic Journal", Vol. 60 (1950), S. 223 ff. - J. Viner, International Trade and Economic Development. Oxford, London 1953. - J. Tinbergen, The Design of Development. Baltimore 1958. - H. B. Chenery, P. G. Clark, Interindustry Economics. New York, London 1959. - G. Ranis, J. C. H. Fei, A Theory of Economic Development. "The American Economic Review", Vol. 51 (1961), S. 181 ff. - Haberler, Tinbergen und Viner handeln diesen Fall in seiner allgemeinsten Form ab, Ranis und Fei betonen seine Implikationen für den Agrarsektor, Chenery und Clark für den Industriesektor.

Produktkombination von A und B geringer als jene der Tangente an die Kurve bei diesem Punkt. Im Freihandelszustand läge die Produktion im Punkt P_1 und der Konsum im Punkt C_1. Bei Einführung eines Zolls auf Industriegüterimporte könnte sich die interne Austauschrelation zugunsten des Industriesektors verbessern, so daß dieser seine Produktion ausdehnen würde, z. B. bis P_2, wo auch der neue Konsumpunkt liegen würde. Die Einführung eines Zolls (oder einer äquivalenten handelbeschränkenden Maßnahme) würde also zu einem höheren Wohlfahrtsniveau führen, als dies bei Freihandel der Fall wäre. Die Produktion bewegt sich jedoch noch immer auf der weniger effizienten Transformationskurve, da die Lohndifferenz von der Produktionsausweitung der Industrie A nicht berührt worden ist. Die einzige Möglichkeit, einen Punkt auf der höheren Transformationskurve zu erreichen, besteht darin, dem Industriesektor statt des Zolls eine Subvention auf den Lohn in Höhe der Differenz der Lohnkosten zwischen beiden Sektoren zu gewähren[1]. Dann wäre die Preisgerade 3 (die parallel zur Preisgeraden 1 verläuft) bestimmend, und die Produktion läge bei P_3, der Konsum bei C_3.

36. Protektionsmaßnahmen können also im Fall einer Marktunvollkommenheit der geschilderten Art und unter den getroffenen Annahmen das Realeinkommen einer Volkswirtschaft erhöhen. Ändern sich die Annahmen etwa derart, daß sich die Preisrelation für B günstiger darstellt (Gerade 1 würde dann eine größere Steigung aufweisen als in Schaubild 2), so kann der Nutzen des Freihandels größer werden als der der Einführung eines Zolls; allerdings würde auch in diesem Fall die Gewährung einer Lohnsubvention ein höheres Realeinkommen sichern als bei Freihandel. Die Subventionierung des Faktors Arbeit[2] wiederum hat aber nur dann den beschriebenen Effekt, wenn Substitutionsmöglichkeiten zwischen Arbeit und Kapital bestehen; anderenfalls würde die Unterbeschäftigung nur von einem Sektor in den anderen verlagert werden.

37. Wenden wir uns nun dem zweiten Argument zu, mit dem sich eine Importsubstitution wohlfahrtstheoretisch begründen läßt, dem der externen Ersparnisse. Obwohl mit diesem Begriff in der Literatur eine Reihe ganz verschiedener Tatbestände umschrieben werden, geht es im Kern um die positiven (oder negativen) Leistungen, die einem Produzenten oder Konsumenten von einem anderen ohne

---

[1] Hagen, a.a.O., S. 510 f. - Johnson, Tariffs and Economic Development, a.a.O., S. 279.

[2] Ein zusätzliches Problem ergibt sich aus der Schwierigkeit, die Subventionen allokationsneutral zu finanzieren.

Entgelt (oder Kompensation) zufließen, so daß eine Divergenz zwischen sozialen und privaten Kosten entsteht, die die Realisierung einer gesellschaftlichen Optimumsituation verhindert[1].

Im Zusammenhang mit der Industrialisierung in Entwicklungsländern kommt es im wesentlichen auf jene externen Ersparnisse an, die sich ergeben, wenn der Gewinn eines Unternehmens durch die Aktionen anderer Unternehmen berührt wird; d.h., wenn der Gewinn eines Unternehmens also nicht nur von seinem eigenen Produktionsvolumen und von dem eigenen Faktoreinsatz abhängt, sondern auch von der Produktionsmenge und dem Faktoreinsatz anderer Unternehmen. Diese Definition berücksichtigt sowohl direkte, nicht marktbedingte Interdependenzen zwischen verschiedenen Produzenten als auch solche, die sich durch den Marktmechanismus ergeben; sie werden deshalb in Abgrenzung zu den rein technologischen externalities, die beispielsweise Meade besonders hervorhebt, als "pekuniäre externe Ersparnisse" bezeichnet[2].

38. Tätigt ein Unternehmen Leistungen für andere Bereiche, die nicht entgolten werden, d.h. liegen die sozialen Erträge über den privaten, dann wird das betreffende Unternehmen seine Produktionsmenge nicht bis zu dem Punkt ausweiten, bei dem die sozialen Grenzkosten dem Preis entsprechen. Das privatwirtschaftliche Optimum (der maximale Gewinn) liegt also bei kleineren Mengen als denen, die das gesellschaftliche Optimum sichern. Eine Möglichkeit, diese Wohlfahrtsverluste zu beheben, besteht darin, daß man einen Zoll einführt, der die Divergenz zwischen privaten und sozialen Grenzkosten vermindert. Entspricht die Zollbelastung genau dieser Differenz, so kann der Preis des Produkts in dem Wirtschaftszweig, in

---

[1] Vgl. T. Scitovsky, Two Concepts of External Economies. "The Journal of Political Economy", Vol. 62 (1954), S. 143. - J.E. Meade, The Theory of Economic Externalities. Leiden, Genève 1973. - E.J. Mishan, The Postwar Literature on Externalities: An Interpretative Essay. "The Journal of Economic Literature", Vol. 9 (1971), S. 1 ff.

[2] Scitovsky, a.a.O., S. 146. - Meade, The Theory of International Economic Policy, Vol. II, a.a.O., S. 18 ff. - Pekuniäre externe Vorteile zeigen sich in vielen Formen; sie können sich beispielsweise aus einer geographischen Ballung von Unternehmen ergeben, die zu einer Zuwanderung ausgebildeter Arbeitskräfte führt, deren Einsatz wiederum die Effizienz des einzelnen Unternehmens steigert. Auch können externe Vorteile aus technologischen Produktionsbedingungen resultieren; ergeben sich aus einem Produktionsprozeß Nebenprodukte, so fließt ein Teil der Investitionsgewinne anderen Unternehmen, die diese Produkte verwenden, in Form niedrigerer Kosten zu.

dem externe Ersparnisse existieren, um den Betrag der Zollbelastung über den gegebenen Weltmarktpreis angehoben werden mit der Folge, daß die Produktion so weit ausgedehnt wird, bis die sozialen Grenzkosten mit dem Weltmarktpreis und die (höheren) privaten Grenzkosten mit dem (höheren) Inlandspreis übereinstimmen.

Ein in der Literatur verbreitetes Beispiel zur Illustration des Arguments der externen Ersparnisse ist der Fall der "jungen Industrie" (Erziehungszoll). Obgleich das Erziehungszollargument zumeist dem Argument der externen Ersparnisse gleichgesetzt wird, sind doch beide verschieden: Das Argument der externen Ersparnisse (Verluste) ist statisch in dem Sinne, daß die von ihnen ausgehenden Störungen ein wesentliches und permanentes Merkmal der angewandten Produktionstechnik sind und dementsprechend auch eine dauernde Intervention verlangen. Demgegenüber ist das Erziehungszollargument dynamischer Natur, d.h. genauer, ein Argument zugunsten eines temporären Eingriffs bei vorübergehenden Störungen, der sich mit der Zeit selbst überflüssig macht[1].

Die wohlfahrtstheoretisch begründbare Anwendung eines Zolls zur Beseitigung der Differenz zwischen privaten und sozialen Grenzkosten impliziert, daß die betreffende Industrie nach einer bestimmten Periode in der Lage ist, mit ausländischen Anbietern auf dem heimischen und auf dem Weltmarkt zu konkurrieren, nachdem ihr vorübergehend Schutz zur Reife gewährt worden ist, daß sie unter Freihandelsbedingungen dazu jedoch nicht in der Lage wäre, weil zu Beginn ihres Entstehens temporär exzessive (Anlauf-)Kosten anfallen. In der neoklassischen Betrachtungsweise ist ein Erziehungszoll allerdings nicht schon dann gerechtfertigt, wenn im Reifeprozeß Verluste aus Gründen zukünftiger Gewinne in Kauf genommen werden, und zwar deshalb nicht, weil die höheren Gewinne später denen zufließen, die auch die Anlaufkosten tragen; dann aber ist die Investition auch privatwirtschaftlich rentabel. Um eine staatliche Protektionsmaßnahme zu begründen, muß vielmehr nachgewiesen werden, daß entweder die gesamtwirtschaftliche Rentabilität der Investition im industriellen Bereich die privatwirtschaftliche übertrifft oder die privatwirtschaftliche Rentabilität, die notwendig ist, damit Unternehmer überhaupt in der Industrie investieren, größer als die gesamt- und privatwirtschaftliche Rentabilität alternativer Investitionsmöglichkeiten ist; die

---

1 Zur Unterscheidung beider Argumente vgl. H.G. Johnson, Optimal Trade Intervention in the Presence of Domestic Distortions. In: R.E. Baldwin et al. (Eds.), Trade, Growth, and the Balance of Payments. Chicago, Amsterdam 1965. S. 27.

Differenz in den Rentabilitätsraten muß so groß sein, daß eine gesamtwirtschaftlich profitable Investition privatwirtschaftlich nicht lohnend ist[1].

39. Die gesamtwirtschaftliche Rentabilität einer Investition in "jungen" Industrien kann die privatwirtschaftliche Rentabilität aus mehreren Gründen übersteigen[2]. Für den Entwicklungsländerfall relevant sind zwei Gründe[3]: Der erste hängt mit dem Umstand zusammen, daß Investitionen Lernprozesse induzieren, die zu einem höheren technologischen Wissensstand führen, welcher auch von anderen ohne zusätzliche soziale Kosten in Anspruch genommen werden kann. Der andere Grund hängt damit zusammen, daß ein bestimmter Teil der angewandten Produktionstechnik auf Arbeitskräfte übergeht und diese quasi Eigentumsrechte an ihrer höheren Qualifizierung erwerben; folglich kann die privatwirtschaftliche Rentabilität von Ausbildungsinvestitionen geringer als die gesamtwirtschaftliche Rentabilität sein, weil die ausgebildeten Arbeitskräfte abgeworben werden können.

40. Faßt man das Ergebnis dieses Abschnitts zusammen, so zeigt sich, daß es grundsätzlich zwei Situationen gibt, bei denen eine Abkehr vom Freihandelszustand wohlfahrtsökonomisch begründet sein kann: die Existenz von Marktunvollkommenheiten und die Erwartung (irreversibler) externer Ersparnisse. Wie am Beispiel der strukturell bedingten Lohndifferenzen deutlich wurde, ist die Förderung von Importsubstitutionsaktivitäten wohlfahrtstheoretisch nicht die beste Therapie, mögliche Realeinkommensgewinne zu realisieren; in Entwicklungsländern scheint sie jedoch angesichts der gegebenen Fähigkeiten und Möglichkeiten wirtschaftspolitischer Einflußnahme häufig die einzige zu sein. Liegen externe Ersparnisse vor, dann läßt sich eine Importsubstitutionspolitik - unter den Bedingungen des Erziehungsarguments für Zölle - am ehesten rechtfertigen.

---

[1] Johnson, Optimal Trade Intervention in the Presence of Domestic Distortions, a.a.O., S. 27.

[2] Vgl. Meade, The Theory of International Economic Policy, Vol. II, a.a.O., S. 19 f.

[3] M.C. Kemp, The Mill-Bastable Infant Industry Dogma. "The Journal of Political Economy", Vol. 68 (1960), S. 65 ff.

III. Importsubstitution und Exportdiversifizierung in Chile, Mexiko und Südkorea

1. Einleitende Bemerkungen

a. *Zur Wahl der Länder, der Methoden und der Datenbasis*

41. Bevor wir die in den vorangegangenen Abschnitten angestellten Überlegungen den verfügbaren Fakten sowie einigen qualitativen Informationen über den Entwicklungsprozeß in den ausgewählten Ländern gegenüberstellen, wollen wir zunächst kurz einige methodische Erläuterungen geben, die die Wahl der Länder, den Untersuchungszeitraum und die Datenbasis betreffen.

42. Wie bereits an anderer Stelle erwähnt (Ziff. 12), sind einer empirischen Analyse der Importsubstitutionspolitik methodische Grenzen gezogen. Sie ergeben sich zum einen daraus, daß die - wie auch immer gemessene - Importsubstitution eines Landes das Ergebnis des Zusammenwirkens zweier Komponenten, der natürlichen, spontanen und der wirtschaftspolitisch induzierten Importsubstitution ist, die sich qualitativ unterscheiden, nicht aber quantitativ trennen lassen. Dies bedeutet, daß man die von einer bewußten Importsubstitution ausgehenden Wirkungen nicht quantifizieren kann. Zum anderen ergeben sich Schwierigkeiten aus der Anlage der Untersuchung selbst, die mit der Wahl von drei Ländern einen vergleichenden Charakter bekommen hat. Für eine komparative Betrachtung, die auf eine Analyse des Zusammenhangs zwischen dem Industrialisierungserfolg einzelner Länder und der jeweils betriebenen Importsubstitution abzielt, wäre es eigentlich erforderlich, daß die gewählten Länder in allen übrigen Bedingungen übereinstimmten. Methodisch derartig günstige Verhältnisse sind in der empirischen wirtschaftswissenschaftlichen Forschung jedoch so gut wie nie anzutreffen. Folglich kann man bei der Auswahl von Ländern nur versuchen, Kriterien zu finden, die als eine Approximation an diese Bedingung gelten können.

Bei der vorliegenden Untersuchung, die sich auf Chile, Mexiko und Südkorea konzentriert, scheint dieser Versuch, wie in Ziff. 8 bereits gesagt, insofern gelungen zu sein, als es sich um Länder handelt,

- die alle ihre Industrialisierung mit einer mehr oder weniger breit angelegten Importsubstitution begonnen und später versucht haben, verstärkt für den Weltmarkt zu produzieren;
- die zur Gruppe der bereits fortgeschritteneren Entwicklungsländer gehören;

- die sich einem starken Bevölkerungsdruck mit anhaltender Urbanisierungstendenz gegenübersehen.

43. Der Untersuchungszeitraum umfaßt für alle drei betrachteten Länder die Dekade von 1958 bis 1968. Das Jahr 1968 war für die angestrebte komparative Analyse der jüngste Zeitpunkt, für den in allen drei Ländern vergleichbare statistische Daten vorlagen bzw. aufbereitet werden konnten; die mangelnde Verfügbarkeit von Informationen über Chile bildete dabei den limitierenden Faktor. Der Beginn des Untersuchungszeitraums wurde aus zwei Gründen auf das Jahr 1958 festgelegt: Erstens wird in Südkorea das für die Durchführung der Berechnungen benötigte empirische Material erst von diesem Zeitpunkt an brauchbar, und außer für Mexiko gibt es davor keine Input-Output-Tabellen sowie keine zuverlässigen Industriestatistiken. Zweitens kennzeichnet das Jahr 1958 - in zumindest zwei Ländern (Südkorea und Mexiko) - ungefähr den Zeitpunkt einer entwicklungspolitischen Neuorientierung in Richtung auf eine bewußte Importsubstitutionspolitik.

44. Bei allen Berechnungen ist versucht worden, eine für die drei Länder einheitliche Aggregation der Daten zu erreichen. Sowohl Außenhandels- als auch Produktionszahlen entsprechen nach ihrer Aufbereitung der sektoralen Struktur des von der UN erarbeiteten Schemas (International Standard Industrial Classification, Ausg. 1958). Diese Klassifizierung stellte insbesondere für die Außenhandelsdaten ein erhebliches Problem dar, weil die von internationalen und auch nationalen statistischen Institutionen veröffentlichten Daten einer davon abweichenden Anordnung folgen[1]. Jeder Versuch, Außenhandels- und Produktionsdaten auf ein vergleichbares Aggregationsniveau zu bringen, birgt die Gefahr von Zuordnungsfehlern in sich. In unserem Fall gilt dies für Chile, da die chilenischen Export- und Importdaten in wechselndem Schema angeboten werden, so daß für eine Zuordnung nicht einmal der von der UN erstellte Schlüssel[2] verwendet werden kann. Im Falle Chiles wurde die Datenaufbereitung mittels eines selbst erstellten Schlüssels vorgenommen.

---

[1] In internationalen Statistiken werden Außenhandelsdaten in aller Regel nur nach dem SITC-Schema (Standard International Trade Classification) ausgewiesen.

[2] UN, Department of Economic and Social Affairs, Classification of Commodities by Industrial Origin. Relationship of the Standard International Trade Classification to the International Standard Industrial Classification. (Statistical Papers, Series M, No. 43.) New York 1966.

45. Neben der Auswertung nationaler statistischer Quellen wurde bei der Aufbereitung des empirischen Datenmaterials auf die Veröffentlichungen der Vereinten Nationen und ihrer Wirtschaftskommissionen zurückgegriffen. Zwar ist die Qualität der dort bereitgestellten Informationen in aller Regel auch nicht besser als in den zumeist noch recht unbefriedigenden nationalen Quellen, doch besteht dort zumindest der Vorteil, daß sie in weitgehend einheitlichen Systematiken veröffentlicht werden und somit einigermaßen vergleichbar sind. Der in diesem Zusammenhang oft vorgebrachte Einwand der minderen Datenqualität schien uns indessen kein ausreichender Grund, auf eine empirische Untersuchung des Importsubstitutionsprozesses überhaupt zu verzichten.

46. Was die Methoden angeht, die im Rahmen der empirischen Untersuchung herangezogen wurden, so überwiegen die statistisch-arithmetischen Verfahren und die Input-Output-Techniken; nur selten war die angebotene statistische Datenbasis hinreichend breit, um eine ökonometrische Überprüfung unserer Hypothesen zuzulassen.

47. Ein besonderes Problem stellte die Aufbereitung der Input-Output-Tabellen dar, die für die Messung der Importsubstitutionswirkungen nach dem von uns gewählten Meßkonzept von zentraler Bedeutung sind (vgl. Ziff. 48 ff.). Nicht nur machte es mitunter Schwierigkeiten, die voneinander abweichenden nationalen Industriegruppierungen in den einzelnen Quellen auf ein gleiches Aggregationsniveau zu bringen (vgl. Tabellen A 1 - A 7), sondern vielfach mußten die vorliegenden Input-Output-Tabellen wegen Fehlern im Ursprungsmaterial erst konsistent gemacht werden.

b. Meßprobleme

48. Unter Entwicklungsökonomen herrschte lange Zeit Übereinstimmung darüber, was als Importsubstitution anzusehen und wie sie quantitativ zu erfassen sei. Es galt als üblich, jede Produktionssteigerung einer mit Importen konkurrierenden Industrie als Importsubstitution zu bezeichnen; denn ohne die inländische Produktionssteigerung hätten die Bedürfnisse durch vermehrte Importe befriedigt werden müssen[1]. Diese Definition ist - zu Recht - zunehmend in Mißkredit gekommen, wird doch dabei unrealistischerweise eine Angebotselasti-

---

[1] Vgl. A.R. Khan, Import Substitution, Export Expansion and Consumption Liberalization: A Preliminary Report. "The Pakistan Development Review", Vol. 3 (1963), S. 208.

zität der heimischen Produktion von Null unterstellt, so daß sich eine Nachfragesteigerung in einer entsprechenden Importzunahme niederschlägt.

49. Unter einer zweiten Kategorie von Meßkonzepten, deren Referenzsystem nicht Stagnation, sondern Wachstum der Volkswirtschaft ist, ist die von Chenery[1] gewählte Definition der Importsubstitution in empirischen Arbeiten besonders weit verbreitet. Chenery verwendet bei der Bestimmung der Importsubstitution als Referenzsystem ein proportionales Wachstum aller Industriesektoren und rechnet das überproportionale Wachstum eines mit Importen konkurrierenden Sektors der Importsubstitution zu[2]. Bei Chenery bestimmt sich das Maß der Importsubstitution für einen Sektor als Abnahme des Importanteils am gesamten Angebot:

$$(1) \qquad IS_i = \left(\frac{m_{io}}{z_{io}} - \frac{m_{i1}}{z_{i1}} \right) z_{i1} \text{, wobei}$$

m_i = Importe

z_i = Gesamtangebot

des Sektors i in den zwei Zeitpunkten 0 und 1 darstellen[3]. Dieses Meßkonzept hat zwar gegenüber dem erstgenannten den Vorteil, auf das Wachstum des Angebots abzustellen und damit auch tatsächlich Importsubstitutionsvorgänge zu erfassen. Aber es geht ebenfalls von der Annahme aus, daß in jedem Sektor die Importe die heimische Produktion zur Befriedigung der Gesamtnachfrage ergänzen, d.h. daß in jedem Sektor Gesamtangebot und Gesamtnachfrage übereinstimmen,

---

[1] Chenery, a.a.O., S. 624 ff.

[2] Die Wahl des proportionalen Wachstums als Referenzsystem wird von Desai mit dem Hinweis auf mangelnde theoretische Begründbarkeit und empirische Evidenz kritisiert. Selbst unter der Annahme unveränderter Terms of Trade könnten technischer Fortschritt oder differierende Angebotselastizitäten bei den Produktionsfaktoren einen nichtproportionalen Wachstumsverlauf induzieren. Vgl. P. Desai, Alternative Measures of Import Substitution. "Oxford Economic Papers", N.S., Vol. 21 (1969), S. 316.

[3] Auch Steuer, Voivodas, a.a.O., S. 47 ff., und S.R. Lewis Jr., R. Soligo, Growth and Structural Change in Pakistan's Manufacturing Industry, 1954-1964, A Comment, "The Pakistan Development Review", Vol. 5 (1965), S. 659 ff., sowie andere Autoren verwenden dieses Maß zur Identifizierung des der Importsubstitution zurechenbaren Output-Wachstums.

also die folgende Identität gilt:

$$(2) \qquad x_i + m_i = h_i + \sum_j a_{ij} x_j$$

x_i = Produktion

m_i = Importe

h_i = Endnachfrage

$\sum_j a_{ij} x_j$ = intermediärer Verbrauch der Produktion des Sektors i

Dabei bleiben jedoch die intermediären Inputs unberücksichtigt[1]. In einer Welt, die durch mehrstufige Produktion gekennzeichnet ist, muß ein Maß der Importsubstitution nicht auf die Netto-, sondern auf die Bruttoproduktion abstellen. Denn wenn ein Importgut durch heimische Produktion ersetzt werden soll, muß ceteris paribus nicht nur die Produktion des Importsubstitutionssektors steigen, sondern auch die der Zulieferbetriebe (und die Produktion von deren Zulieferern etc.). Die benötigten intermediären Inputs sind in einem importierten Fertigprodukt enthalten und müssen deshalb bei einem Vergleich von inländischem Angebot und Importen einbezogen werden. Diese Überlegungen sind in ein von Morley und Smith gemeinsam entwickeltes Meßkonzept eingegangen[2].

50. Welche Bedeutung indirekten Importen für die quantitative Erfassung sektoraler Importsubstitution zukommt, kann durch folgendes extremes Beispiel deutlich gemacht werden: Ein Entwicklungsland importiere alle Fertigwaren, die auf der Basis eines bisher im Inland nicht geförderten Rohstoffes produziert werden. Dann werde dieser Rohstoff im Land selbst entdeckt, gefördert und eine heimische Industrie errichtet, die nun den im Inland geförderten Rohstoff weiterverarbeitet. Unter der Annahme konstanter Endnachfrage liegt Importsubstitution nach dem traditionellen Meßkonzept nur in Höhe der ursprünglich importierten Fertigwaren vor, während bei Berücksichtigung der indirekten Importe die Importsubstitution die inländische Förderung des Rohstoffs mit umfaßt. Die Vernachlässigung der

---

[1] Auf diesen Mangel verweist A. Maizels, Industrial Growth and World Trade. (The National Institute of Economic and Social Research, Economic and Social Studies, 21.) Cambridge 1963. S. 522.

[2] Vgl. S.A. Morley, G.W. Smith, On the Measurement of Import Substitution. "The American Economic Review", Vol. 60 (1970), S. 728 ff.

linkage-Wirkungen führt in den meisten Fällen zu einer Unterschätzung der Importsubstitution[1]; das Ausmaß dieses "bias" hängt dabei wesentlich vom Stadium des Substitutionsprozesses ab, denn mit dem Fortgang der Industrialisierung nimmt der Grad der intersektoralen Verflechtung zu und damit auch die Zahl der im Inland produzierten intermediären Produkte.

Mit Hilfe eines Input-Output-Modells lassen sich diese sogenannten "indirekten" Importe bei der Ermittlung der Importsubstitution mit berücksichtigen. Das Morley-Smith-Maß lautet dann:

(3) $$IS_i^* = \left(\frac{m_{io}^*}{z_{io}^*} - \frac{m_{i1}^*}{z_{i1}^*} \right) \cdot z_{i1}^*$$, wobei in Matrix-Form

(4) $z^* = x + m^*$ (Gesamtangebotsvektor)

(5) $m^* = (I - A)^{-1} m$ (Vektor der neu abgegrenzten Importe)

A = Matrix der technischen Koeffizienten a_{ij} der Input-Output-Tabelle

Der Vektor der neu abgegrenzten Importe m^* kann dann interpretiert werden als die heimische Produktion, die unter der Annahme konstanter Endnachfrage notwendig ist, um Importe vollständig zu ersetzen[2].

51. In der vorliegenden Untersuchung werden Importsubstitutionsberechnungen sowohl auf der Grundlage des Chenery- als auch des Morley-Smith-Ansatzes durchgeführt. Bevor wir die Ergebnisse dieser Berechnungen im Zusammenhang mit dem Ablauf des Industrialisierungsprozesses in Chile, Mexiko und Südkorea darstellen und diskutieren, sollen vorab die Unterschiede auch formal deutlich gemacht werden.

Wir gehen aus von den beiden Definitionen für Importsubstitution (1) und (3). Dazu formen wir den Klammerausdruck von (3) zunächst wie folgt um, wobei wir auf die Definitionsgleichung $m_i^* = z_i^* - x_i$ zurückgreifen:

(6) $$\frac{m_{io}^*}{z_{io}^*} - \frac{m_{i1}^*}{z_{i1}^*} = \frac{x_{i1}}{z_{i1}^*} - \frac{x_{io}}{z_{io}^*}$$

---

[1] Die Berechnungen von Morley-Smith für Brasilien weisen eine Differenz in den Importsubstitutionsraten (Morley-Smith-Maß versus Chenery-Maß) von gut 30 vH für die Verarbeitende Industrie und von gut 50 vH für die gesamte Wirtschaft aus. Vgl. Morley, Smith, a.a.O., S. 732.

[2] Zur Lösung des statischen Leontief-Systems vgl. Ziff. 64.

Ausgehend von dieser Äquivalenz[1] ergibt sich als Differenz zwischen dem Morley-Smith- und dem Chenery-Maß:

$$(7) \quad IS_i^* - IS_i = \left(\frac{x_{i1}}{z_{i1}^*} - \frac{x_{io}}{z_{io}^*} \right) \cdot z_{i1}^* - \left(\frac{x_{i1}}{z_{i1}} - \frac{x_{io}}{z_{io}} \right) \cdot z_{i1}$$

$$(7a) \quad IS_i^* - IS_i = x_{i1} - \frac{x_{io}}{z_{io}^*} \cdot z_{i1}^* - x_{i1} + \frac{x_{io}}{z_{io}} \cdot z_{i1}$$

$$(8) \quad IS_i^* - IS_i = \left(\frac{z_{i1}}{z_{io}} - \frac{z_{i1}^*}{z_{io}^*} \right) \cdot x_{io}$$

Wir dividieren (8) durch x_{io} und setzen für $z_{i1}^* = x_{i1} + m_{i1}^*$ und für $z_{io}^* = x_{io} + m_{io}^*$

$$(8a) \quad \frac{IS_i^* - IS_i}{x_{io}} = \frac{z_{i1}}{z_{io}} - \frac{x_{i1} + m_{i1}^*}{x_{io} + m_{io}^*}$$

Wir setzen für $x_{i1} = z_{i1} - m_{i1}$ und für $x_{io} = z_{io} - m_{io}$ und schreiben wie folgt:

$$(9) \quad \frac{IS_i^* - IS_i}{x_{io}} = \frac{z_{i1}}{z_{io}} - \left[\frac{z_{i1} + (m_{i1}^* - m_{i1})}{z_{io} + (m_{io}^* - m_{io})} \right]$$

Daraus folgt, daß $IS_i^* - IS_i > 0$, wenn das direkte Angebot z_i schneller wächst als das in den Importen mitenthaltene indirekte Angebot $(m_i^* - m_i)$.

52. Das Morley-Smith-Maß besitzt gegenüber dem Chenery-Ansatz den Vorteil, daß sich damit intersektorale Verflechungen bei der Ermittlung von Importsubstitutionsauswirkungen mit erfassen lassen. Da ihm aber das gleiche Referenzsystem zugrunde liegt, indem es ebenfalls auf die Veränderung des Importgehalts am Gesamtangebot abstellt, muß auf die von Hoffmann und Tan[2] jüngst vorgebrachte Kritik an diesem Referenzsystem eingegangen werden.

---

[1] Die Äquivalenz gilt auch für die entsprechenden Größen ohne Sternchen (Chenery).

[2] Vgl. L. Hoffmann, T.N. Tan, Pattern of Growth and Structural Change in West Malaysia's Manufacturing Industry 1959-1968. "Kajian Ekonomi Malaysia", Vol. 8 (1971), No. 2, S. 45.

Die beiden Autoren halten dieses Kriterium nur für sinnvoll in allen jenen Fällen, in denen in den Entwicklungsländern die Exporte (noch) so unbedeutend sind, daß sie vernachlässigt werden können. Ist dies aber nicht der Fall, so wird argumentiert, dann kann die Anwendung des Chenery-Maßes zu falschen Schlußfolgerungen führen: Denn steigt beispielsweise die Produktion, um ein größeres Exportangebot sicherzustellen, ohne daß sich die Importe verändern, dann sinkt auch der Importgehalt des Angebots. Man würde also nach dem Kriterium des abnehmenden Importgehalts Importsubstitution diagnostizieren, obwohl es tatsächlich zu einer Exportausweitung gekommen ist. Als Ausweg schlagen die beiden Autoren eine Modifizierung des Chenery-Maßes vor, indem sie auf die Veränderung des Importgehalts am Angebot abzüglich Exporte abstellen[1] und damit die Größe des internen Marktes berücksichtigen.

Obgleich uns dieser Einwand als grundsätzlich richtig erscheint, haben wir uns nicht für eine Modifizierung des Chenery- und auch Morley-Smith-Konzepts in der vorgeschlagenen Weise entschließen können, denn das vorgebrachte Argument verliert an Gewicht, wenn Importsubstitutionsberechnungen auf relativ disaggregiertem Niveau durchgeführt werden können. Dann nämlich dürfte der Fall einer gleichzeitig für den Export produzierenden Importsubstitutionsindustrie kaum anzutreffen sein[2].

---

[1] Das Kriterium lautet dann:

$$(10) \qquad \frac{m_i}{x_i + m_i - ex_i} = \frac{m_i}{d_i}$$

und das Maß für Importsubstitution:

$$(11) \qquad IS_i = \left(\frac{m_{io}}{d_{io}} - \frac{m_{i1}}{d_{i1}} \right) d_{i1} \text{, wobei}$$

m_i = Importe

$$(12) \qquad d_i = (x_i + m_i - ex_i) = \text{Nettogesamtangebot darstellen.}$$

[2] Wie relevant der von Hoffman/Tan vorgebrachte Einwand für unsere angestellten Importsubstitutionsberechnungen in der Verarbeitenden Industrie Chiles, Mexikos und Südkoreas ist, läßt sich mit Hilfe eines Exportintensitätsmaßes abschätzen, das den Übergang von vorwiegend importsubstituierender zu vorwiegend exportorientierter Produktion aufzuzeigen gestattet (vgl. Tabelle A 16).

2. Die Ausgangssituation

53. Wie bei den meisten lateinamerikanischen Entwicklungsländern, bedeutete auch für Chile und Mexiko der Ausbruch der Weltwirtschaftskrise mit dem nachfolgenden Protektionismus der Industrieländer insofern einen scharfen Einschnitt, als dem bis dahin weitgehend durch Primärgüterexporte getriebenen Wachstum ein jähes Ende gesetzt und eine entwicklungspolitische Neuorientierung notwendig gemacht wurde. Zunehmende Substitutionskonkurrenz durch synthetische Rohstoffe und vor allem der Preisverfall bei metallischen Erzen und Mineralien setzten neue Daten, die - mit unterschiedlicher Dringlichkeit zwar - zu der teils zahlungsbilanz-, teils beschäftigungspolitisch begründeten Überzeugung führten, daß die Probleme nur durch eine Verbreiterung der industriellen Produktionsstruktur zu lösen seien.

54. In Lateinamerika hatte Chile besonders stark unter der Krise zu leiden, denn die income terms of trade[1] dieses Landes verschlechterten sich drastisch als Folge seiner einseitigen Exportstruktur (Kupfer und Salpeter), der Konjunkturanfälligkeit dieser Rohstoffe, des hohen Substitutionspotentials bei Salpeter (durch Synthesestickstoff) und der Protektionsmaßnahmen in den Vereinigten Staaten gegenüber Kupfer. Begleitet war diese Entwicklung von einem überproportionalen Rückgang des Importvolumens, der sich aus der Umkehrung der bis zu Beginn der Krise bedeutenden Kapitalimporte in einen fluchtartigen Kapitalexport erklären dürfte.

Ein Beleg für den selbst im Vergleich zu lateinamerikanischen Nachbarländern enormen und lang nachwirkenden Exportrückschlag Chiles kann auch darin erblickt werden, daß die Importsubstitution, die in diesem Land Anfang der dreißiger Jahre einsetzte, nur mit einem relativ geringen industriellen Wachstum einhergegangen ist. Das vergleichsweise geringe industrielle Wachstum Chiles während der Zeit von 1930 bis 1940 hatte freilich auch noch andere Ursachen[2]:

---

[1] Income terms of trade sind ein geeignetes Maß, die Kaufkraft von Exporterlösen zu ermitteln. Dazu müssen die monetären Exporterlöse mit dem Preisindex der Importgüter deflationiert werden. Demnach wirken also zwei Faktoren auf die Entwicklung der Importkapazität eines Landes ein: a. die mengenmäßige Veränderung des Exportvolumens und b. die Veränderung der Relation aus Export- zu Importpreisen (net barter terms of trade). - Diesem Maß zufolge sank in Chile die Kaufkraft der Exporterlöse in der Zeit von 1929/30 bis 1935 um nahezu 50 vH. Vgl. UN, ECLA, Inflation and Growth. Santiago. (Unveröff. Manuskript.) Tabelle II-20.

[2] Vgl. L. Hoffmann, a.a.O., S. 210 f.

- Es gelang den wirtschaftspolitischen Instanzen in Chile nicht, der Verarbeitenden Industrie durch Importrestriktionen einen zusätzlichen Wachstumsspielraum zu verschaffen, da der Industriesektor ohnehin schon stark protektioniert war.
- Die spezifische Struktur der Exporte, mit einem Übergewicht bei metallischen und mineralischen Primärgütern, erwies sich als gänzlich ungeeignet, Exportprodukte dem inländischen Verbrauch zuzuführen, um damit vielleicht den Schrumpfungsprozeß im Exportbereich zu kompensieren.
- Als ebenfalls ungünstig für die Entwicklung der inländischen Nachfrage nach Industriewaren erwies sich die Wirtschaftspolitik, die gegenüber der - fast ausschließlich im Auslandsbesitz befindlichen - Kupferindustrie praktiziert wurde. Statt, wie in anderen Ländern, diese wichtige Exportindustrie in der Krise zu fördern und damit indirekt auch die gesamte Verarbeitende Industrie zu stützen, wurden - wohl unter dem Druck sich verschärfender Beschäftigungsprobleme - zügig Sozialgesetze zugunsten der chilenischen Kupferarbeiter verabschiedet, die zusätzliche Nicht-Lohneinkommen sicherten[1]. Außerdem belegte die Regierung die Kupferindustrie mit einer erhöhten Steuer, um auf diese Weise die durch den Exportrückgang verursachte Minderung der Staatseinnahmen auszugleichen.

Auch die sich Ende der dreißiger Jahre abzeichnende und mit dem Ausbruch des Krieges verstärkende Expansion der Nachfrage nach chilenischen Exportgütern vermochte nicht für eine Beschleunigung des Wachstumstempos zu sorgen. Denn in kaum einem anderen Land als Chile zeigte sich so deutlich, welche wachstumsbremsende Wirkung eine Wirtschaftspolitik erzeugt, die sich Importbeschränkungen vom Angebot aufzwingen läßt, statt rechtzeitig durch eigene Importrestriktionen Einfluß auf die Importstruktur und damit auf Ausmaß und Richtung des Industrialisierungsprozesses zu gewinnen[2]. Zwar erhöhten sich die Exporte Chiles ganz beträchtlich, und die Importkapazität stieg in einem Maße, das die Finanzierung des zur weiteren Industrialisierung notwendigen Importbedarfs hätte sicherstellen können, doch verminderte ein sinkendes Importangebot (aus kriegsführenden Industrieländern) an Kapitalgütern, die für eine Kapazitätsausweitung bzw. Produktionsaufnahme benötigt wurden, nicht nur die Expansion bereits bestehender Industrien, sondern auch die Auf-

---

[1] Vgl. L. Hoffmann, a.a.O., S. 211, sowie M. Mamalakis, C.W. Reynolds, Essays in the Chilean Economy. Homewood, Ill., 1965. S. 227 ff.

[2] Vgl. L. Hoffmann, a.a.O., S. 224.

nahme neuer industrieller Aktivitäten. Die Folge war, daß sich das Produktionswachstum der Verarbeitenden Industrie in Chile während des Krieges, der in anderen Ländern einen kräftigen industriellen Boom bewirkte, gegenüber der Krisendekade sogar verlangsamte.

Wo es in anderen lateinamerikanischen Ländern nach dem Kriege zu einer raschen Steigerung der industriellen Produktion kam, weil die während der Kriegsjahre mit den zunehmenden Exporterlösen gewachsene inländische Nachfrage binnenmarktwirksam wurde und auf ein mit Hilfe von - wieder verfügbaren - Importen ausgeweitetes Angebotspotential stieß, verhinderte in Chile wiederum die mangelnde Koordinierung der Industrialisierungsaktivitäten eine Beschleunigung des Wachstumstempos. Als verantwortlich für die nur geringe jahresdurchschnittliche Veränderungsrate der industriellen Produktion von 1,9 vH[1] (1945-1955) erwies sich der Umstand, daß die verbesserte Importkapazität nicht in erster Linie für zusätzliche Rohstoff- und Kapitalgüterimporte, sondern für vermehrte Konsumgütereinfuhren verwendet wurde. Dadurch erlitt die inländische Konsumgüterindustrie einen Rückschlag, dessen Auswirkungen auf die weiteren Industrialisierungsbemühungen bis in die fünfziger Jahre spürbar blieben; konzentrierte sich die Importsubstitution in Chile doch gerade auf diesen Bereich[2].

55. In Mexiko markiert eigentlich erst das Jahr 1940 den Beginn einer breiter angelegten binnenmarktorientierten Industrialisierungspolitik[3]; zwar gab es schon um die Jahrhundertwende erste Industrialisierungsversuche, doch hatten diese sich mehr oder weniger spontan auf Importsubstitution bei Konsumgütern und unbearbeitete Rohstoffe gerichtet. Bis 1940 hatten die unsicheren politischen (Revolutionsausbruch 1910, Erster Weltkrieg) und wirtschaftlichen Verhältnisse (Weltwirtschaftskrise) die Durchführung einer langfristig angelegten Industrialisierung so gut wie unmöglich gemacht. Zwar gelang es für eine kurze Zeit (1925-1932), nicht zuletzt infolge enormer amerikanischer Direktinvestitionen, deutliche Industrialisierungserfolge zu erzielen, so z. B. beim Aufbau und der Ausweitung der Produktion von Nahrungsmitteln, Tabakwaren, Bekleidung, Möbeln, Textilien, die zu einem Wachstum der Industrieproduktion von durch-

---

[1] UN, ECLA, Economic Survey of Latin America 1956, S. 132.

[2] Ebenda, 1951-1952, S. 62.

[3] Das Jahr 1940 kennzeichnet auch den Zeitpunkt, der als der Beginn einer längeren politischen Stabilitätsphase gilt. Dies mag z. B. daraus ersehen werden, daß seit der Amtsübernahme durch Avila Camacho (1940) alle nachfolgenden Präsidenten ihre ihnen verfassungsmäßig zugedachte Regierungszeit von sechs Jahren im Amt überdauern konnten.

schnittlich 6 vH p.a. und der Beschäftigung von etwa 4 vH p.a. führten; doch traf die Weltwirtschaftskrise die mexikanische Industrie als Folge der engen wirtschaftlichen Verflechtung mit den Vereinigten Staaten auch besonders heftig. So ist die nach dem Ende der Krise statistisch als besonders dynamisch ausgewiesene Entwicklung der Industrieproduktion zu einem beträchtlichen Teil sicherlich auch nur als Nachholeffekt zu interpretieren.

Die seit 1940 einsetzende Stabilisierung war nicht zuletzt das Ergebnis einer großzügigen Reformpolitik, die die vorangegangene Regierung in Erfüllung der angestrebten Revolutionsziele praktiziert hatte. Sie schloß eine Agrarreform, die gesetzliche Verankerung arbeitsrechtlicher Forderungen, aber auch die Verminderung des ausländischen Einflusses auf weite Bereiche der Wirtschaft durch Verstaatlichung der Eisenbahn und Erdölindustrie ein. Der Camacho Administration, die, wie schon die vorherigen Regierungen auch, für Mexiko in der Industrialisierung den Schlüssel zu schnellerer wirtschaftlicher Entwicklung sah, schien das Ziel eines beschleunigten wirtschaftlichen Wachstums bei hohem Beschäftigungsgrad angesichts des großen Gewichts industrieller Importe am ehesten durch eine Importsubstitutionspolitik erreichbar[1]. Es kann jedoch nicht übersehen werden, daß der fortwährende Wunsch nach nationaler Unabhängigkeit ein mindestens ebenso großes Gewicht bei dieser Entscheidung gehabt haben dürfte wie die Einsicht, mit der heimischen Produktion industrieller Erzeugnisse werde sich die oft gespürte Anfälligkeit für Schwankungen der Exporterlöse und des Importangebots vermindern lassen.

Fortan konzentrierte sich die Industrialisierungspolitik Mexikos auf Importsubstitution im Agrar- und Industriesektor. Was den letztgenannten Bereich angeht, so wurde das Schwergewicht zunächst auf die Textilindustrie gelegt, später dann auf andere Konsumgüterindustrien verlagert (1940-1950). Dank hoher Zollmauern, Steuererleichterungen und Investitionshilfen verzeichneten diese Industrien ein beschleunigtes Wachstum. Während der frühen fünfziger Jahre betrieb man dann auch die Aufnahme der Importsubstitution im intermediären und Kapitalgüterbereich. Nach 1955 wurden sowohl das System der Zollvergünstigungen als auch die Steuerbefreiungen für "neue und notwendige Industrien" dazu verwandt, Einfluß auf die vertikale Integration des Produktionsprozesses zu nehmen. Importierende Firmen in bestimmten Bereichen wurden veranlaßt, innerhalb von zwei Jahren zwei Drittel ihres bisherigen Imports aus heimischer Produk-

[1] Vgl. C.W. Reynolds, The Mexican Economy. Twentieth Century Structure and Growth. New Haven, Conn., London 1970.

tion zu decken, indem man z. B. Importlizenzen auf diese Zeit befristete.

Das umfangreiche Maßnahmenbündel zeigt, daß die Regierung die Importsubstitution energisch voranzutreiben versuchte; die Wahl der aufzunehmenden Aktivitäten blieb innerhalb der Schwerpunktbereiche jedoch weitgehend den (potentiellen) Unternehmern überlassen. Dagegen wäre nicht viel einzuwenden, wenn nicht das Verhalten der wirtschaftspolitischen Instanzen, den Forderungen nach höherem Zollschutz, quantitativen Einfuhrbeschränkungen und Steuererleichterungen zu entsprechen, ohne Berücksichtigung tatsächlicher oder erzielbarer komparativer Kostenvorteile einer protektionsbedingten Verzerrung der Produktionsstruktur Vorschub geleistet hätte[1].

Die Bilanz der binnenmarktorientiert betriebenen Industrialisierung Mexikos von 1940 bis Ende der fünfziger Jahre mit durchschnittlichen jährlichen Wachstumsraten des realen Bruttoinlandsprodukts von gut 5 vH, des Pro-Kopf-Einkommens von knapp 3 vH (bei gut 2 vH Bevölkerungswachstum), der industriellen Produktion von gut 7 vH suggeriert den Ablauf einer überaus erfolgreichen Importsubstitutionspolitik. Wir haben oben jedoch angedeutet, daß die mexikanische Industrialisierungspolitik bei der Auswahl und Anwendung ihrer Maßnahmen häufig nicht rational und einer Konzeption folgend vorgegangen ist. Die Analyse des Industrialisierungsprozesses in der Zeit von 1958 bis 1968 wird zeigen, welchen Einfluß die wirtschaftspolitischen Versäumnisse während der Importsubstitutionsphase, die in mangelndem Zwang zum Export mit der Folge unausgelasteter Produktionskapazitäten (und damit verschwendeter knapper Ressourcen) und unausgenützter Preissenkungsspielräume zu suchen sind, auf den Ablauf der weiteren Industrialisierung gehabt haben.

56. Was schließlich S ü d k o r e a angeht, so fällt die erste Phase der Industrialisierung in die Zeit der japanischen Besetzung und trägt damit Züge einer quasikolonialen Entwicklung, die weniger durch entwicklungspolitische Notwendigkeiten als durch den kriegsbedingten Bedarf an Zwischenprodukten für die japanische Rüstungsindustrie bestimmt war. Dies hatte während der dreißiger Jahre zu einem forcierten Aufbau der Schwerindustrie geführt, die nach Teilung des Landes zu etwa 90 vH an den Norden fiel; in Südkorea dagegen verblieb die Mehrheit der Bevölkerung, ein Großteil der nutzbaren Agrarflächen sowie nahezu die gesamte leichte Industrie. Sieht man von den Jahren der amerikanischen Militärherrschaft (1945-1948), der Vor-

---

[1] G. B u e n o, The Structure of Protection in Mexico. In: B a l a s s a and Ass., a.a.O., S. 169 ff.

kriegszeit und den Kriegsjahren ab, so kennzeichnet das Jahr 1953 praktisch die Stunde Null der südkoreanischen Industrialisierungsbemühungen.

Die Jahre 1953 bis 1956 galten dem Wiederaufbau eines total zerstörten Landes, in dem nahezu alle industriellen Aktivitäten als Folge des Verlustes von Ressourcen und industriellen Produktionsstätten, einer zusammengebrochenen Infrastruktur und katastrophaler Versorgungsverhältnisse zum Erliegen gekommen waren. Dank umfangreicher finanzieller Unterstützung von seiten der Vereinigten Staaten sowie einer energischen politischen Führung gelang es in relativ kurzer Zeit, die Zerstörungen des Krieges weitgehend zu beseitigen und die Inflation zu dämpfen. Bereits Ende 1956 hatte die industrielle Produktion wieder das Niveau des letzten Jahres vor dem Krieg erreicht[1]. Getragen wurde diese Entwicklung von dem im Süden lokalisierten und damit bei Südkorea verbliebenen light manufacturing-Sektor.

Erst nach der Wiederaufbauphase, deren Ende koreanischen Quellen[2] zufolge auf die Jahreswende 1956/57 datiert wird, kommen planerische Elemente in das entwicklungspolitische Handeln. Fortan wird explizit von Importsubstitution gesprochen, wobei die Entscheidung für die Anwendung dieser Industrialisierungsform sowohl auf Autarkieüberlegungen basiert als auch beschäftigungspolitischer Natur war. Die Existenz einer durch die starke finanzielle Auslandshilfe (Vereinigte Staaten) während der Aufbauphase konsolidierten Verarbeitenden Industrie mit bereits recht diversifizierter Struktur kam dabei der Idee einer binnenmarktorientiert vorangetriebenen weiteren Industrialisierung sehr entgegen.

57. Resümieren wir:

- In Chile spiegeln die Industrialisierungsbemühungen deutlich Autarkiebestrebungen wider. Doch hat hier die exzessive Anwendung der Importsubstitution im Konsumgüterbereich nur für begrenzte Zeit ausreichende Wachstumsimpulse sicherstellen können, denn mit dem Abbau des - bei einem kleinen Land wie Chile ohnehin relativ geringen - Nachfragestaus nach diesen Gütern verlangsamt sich das Wachstumstempo. Statt die während der Importsubstitutionsphase entstandenen Industrien (Nahrungsmittel, Textilien, Bekleidung, Schuhe) durch geeignete Maßnahmen in Exportindustrien zu überführen und gleichzeitig den Aufbau vorgelagerter Industriestufen zu betreiben, führte man die durch traditionelle Exporterlöse

---

[1] Vgl. Republic of Korea, Ministry of Reconstruction, Development of the Korean Economy. Seoul 1958. S. 28 ff.

[2] Ebenda, S. 17.

gestiegene Importkapazität dem privaten Konsum zu. Als erschwerend für den Ablauf der Industrialisierungspolitik erwies sich außerdem der Umstand, daß die große Zahl der sich in Auslandsbesitz befindlichen Unternehmen ihre intermediären Inputgüter in ihren Heimatländern nachfragten, so daß die von dieser Exportindustrie ausgehenden Impulse auf die inländische Wirtschaft besonders gering blieben. Dieser durch die angedeuteten Besitzverhältnisse entstandene wirtschaftliche Dualismus dürfte einer der Gründe für die in Chile so sichtbare Neigung zur Verstaatlichung oder für andere Maßnahmen wie z. B. exzessive Besteuerung oder gespaltene Wechselkurse sein, mit denen versucht wurde, von den Erlösen der Exportindustrie einen Teil dessen abzuschöpfen, was im Falle einer einheimischen Industrie im Inland nachfragewirksam geworden wäre[1].

Darüber hinaus wurde der Agrarsektor nicht in die Industrialisierungsbemühungen mit einbezogen. Im Gegenteil, die angewandten preispolitischen Maßnahmen hielten den Anreiz, die Agrarproduktion auszudehnen, gering, mit der Folge, daß nicht nur keine zusätzliche Nachfrage nach heimischen Industriegütern entstand, sondern ein beträchtlicher Teil der Importkapazität für steigende Nahrungsmittelimporte verwendet werden mußte.

- In Mexiko war Ende der fünfziger Jahre der Wachstumsspielraum noch so groß, daß die Industrialisierung via Importsubstitution fortgesetzt werden konnte. Denn Mexiko verfügte über einen relativ großen Binnenmarkt, und zudem war dort - anders als in den meisten Entwicklungsländern - die Industrialisierung nicht unter Vernachlässigung der Landwirtschaft forciert, sondern durch eine Bodenreform, den Ausbau der Infrastruktur und verbesserte landwirtschaftliche Betriebsmethoden eine wachstumsstimulierende Importsubstitution betrieben worden, die auch zur Ausweitung des Inlandsmarktes für industrielle Produkte beitrug. Dies dürfte das überaus kräftige Wachstum der mexikanischen Industrieproduktion (1958/50 durchschnittlich 13 vH p. a.) besonders begünstigt haben.

- In Südkorea machten sich Anzeichen nachlassender Wachstumsdynamik bemerkbar, nachdem von Ende 1956 bis etwa 1960 eine kurze und sehr erfolgreiche Phase der Importsubstitution betrieben worden war, die sich - dem normalen Muster folgend - zunächst auf kurzlebige Konsumgüter (Textilien, Schuhe, Bekleidung) konzentriert hatte. Ein System quantitativer Importrestriktionen hatte eine hohe effektive Protektion geschaffen, die, verbunden mit einem relativ elastischen Angebot an (auch ausgebildeten) Arbeitskräften,

---

[1] Vgl. L. Hoffmann, a.a.O., S. 241.

zu einem raschen Wachstum der Industrieproduktion beitrug (durchschnittliche jährliche Veränderungsrate 1960/56 gut 10 vH). Die unzulängliche Ausstattung mit natürlichen Ressourcen und der weltweite Nachfragerückgang gegenüber seinen traditionellen Agrar- und Primärgütern zwangen Südkorea zu einer Neuorientierung der Entwicklungsstrategie, zumal eine weitere Importsubstitution von Konsumgütern bei einem Importanteil am inländischen Verbrauch von etwa 10 vH keine starken Wachstumsimpulse mehr versprach.

3. Industrialisierungsmuster und Wachstumsspielraum

a. *Strukturmerkmale der Industrialisierung*

58. Im folgenden wollen wir uns nun der Frage nach dem Zusammenhang zwischen der in den drei betrachteten Ländern jeweils betriebenen Industrialisierungs- und Handelspolitik und deren Erfolg in bezug auf die Realisierung wachstums-, zahlungsbilanz- und beschäftigungspolitischer Ziele zuwenden. Wir hatten schon an anderer Stelle darauf hingewiesen (Ziff. 12 f.), welchen generellen methodischen Schwierigkeiten man sich bei dem Versuch gegenübersieht, die Wirkungen der Importsubstitutionspolitik zu erfassen. Dieser bei empirischen wirtschaftswissenschaftlichen Arbeiten so häufig auftretende Methodenengpaß kann jedoch nicht als ausreichender Grund angesehen werden, bestimmte Fragestellungen aus der analytischen Arbeit auszuklammern. Daraus kann vielmehr nur folgen, daß die Ergebnisse, zu denen der Versuch, die Analyse dennoch durchzuführen, gelangt, als nicht eindeutig und damit als nur bedingt generalisierbar offengelegt werden müssen. Diese Ergebnisse hängen ab von den Annahmen über die Wirkung alternativer Politiken, die sich wiederum teils auf empirische Beobachtungen anderswo, teils aber auch auf intuitive Urteile stützen.

59. Verglichen mit der Gruppe der Entwicklungsländer insgesamt, die in der Dekade von 1958 bis 1968 ihr reales Bruttosozialprodukt jahresdurchschnittlich um 4, 8 vH, ihre Industrieproduktion um 6, 7 vH und ihre Gesamtexporte um 5, 9 vH steigern konnten, war die gesamtwirtschaftliche Entwicklung in den betrachteten Ländern recht günstig; so stiegen während des gleichen Zeitraums[1] (vgl. Tabellen 2 und 3)

---

[1] Die Angaben für die Veränderung des realen Bruttosozialprodukts und der Wertschöpfung in der Verarbeitenden Industrie beziehen sich auf unterschiedliche Perioden in der Zeit von 1955 bis 1968.

- das reale Bruttosozialprodukt jahresdurchschnittlich um 4,1 vH (Chile), 6,7 vH (Mexiko) und 13,1 vH (Südkorea),
- die Wertschöpfung der Verarbeitenden Industrie um durchschnittlich 10,5 vH (Chile), 8,6 vH (Mexiko) und 22,3 vH (Südkorea) p.a.,
- die Gesamtexporte um jahresdurchschnittlich 9,1 vH (Chile), 4,2 vH (Mexiko) und 39,7 vH (Südkorea).

Mit dieser Entwicklung ging ein Wandel der Produktionsstruktur einher: In allen drei Ländern zeigt sich eine signifikante Abnahme des Beitrags der Landwirtschaft zum Bruttoinlandsprodukt und eine Zunahme der Verarbeitenden Industrie. Nur in Südkorea wird die sonst dominierende Stellung der Verarbeitenden Industrie von der Landwirtschaft übertroffen, die noch 1968 einen Beitrag von gut 32 vH zum Bruttoinlandsprodukt leistete. Trotz der noch immer relativ großen Bedeutung traditioneller Primärgütersektoren Bergbau (Chile) und Landwirtschaft (Mexiko, Südkorea) zeigt sich eine bemerkenswerte Hinwendung zur Spezialisierung auf die industrielle Halb- und Fertigwarenerzeugung, die die Verarbeitende Industrie zum jeweils dynamischsten Sektor gemacht hat. So veränderte sich der Beitrag dieses Sektors zum Bruttoinlandsprodukt im Zeitraum 1958-1968 in

- Chile von 18,8 auf 28,5 vH
- Mexiko von 24,7 auf 29,7 vH
- Südkorea von 10,8 auf 17,9 vH

60. Getragen wurde das Industriewachstum in Chile, Mexiko und Südkorea sowohl von den Konsumgüterindustrien Nahrungsmittel, Textilwaren als auch von Branchen der Grundstoff- und leichten Investitionsgüterindustrie (Chemische Erzeugnisse, Eisen und NE-Metalle), obwohl das Gewicht dieser Sektoren durchweg niedriger war als das verbrauchsnaher Bereiche (vgl. Tabelle 3). Im großen und ganzen spiegelt die aufgezeigte Produktionsstruktur das Muster - auch in (heute) hochindustrialisierten Ländern nachweisbarer - historischer Entwicklungsprozesse wider, die durch eine Produktionsverlagerung von Massenbedarfsgütern und Nahrungsmitteln über dauerhafte Konsumgüter und Halbwaren bis hin zur Erzeugung von Investitionsgütern gekennzeichnet sind. Dieser Prozeß ist abgesehen von ersten Industrialisierungsversuchen - wie an anderer Stelle bereits gezeigt wurde - nicht im Sinne sich ablösender Aktivitäten zu verstehen, sondern vollzieht sich gleichzeitig auf mehreren Stufen, wobei das Tempo der Industrialisierungsbewegung durch das Entwicklungsniveau bei Beginn der Industrialisierung, die Ausstattung mit Ressourcen, das verfügbare Know-how, die Größe des Binnenmarktes und das Ausmaß wirtschaftspolitischer Einflußnahme bestimmt wird.

Tabelle 2 - Ausgewählte Indikatoren für Chile, Mexiko und Südkorea 1958, 1962 und 1968

	Einheit	Chile			Mexiko			Südkorea		
		1958	1962	1968	1958	1962	1968	1958	1962	1968
1. Bevölkerung	Mill.	7, 31	8, 02	9, 35	33, 70	38, 54	47, 27	23, 33	26, 12	30, 47
2. BSP zu Faktorkosten (1964 US-$)	Mill. US-$	2 371, 0[a]	3 074, 6	3 992, 5	9 630, 0[a]	12 702, 0[b]	22 500, 5	2 092, 0[a]	2 567, 0[b]	5 607, 1
3. Durchschnittliche jährliche Veränderungsrate	vH		4, 1[c]			6, 7[d]			13, 1[e]	
4. BSP pro Kopf (1964 US-$)	US-$	349[a]	383	427	315[a]	352[b]	476	98[a]	104[b]	184
5. Durchschnittliche jährliche Veränderungsrate	vH		0, 8[c]			3, 3[d]			8, 2[e]	
6. Sektorbeitrag zum Bruttoinlandsprodukt										
- Agrarwirtschaft	vH	12, 6	9, 9	8, 7	20, 6	18, 8	15, 8	43, 8	39, 7	32, 3
- Bergbau	vH	4, 9	8, 7	12, 3	2, 2	2, 0	1, 5	1, 7	2, 2	1, 4
- Verarbeitende Industrie	vH	18, 8	25, 1	28, 5	24, 7	26, 6	29, 7	10, 8	12, 7	17, 9
- Bauwirtschaft	vH	2, 8	5, 5	4, 7	3, 3	3, 2	3, 9	3, 4	3, 6	5, 5
- Energiewirtschaft	vH	0, 8	1, 2	1, 3	1, 2	1, 2	1, 6	0, 9	1, 2	1, 4
- Verkehrswirtschaft	vH	7, 2	6, 1	5, 4	5, 1	4, 6	4, 1	3, 7	4, 9	6, 4
- Handel	vH	21, 1	18, 3	15, 5	25, 7	25, 8	26, 0	9, 7	10, 4	14, 2
- Banken und Versicherungen	vH	4, 2	2, 3	3, 1	-	-	-	1, 2	1, 5	1, 8
- Wohnungsvermietungen	vH	8, 3	3, 2	0, 4	-	-	-	7, 2	5, 6	3, 4
- Staat	vH	8, 8	6, 0	6, 5	2, 7	2, 9	2, 6	7, 0	8, 3	6, 1
- Dienstleistungen	vH	10, 4	14, 0	13, 6	14, 5	14, 9	14, 9	10, 6	9, 8	9, 7

7. Wertschöpfung der Verarbeitenden Industrie (1964 US-$)	Mill. US-$	144,6[a]	293,3[b]	490,8	2 234,2[a]	2 743,6[b]	5 041,6	207,1[a]	310,6[b]	867,6
8. Wertschöpfung der Verarbeitenden Industrie pro Kopf (1964 US-$)	US-$	21,3[a]	38,1[b]	52,5	73,0[a]	76,2	106,6	9,7[a]	12,6[b]	28,5
9. Gesamtexporte	Mill. US-$	388,5	532,0	935,9	735,4	929,1	1 110,0	16,5	54,8	455,4
10. Exporte SITC 5-8	Mill. US-$	108,6	371,4	751,1	176,2	202,3	351,0	2,6	10,6	338,2
11. Gesamtimporte	Mill. US-$	414,6	517,8	743,6	1 032,3	1 028,5	1 962,1	378,2	421,8	1 000,4
12. Importe SITC 5-8	Mill. US-$	237,2	346,7	515,6	821,9	879,3	1 695,4	173,7	247,4	669,9
13. Anteil der Exporte SITC 5-8 an der Produktion der Verarbeitenden Industrie (Fertigwaren)	vH	2,2[f]	7,6[f]	14,7[f]	5,5[f]	6,7[f]	7,4[f]	0,61	3,3	37,5
14. Anteil der Importe SITC 5-8 am inländischen Verbrauch (Fertigwaren)	vH	73,1[f]	57,2[f]	18,7[f]	39,1[f]	34,8[f]	38,3[f]	29,1	44,5	62,7
15. Außenhandelsquote	vH	27,94	43,91[g]	31,60	17,37	14,36[g]	11,49	11,99	13,39[g]	32,61

[a] 1955. - [b] 1960. - [c] 1966/55. - [d] 1968/55. - [e] 1968/60. - [f] Ohne unbearbeitete Metalle. - [g] 1963.

Quelle: UN, Yearbook of National Accounts Statistics, 1969. - UN, Yearbook of International Trade Statistics, versch. Jgg. - UN, The Growth of World Industry, 1970. - IBRD, World Tables, 1971.

61. Der Prozeß der Produktionsverlagerung läßt sich sehr gut am sektoralen Wachstum der Verarbeitenden Industrie während der Zeit von 1958 bis 1968 aufzeigen (Tabelle 3):

- In Chile verzeichnen die konsumnahen Industriebranchen fast ausnahmslos ein unterdurchschnittliches Wachstum, was sich auf den Umstand zurückführen läßt, daß es sich hierbei um die frühen Importsubstitutionsbereiche handelt, deren Wachstumsdynamik sich in einem Land wie Chile, mit nur kleinem Binnenmarkt und ohne natürliche Standortvorteile bei diesen Industrien, relativ schnell erschöpft. Demgegenüber gab es im Halbwaren- und Investitionsgüterbereich eine Reihe von Sektoren, die - gemessen an der gesamten Industrie - überdurchschnittlich expandierten.

  Der - mit Ausnahme der traditionell bergbaulich orientierten Sektoren - noch relativ geringe Anteil dieser Sektoren an der Wertschöpfung der gesamten Verarbeitenden Industrie weist jedoch auf eine späte Ausweitung der industriellen Aktivitäten hin, die in Verbindung mit der zahlungsbilanzmotivierten exzessiven Anwendung der Importsubstitution bei Konsumgütern gesehen werden muß.

- Mit Ausnahme von Nahrungsmitteln und Tabakwaren gehören in Mexiko die Massenbedarfsgüterindustrien und Konsumgüterbereiche zu der Gruppe von Industrien, die im betrachteten Zeitraum unterdurchschnittlich expandierten. Eine besondere Dynamik dagegen entfalteten die noch relativ jungen Branchen Chemische Erzeugnisse, Gummiprodukte, Maschinen und Fahrzeuge.

- Auffällig im Fall Südkorea sind die außergewöhnlich hohen Steigerungsraten der industriellen Wertschöpfung und die Konzentration der überdurchschnittlichen Zuwachsraten auf Bereiche wie Chemische Erzeugnisse, Erdöl- und Kohleprodukte, Elektromaschinen u.a.

  Was die Höhe der Steigerungsraten anlangt, so läßt sie sich mit dem zu Beginn der Beobachtungsperiode geringen Niveau erklären; die beobachtete Konzentration rührt daher, daß die Importsubstitutionsphase insgesamt in Südkorea vergleichsweise kurz war und frühzeitig zu einer Umlenkung der Industrieaktivitäten vom Konsumgütersektor in andere Bereiche und damit zu einer raschen Diversifizierung der Produktionsstruktur geführt hatte[1].

---

[1] L.E. Westphal, K.S. Kim, Industrial Policy and Development in Korea. February 1974. S. 111. (Unveröff. Manuskript.)

Tabelle 3 - Die Entwicklung der industriellen Wertschöpfung in Chile, Mexiko und Südkorea 1957-1968 (vH)

ISIC	Sektor	Durchschnittliche jährliche Veränderungsraten			Beitrag der Sektoren zum Wachstum der Verarbeitenden Industrie		
		Chile	Mexiko	Südkorea	Chile	Mexiko	Südkorea
		1965/57	1968/60	1968/58	1957/65	1960/68	1958/68
20	Nahrungsmittel	9, 3	12, 9	18, 9	17, 34	17, 09	9, 59
21	Getränke	9, 7	4, 5	19, 2	4, 38	4, 91	9, 12
22	Tabakwaren	4, 5	13, 9	3, 4	4, 41	1, 72	7, 13
23	Textilwaren	9, 8	6, 8	15, 3	12, 93	6, 54	20, 91
24	Bekleidung und Schuhe	5, 3	5, 7	23, 0	6, 66	7, 18	4, 01
25	Holz- und Korkprodukte	8, 2	2, 5	22, 0	2, 88	1, 08	3, 84
26	Möbel	- 1, 8	6, 7	21, 0	1, 12	1, 28	0, 91
27	Papier und Papierwaren	14, 3	8, 8	27, 5	2, 15	3, 53	2, 27
28	Druckerei- und Verlagserzeugnisse	9, 9	10, 1	16, 5	3, 61	2, 11	3, 93
29	Leder und Lederwaren	8, 5	3, 6	12, 0	1, 17	0, 65	0, 52
30	Gummiprodukte	21, 0	10, 8	15, 0	1, 75	1, 58	2, 96
31	Chemische Erzeugnisse	12, 9	11, 8	33, 0	8, 54	8, 05	7, 13
32	Erdöl- und Kohleprodukte	- 0, 5	18, 7	36, 0	2, 26	7, 32	3, 64
33	Erzeugnisse aus nichtmetallischen Mineralien	8, 2	8, 5	18, 4	4, 84	5, 68	7, 04
34	Eisen und NE-Metalle	8, 2	8, 3	21, 0	10, 02	7, 48	3, 82
35	Metallwaren	17, 1	5, 0	22, 0	5, 24	3, 91	2, 32
36	Maschinen (nicht elektrisch)	18, 0	10, 8	19, 2	2, 31	4, 05	2, 45
37	Elektromaschinen	18, 6	3, 5	34, 5	2, 27	7, 27	2, 40
38	Fahrzeuge	25, 0	13, 7	27, 0	4, 34	8, 58	3, 88
39	Sonstige Fertigwaren	19, 9	7, 2	26, 7	1, 78	2, 06	2, 13
2-3	Verarbeitende Industrie insgesamt	10, 5	8, 6	22, 3	100	100	100

Quelle: UN, The Growth of World Industry, 1958-1967, Vol. I, 1970. - UN, ECLA, "Statistical Bulletin for Latin America", Vol. 5 (1968), Vol. 6 (1969).

62. Das gezeichnete Bild eines branchenmäßig im großen und ganzen zwar einheitlichen, aber in seinem zeitlichen Ablauf doch recht unterschiedlichen Industrialisierungsmusters wird auch aus einem Vergleich der Wertschöpfungsstruktur dieser Länder mit einem jeweils hypothetischen Normalwert deutlich. Referenzsystem ist die auf der Basis einer internationalen Querschnittsanalyse errechnete Struktur der Wertschöpfung in der Verarbeitenden Industrie[1]. In diese Querschnittsanalyse sind die Daten des Wertschöpfungsbeitrages von 20 Branchen der Verarbeitenden Industrie in 28 Entwicklungs- und Industrieländern für das Jahr 1965 eingegangen; dabei wurden als Erklärungsvariable das reale Pro-Kopf-Einkommen (als Indikator für den Entwicklungsstand), die Bevölkerungsgröße (als Indikator für die Marktgröße) und der relative Industrialisierungsgrad[2] verwendet. Die sich daraus ergebende industrielle Branchenstruktur (Tabelle 4) entspricht der eines hypothetischen Landes mit gleichen Basisdaten.

- Nur in Chile lag die Wertschöpfung bei etwa der Hälfte der Sektoren der Verarbeitenden Industrie zu Beginn des Beobachtungszeitraums in der Nähe des entsprechenden hypothetischen Wertes[3]. Damit kam nur dieses Land hinsichtlich seines Industrialisierungs-

---

[1] G. Fels, K.-W. Schatz, F. Wolter, Der Zusammenhang zwischen Produktionsstruktur und Entwicklungsniveau. Versuch einer Strukturprognose für die westdeutsche Wirtschaft. "Weltwirtschaftliches Archiv", Bd. 106 (1971 I), Tabelle 4.

[2] Gemessen als Quotient aus tatsächlichem und theoretischem Wertschöpfungsbeitrag der Verarbeitenden Industrie, wie er sich bei einer Querschnittsregression zwischen Industrieanteil und Pro-Kopf-Einkommen bei dem jeweiligen tatsächlichen Pro-Kopf-Einkommen ergäbe. Vgl. UN, A Study of Industrial Growth, a.a.O., S. 5 f.

[3] Es muß betont werden, daß die oben beschriebene Berechnung einer "Normalstruktur" einzig den Zweck hat, ein Referenzsystem zu gewinnen, an dem sich die tatsächliche Struktur der Verarbeitenden Industrie in Chile, Mexiko und Südkorea messen läßt. Die sich aus dem Vergleich tatsächlicher und "normaler" oder "hypothetischer" Wertschöpfungsanteile ergebende Begriffszuordnung "Industrialisierungsrückstand" oder "-vorsprung" dient lediglich der Identifizierung von Differenzen. Es ist keineswegs beabsichtigt, damit Zielgrößen für eine Industrialisierungspolitik vorzugeben. Der Grund für diese Abgrenzung liegt darin, daß Querschnittsschätzungen grundsätzlich ein Reflex historischer Entwicklungsprozesse in den Beobachtungsländern sind, somit genausogut auch Fehlentwicklungen infolge der dort geübten wirtschaftspolitischen Praxis enthalten können, die es aber in sich industrialisierenden Ländern gerade zu vermeiden gilt.

grades in die Nähe des durch Bevölkerungsgröße und Pro-Kopf-Einkommen bestimmten normalen Verlaufs des Entwicklungspfades. Betrachtet man die einzelnen Branchen in den drei Ländern, so ist das Bild differenziert: Die konsumnahen Bereiche (Nahrungsmittel, Getränke, Tabakwaren, Textilwaren, Bekleidung und Schuhe) sowie einige rohstoffverarbeitende Branchen (Eisen und NE-Metalle, Gummiprodukte, Erdöl- und Kohleprodukte) wiesen bereits 1958 (bzw. 1960 in Mexiko) teilweise einen beträchtlichen Industrialisierungsvorsprung auf, während dauerhafte Konsum- und Investitionsgüter überwiegend subnormale Wertschöpfungsanteile verzeichneten.

- In aller Regel vermochten die oben erwähnten Branchen ihre Position zu halten; aber auch eine Reihe neuer Aktivitäten, vor allem in konsumnahen und rohstoffverarbeitenden Bereichen, übertrafen den entsprechenden Normalwert. In allen übrigen Industriebranchen wurden bestehende Industrialisierungsrückstände verringert, wobei intermediäre und Investitionsgütersektoren ihrem entsprechenden "Normalwert" sehr nahe kamen.

Die weitgehende Übereinstimmung zwischen tatsächlichem und hypothetischem Strukturbild der Verarbeitenden Industrie in den drei betrachteten Ländern könnte die Vermutung nahelegen, dort sei ein Industrialisierungsprozeß abgelaufen, der nicht sehr weit von einer Art "optimalem Entwicklungspfad" entfernt gewesen ist. Ganz abgesehen davon, daß sich aus Querschnittsanalysen wegen des oben erwähnten Einwands (vgl. S. 58, Anm. 3) ohnehin kein normatives Strukturmuster ableiten läßt, gibt es Anzeichen dafür, daß die in den drei Ländern betriebene Industrialisierungspolitik zum Teil alles andere als frei von Fehlentwicklungen war. Welcher Art die Fehlentwicklungen waren, wodurch sie ausgelöst wurden und ob sie hätten vermieden werden können, soll in den folgenden Abschnitten analysiert werden, wobei wir versuchen wollen, die Auswirkungen des jeweiligen wirtschaftspolitischen Tuns oder Unterlassens auf Wachstum, Beschäftigung und Exportpotential abzuschätzen.

b. Das Ausmaß der Importsubstitution

63. Akzeptiert man das durch Querschnitts- und einzelne Länderanalysen aufgezeigte Industrialisierungsmuster als Referenzsystem, dann wären angesichts des unterschiedlichen Entwicklungsstandes für die drei betrachteten Länder für den Zeitraum von 1958 bis 1968 auch Importsubstitutionsaktivitäten von recht unterschiedlicher Zielrichtung und unterschiedlichem Ausmaß zu erwarten gewesen.

Tabelle 4 - Tatsächliche und normale Struktur der Verarbeitenden Industrie in

ISIC	Sektor	Chile					
		1958			1968		
		tatsächlicher	normaler	relativer[a]	tatsächlicher	normaler	relativer[a]
		Industrialisierungsgrad					
20	Nahrungsmittel	18, 10	15, 73	1, 15	17, 18	15, 07	1, 14
21	Getränke	4, 50	5, 67	0, 79	4, 90	4, 20	1, 17
22	Tabakwaren	5, 36	3, 18	1, 69	3, 43	2, 30	1, 49
23	Textilwaren	13, 24	10, 21	1, 30	13, 44	9, 79	1, 37
24	Bekleidung und Schuhe	7, 78	5, 01	1, 55	3, 94	4, 81	0, 82
25	Holz- und Korkprodukte	3, 12	4, 12	0, 76	2, 22	3, 41	0, 65
26	Möbel	1, 60	2, 19	0, 73	0, 60	1, 97	0, 30
27	Papier und Papierwaren	1, 86	3, 46	0, 54	3, 23	3, 20	1, 01
28	Druckerei- und Verlagserzeugnisse	3, 68	4, 49	0, 82	3, 43	4, 28	0, 80
29	Leder und Lederwaren	1, 24	1, 01	1, 23	1, 11	0, 84	1, 32
30	Gummiprodukte	1, 24	2, 14	0, 58	2, 42	1, 82	1, 33
31	Chemische Erzeugnisse	7, 84	9, 40	0, 83	9, 50	9, 32	1, 02
32	Erdöl- und Kohleprodukte	3, 14	2, 45	1, 28	0, 91	2, 18	0, 42
33	Erzeugnisse aus nichtmetallischen Mineralien	5, 23	5, 93	0, 88	4, 64	5, 86	0, 79
34	Eisen und NE-Metalle	10, 87	3, 75	2, 90	7, 68	4, 03	1, 91
35	Metallwaren	4, 04	5, 31	0, 76	6, 06	5, 20	1, 17
36	Maschinen (nicht elektrisch)	1, 71	3, 21	0, 53	3, 43	5, 56	0, 62
37	Elektromaschinen	1, 63	2, 81	0, 58	3, 23	3, 30	0, 98
38	Fahrzeuge	2, 34	7, 33	0, 32	6, 16	7, 33	0, 84
39	Sonstige Fertigwaren	1, 21	2, 60	0, 47	2, 42	2, 70	0, 83

[a] Quotient aus tatsächlichem und normalem Anteil. - [b] Einschließlich Erdölförderung.

Quelle: Eigene Berechnungen nach: Banco Central de Chile, "Boletín Mensual", versch. Jgg. - 1958. Seoul 1959. - The Bank of Korea, Economic Statistics Yearbook 1970. - Die Be- Exportdiversifizierung im Industrialisierungsprozeß Mexikos. Strategien, Ergebnisse, der Basis einer Querschnittsanalyse von Fels, Schatz, Wolter, a.a.O., errechnet

Chile, Mexiko und Südkorea 1958-1970 (vH der Wertschöpfung zu Marktpreisen)

Mexiko						Südkorea					
1960			1970			1958			1968		
tatsächlicher	normaler	relativer[a]	tatsächlicher	normaler	relativer[a]	tatsächlicher	normaler	relativer[a]	tatsächlicher	normaler	relativer[a]
Industrialisierungsgrad						Industrialisierungsgrad					
23,54	12,70	1,85	18,18	12,10	1,50	10,17	10,79	0,94	7,29	11,79	0,62
5,50	3,50	1,57	4,67	2,40	1,95	10,51	9,11	1,15	8,21	8,14	1,01
2,18	2,20	0,99	1,74	1,80	0,97	-	7,82	-	7,27	9,25	0,79
8,00	18,10	0,44	6,39	20,60	0,31	27,38	9,10	3,00	15,28	8,22	1,86
6,88	4,10	1,68	6,73	3,80	1,77	4,01	2,90	1,38	4,32	2,21	1,95
} 2,63	1,90	1,38	} 1,90	1,50	1,27	3,93	13,38	0,29	4,01	3,65	1,10
	2,50	1,05		1,40	1,36	0,87	1,69	0,51	0,82	1,62	0,51
2,17	2,30	0,94	2,60	2,10	1,24	1,88	2,33	0,81	2,87	1,95	1,47
2,09	3,10	0,67	1,87	2,90	0,64	5,04	2,73	1,85	3,11	2,80	1,11
1,09	0,80	1,36	0,86	0,70	1,23	0,61	1,20	0,51	0,25	1,21	0,21
1,73	1,80	0,96	1,44	1,50	0,96	4,00	2,90	1,38	2,18	2,78	0,78
7,81	11,00	0,71	10,06	10,80	0,93	5,49	9,91	0,55	12,65	12,46	1,02
15,07[b]	2,40[b]	6,28[b]	15,67[b]	2,10[b]	7,46[b]	1,87	4,10	0,46	5,74	5,17	1,11
3,48	5,60	0,62	3,68	5,60	0,66	8,52	4,02	2,12	6,20	4,33	1,43
5,25	5,80	0,91	5,75	6,60	0,87	4,16	2,90	1,43	3,83	4,50	0,85
3,00	4,60	0,65	3,08	4,40	0,70	2,44	4,10	0,60	2,41	4,41	0,55
1,64	3,20	0,51	3,30	3,90	0,85	2,89	1,45	1,99	2,24	5,26	0,43
2,63	4,00	0,66	4,54	5,00	0,91	1,32	2,01	0,66	3,47	1,69	2,05
3,47	6,90	0,50	5,74	7,20	0,80	3,27	4,99	0,66	4,84	4,67	1,04
1,84	3,50	0,53	1,80	3,60	0,50	1,54	2,57	0,60	2,92	2,78	1,05

The Korean Reconstruction Bank, Final Report, Census of Mining and Manufacturing
rechnungen über Mexiko entstammen L. Müller-Ohlsen, Importsubstitution und
Perspektiven. (Kieler Studien, 129.) Tübingen 1974. - Die Normalstruktur wurde auf

64. Ob diese Vermutung einem Vergleich mit den Fakten standhält, kann durch die Berechnung der sektoralen Importsubstitution zwischen 1958 und 1968 überprüft werden. Zu diesem Zweck wurden die in Ziff. 49 ff. dargestellten und diskutierten Meßkonzepte auf die länderspezifischen Produktions- und Außenhandelszahlen sowie Input-Output-Daten angewandt. Tabelle 5 enthält den empirischen Befund auf der Basis sowohl des Chenery- als auch des Morley-Smith-Konzepts[1], wobei die sektorale Importsubstitution als prozentualer Beitrag zum Produktionswachstum des betreffenden Sektors ausgewiesen ist.

Dieser Ausdruck entspricht der einen Komponente einer Formel, die H. B. Chenery in einem bekannten Aufsatz[2] zur Quantifizierung der Komponenten des Wirtschaftswachstums entwickelt hat. Die dort aufgestellte Identitätsgleichung lautet:

$$(13) \qquad \Delta x_i = \underbrace{\frac{x_{io}}{z_{io}} \cdot \Delta D_i}_{(13.1)} + \underbrace{\frac{x_{io}}{z_{io}} \cdot \Delta ex_i}_{(13.2)} + \underbrace{\left(\frac{x_{i1}}{z_{i1}} - \frac{x_{io}}{z_{io}}\right) z_{i1}}_{(13.3)}$$

wobei im einzelnen bedeuten:

x_i = Produktion der Industrie i

m_i = Importe von Gut i

z_i = $x_i + m_i$ = gesamtes verfügbares Angebot an Gut i

D_i = Inlandsnachfrage nach Zwischen- und Endprodukten des Gutes i

ex_i = Exporte von Gut i

---

[1] Es wäre bei derartigen Berechnungen natürlich wünschenswert, für jedes untersuchte Land über Input-Output-Tabellen für zwei Untersuchungsjahre zu verfügen, die sowohl vom Aggregationsniveau als auch von der Qualität her vergleichbar sind. Wir haben solche günstigen Bedingungen jedoch nur für Südkorea angetroffen. In den beiden anderen Ländern lag innerhalb des Beobachtungszeitraums jeweils nur eine Tabelle vor. Die zwangsweise Beschränkung auf die Verwendung nur einer Tabelle impliziert dabei die Annahme konstanter Inputkoeffizienten und Faktorpreise; es ist einleuchtend, daß diese Annahmen um so unrealistischer werden, je länger der Untersuchungszeitraum bemessen ist (vgl. dazu Tabellen A 1 bis A 7).

[2] Vgl. Chenery, a.a.O., S. 624 ff.

Dividiert man (13) durch Δx_i, so erhält man eine Gleichung, bei der das Wachstum einer Industrie in seine verschiedenen Komponenten aufgespalten wird. Dabei erklären die einzelnen Elemente auf der rechten Seite dieser Gleichung jeweils den Anteil der Produktionsausweitung eines Sektors, der

- Änderungen der inländischen Nachfrage (13.1)
- Änderungen der Exportnachfrage (13.2)
- der Importsubstitution (13.3)

zurechenbar ist.

Nach diesem Verfahren liegt Importsubstitution für eine Industrie jedoch nur dann vor, wenn der inländische Output im Verhältnis zum gesamten verfügbaren Angebot zunimmt, d.h. also, wenn

$\frac{x_{i1}}{z_{i1}} > \frac{x_{io}}{z_{io}}$ oder umgekehrt, wenn das Verhältnis von Importen zum verfügbaren Gesamtangebot $\frac{m_i}{z_i}$ sinkt.

Ebenso wie das Chenery-Maß (1) die Wachstumseffekte der Importsubstitution zu unterschätzen tendiert (vgl. Ziff. 49 f.), werden auch bei dieser Identität wegen der Vernachlässigung von linkages die Wachstumswirkungen einer Exportausweitung als zu niedrig ausgewiesen. Es macht indes keine Schwierigkeit, das Morley-Smith-Konzept (3) in diesem Sinne zu modifizieren. Dazu gehen wir von der nachstehenden Identitätsgleichung aus:

$$(14) \qquad x - Ax = h + ex - m$$

wobei bedeuten:

x = Vektor der Produktion
h = Vektor der inländischen Endnachfrage
ex = Vektor der Exporte
m = Vektor der Importe
A = Matrix der technischen Koeffizienten

Die Lösung dieses statischen Leontief-Systems, wie es in (14) dargestellt ist, besteht nun darin, daß man bei einer vorgegebenen Koeffizientenmatrix A und bestimmten Endnachfragevektoren den Outputvektor x ermittelt. Unter Verwendung der Einheitsmatrix I kann (14) umformuliert werden in:

$$(15) \qquad Ix - Ax = h + ex - m$$

und nach Ausklammern von x, Auflösen nach x und Umordnen ergibt sich:

(16) $x + (I-A)^{-1} m = z^* = (I-A)^{-1} h + (I-A)^{-1} ex$

Wir setzen für die einzelnen Ausdrücke von (16)

$m^* = (I-A)^{-1} m$

$D = (I-A)^{-1} h$

$ex^* = (I-A)^{-1} ex$

$z^* = x + m^*$

Dann erhalten wir:

(17) $x + m^* = z^* = D + ex^*$

Es sei definiert:

(18) $u_i = \frac{x_i}{z_i^*}$

Den Chenery-Überlegungen zufolge wird nun zur Ermittlung der Wachstumsdeterminanten die Differenz zwischen dem beobachteten tatsächlichen Wachstum der Produktion einer Industrie und jenem Wachstum betrachtet, das stattgefunden hätte, wenn diese Industrie mit der gleichen Rate gewachsen wäre wie das Sozialprodukt (y). Diese Differenz wird als Abweichung vom proportionalen Wachstum bezeichnet (Δx_i).

(19) $x_i = u_i \frac{z_i^*}{y} y$

(20) $dx_i = u_i \frac{z_i^*}{y} dy + u_i y \, d\left(\frac{z_i^*}{y}\right) + z_i^* du_i$

Für die mengenmäßige Abweichung des beobachteten Wachstums einer einzelnen Industrie gegenüber dem des Sozialprodukts läßt sich schreiben:

(21) $\Delta x_i = x_i \left[\frac{dx_i}{x_i} - \frac{dy}{y}\right]$

Da gemäß (18) $x_i = u_i\, z_i^*$ ist, kann (21) umformuliert werden:

(22) $$\Delta x_i = u_i\, z_i^* \left[\frac{d\,(u_i\, z_i^*)}{u_i\, z_i^*} - \frac{dy}{y} \right]$$, wobei

(22a) $$d\,(u_i\, z_i^*) = u_i\, dz_i^* + z_i^*\, du_i$$

Wir dividieren (22a) durch $u_i\, z_i^*$ und erhalten:

(22b) $$\frac{d\,(u_i\, z_i^*)}{u_i\, z_i^*} = \frac{dz_i^*}{z_i^*} + \frac{du_i}{u_i}$$

(22b) wird in (22) eingesetzt:

(23) $$\Delta x_i = u_i\, z_i^* \left[\frac{dz_i^*}{z_i^*} + \frac{du_i}{u_i} - \frac{dy}{y} \right]$$

(23a) $$\Delta x_i = u_i\, z_i^* \left[\frac{dz_i^*}{z_i^*} - \frac{dy}{y} \right] + z_i^*\, du_i$$

(24) $$\Delta x_i = u_i \left[dz_i^* - \frac{z_i^*\, dy}{y} \right] + z_i^*\, du_i$$

Da nach (17) $z_i^* = D_i + ex_i^*$ und da $dz_i^* = dD_i + dex_i^*$ ist, wird (24) zu:

(25) $$\Delta x_i = u_i \left[dD_i + dex_i^* - D_i \frac{dy}{y} - ex_i^* \frac{dy}{y} \right] + z_i^*\, du_i$$

(25) wird nach Ausklammern von ex_i^* und D_i zu:

(26) $$\Delta x_i = u_i \left[D_i \left(\frac{dD_i}{D_i} - \frac{dy}{y} \right) + ex_i^* \left(\frac{dex_i^*}{ex_i^*} - \frac{dy}{y} \right) \right] + z_i^*\, du_i$$

Da die Definitionen für ΔD_i und Δex_i^* analog zu der von Δx_i in (21) gelten, d.h.

$$\Delta D_i = D_i \left[\frac{dD_i}{D_i} - \frac{dy}{y} \right] \quad \text{und} \quad \Delta ex_i^* = ex_i^* \left[\frac{dex_i^*}{ex_i^*} - \frac{dy}{y} \right],$$

kann (26) wie folgt geschrieben werden:

(27) $$\Delta x_i = u_i\, (\Delta D_i + \Delta ex_i^*) + z_i^*\, du_i$$

Stellt man auf diskrete Änderungen von u_i zwischen zwei Zeitpunkten o und 1 ab, so kann (27) geschrieben werden als:

$$(28) \quad \Delta x_i = u_{io} (\Delta D_i + \Delta ex^*_i) + (u_{i1} - u_{io}) z^*_{i1}$$

Wir setzen gemäß (18) für $u_i = \frac{x_i}{z^*_i}$ in (28) ein und erhalten:

$$(29) \quad \Delta x_i = \underbrace{\frac{x_{io}}{z^*_{io}} \Delta D_i}_{(29.1)} + \underbrace{\frac{x_{io}}{z^*_{io}} \Delta ex^*_i}_{(29.2)} + \underbrace{(\frac{x_{i1}}{z^*_{i1}} - \frac{x_{io}}{z^*_{io}}) z^*_{i1}}_{(29.3)}$$

Dividiert man diese Gleichung durch Δx_i, so erklären die drei Ausdrücke auf der rechten Seite von (29) wie bei Chenery auch hier jeweils den Anteil der Produktionsausweitung einer Industrie, der Änderungen der inländischen Gesamtnachfrage (29.1), der Exportnachfrage (29.2) und der Importsubstitution (29.3) zurechenbar ist.

65. Betrachtet man die während der Jahre 1958 bis 1968 abgelaufene Importsubstitution[1], so wird folgendes Bild sichtbar (Tabelle 5):

- In Südkorea und Mexiko streuen die Substitutionsaktivitäten nach beiden Kriterien breit über den gesamten Industriesektor, während sie in Chile im Grundstoff- und Investitionsgüterbereich zu finden sind.

---

[1] Wir stellen dabei auf die Sektoren ab, in denen die Importsubstitution einen positiven Beitrag zum Produktionswachstum geleistet hat.

Die in Tabelle 5 aufgeführten Werte für die sektorale Importsubstitution wurden nach dem Morley-Smith-Ansatz wie folgt berechnet:

- Die Input-Output-Tabellen wurden durch Aggregation auf ein der zweistelligen ISIC-Klassifizierung vergleichbares Sektorniveau gebracht. Für Südkorea konnte dabei auf zwei Tabellen zurückgegriffen werden, so daß für dieses Land Änderungen in den Input-Output-Koeffizienten mit in die Berechnungen eingegangen sind.

- Die derart aggregierten Input-Output-Tabellen wurden in Leontief-Matrizen umgewandelt und dann invertiert. Für die Ermittlung der neuen Importvektoren war es notwendig, die nach dem SITC-Code der UN gruppierten Importdaten an die Industriesektoren anzupassen; dies ist mit Hilfe der von der UN veröffentlichten Systematik geschehen. Alle Außenhandelszahlen wurden den UN, Commodity Trade Statistics, so-

Tabelle 5 - Importsubstitution in der Verarbeitenden Industrie Chiles, Mexikos und Südkoreas, 1958-1968

ISIC	Sektor	Chile				Mexiko				Südkorea			
		Chenery		Morley-Smith		Chenery		Morley-Smith		Chenery		Morley-Smith	
		Importsubstitution[a]	Rang der Sektoren	Importsubstitution[a]	Rang der Sektoren	Importsubstitution[a]	Rang der Sektoren	Importsubstitution[a]	Rang der Sektoren	Importsubstitution[a]	Rang der Sektoren	Importsubstitution[a]	Rang der Sektoren
20	Nahrungsmittel	-0,8	10	-33,4	19	0,0	15	1,1	15	-20,2	15	13,3	10
21	Getränke	-0,1	8	-0,1	9	0,0	15	0,5	17	3,5	8	8,9	11
22	Tabakwaren	-4,9	15	-4,9	15	3,2	2	8,1	10				
23	Textilwaren	-26,5	19	-2,7	13	0,1	12	3,1	12	-19,0	13	-29,1	16
24	Bekleidung und Schuhe	0,0	6	0,0	7	0,0	15	0,7	18	7,0	7	35,2	7
25	Holz- und Korkprodukte	5,2	3	5,2	3	1,4	5	2,3	13	0,7	9	-25,8	15
26	Möbel	-0,4	9	-0,4	10								
27	Papier und Papierwaren	-1,2	11	-1,2	11	1,1	9	12,8	7	44,5	2	44,7	5
28	Druckerei- und Verlagserzeugnisse	-13,1	18	-13,1	18	-0,8	18	1,4	14	-4,7	11	-0,2	13
29	Leder und Lederwaren	0,0	6	0,0	7	0,1	12	1,1	15	-10,0	12	47,4	3
30	Gummiprodukte	-8,7	16	-8,7	16	1,4	5	3,7	11	-1,5	10	-15,3	14
31	Chemische Erzeugnisse	-43,8	20	-43,8	20	0,1	12	28,2	3	40,3	3	27,6	9
32	Erdöl- und Kohleprodukte	7,7	2	7,7	2	-	-	-	-	54,9	1	70,6	2
33	Erzeugnisse aus nichtmetallischen Mineralien	-2,3	13	2,3	4	0,9	11	11,6	8	7,1	6	4,4	12
34	Eisen und NE-Metalle	2,3	4	2,3	4	1,4	5	28,9	2	-20,0	14	82,3	1
35	Metallwaren	23,2	1	23,2	1	1,0	10	11,3	9				
36	Maschinen (nicht elektrisch)	-3,0	14	-3,0	14	8,3	1	70,0	1	-238,5	17	-295,7	17
37	Elektromaschinen	-11,5	17	-11,5	17	1,6	4	20,5	5	8,7	5	34,1	8
38	Fahrzeuge	-1,6	12	-1,6	12	1,2	8	23,2	4	-43,8	16	43,5	6
39	Sonstige Fertigwaren	0,6	5	0,6	6	2,9	3	12,9	6	22,6	4	47,2	4

[a] Als vH des Produktionswachstums.

Quelle: Eigene Berechnungen nach Tabellen A 9 und A 10.

- Das Bild ändert sich hingegen, wenn man auf diejenigen Branchen abstellt, bei denen der von der Importsubstitution ausgehende Beitrag zum Produktionswachstum größer als 10 vH war; dann nämlich zeigt sich, daß nur in Südkorea in zwei Branchen des Konsumgüterbereichs nennenswerte Wachstumsimpulse zu verzeichnen waren.

- Wie zu erwarten, weist das Morley-Smith-Maß fast ausnahmslos höhere Importsubstitutionsbeiträge aus. Auffällig ist eine - abgesehen von Nahrungsmitteln und Textilien - weitgehende Übereinstimmung der unterschiedlich berechneten Importsubstitutionsraten bei Chile, hätte man doch bei einem so alten Entwicklungsland größere intermediäre Verflechtungen erwartet, die sich auch in einer deutlicheren Abweichung zwischen den jeweiligen Raten hätten niederschlagen müssen. Daß dies nicht der Fall ist, liegt an den überraschend gleichmäßigen sektoralen linkages dieses Landes, auf die an anderer Stelle noch eingegangen wird (vgl. Ziff. 75 f. sowie Tabelle 9).

- Beschränkt man sich bei der Betrachtung der Importsubstitution auf die Ergebnisse nach dem Morley-Smith-Kriterium, dann wurde der Importsubstitutionsprozeß während der Beobachtungsphase in Chile vom Sektor Metallwaren, in Südkorea von den Sektoren Nahrungsmittel, Bekleidung und Schuhe, Papier und Papierwaren, Leder und Lederwaren, Chemische Erzeugnisse, Erdöl- und Kohleprodukte, Eisen und NE-Metalle, Metallwaren, Elektromaschinen, Fahrzeuge und Sonstige Fertigwaren getragen, während es in Mexiko die Industriebranchen Papier und Papierwaren, Chemische Erzeugnisse, Erzeugnisse aus nichtmetallischen Mineralien, Eisen

---

wie dem UN, Yearbook of International Trade Statistics, entnommen. Für Chile waren sowohl Import- als auch Exportdaten für 1958 wegen fehlender SITC-Systematik dem ISIC-Schema direkt anzupassen.

- Im Fall Chiles sind die für die Berechnung des neuen Gesamtangebotsvektors benötigten Bruttoproduktionswerte für 1958 und 1968 mangels offizieller Daten mit Hilfe sektoraler Produktionsindizes ermittelt und anschließend mit dem Großhandelspreisindex deflationiert worden.

- Für Mexiko wurden die sektoralen Produktionswerte entnommen: UN, CEPAL, Nacional Financiera, S.A., La Política Industrial en el Desarrollo Económico de México, México, D.F., Agosto de 1971 (Mimeo.), während für Südkorea auf die Industriezensen von 1958 und 1968 zurückgegriffen werden konnte: The Korean Reconstruction Bank, Final Report, Census of Mining and Manufacturing 1958, Seoul 1959, sowie The Bank of Korea, Economic Statistics Yearbook 1970, Seoul.

und NE-Metalle, Metallwaren, Maschinen, Elektromaschinen, Fahrzeuge und Sonstige Fertigwaren waren. Tatsächlich scheint also die in den drei Ländern nachweisbare Importsubstitution der eingangs geäußerten Vermutung recht nahe zu kommen: Sowohl Konzentration als auch Intensität der binnenmarktorientierten Industialisierung weichen deutlich voneinander ab, wenngleich dies auch nicht so sehr für den Vergleich Mexiko gegenüber Südkorea als für den Vergleich Chile gegenüber den anderen beiden Ländern gilt. Soweit der empirische Befund, der als eine Art Bestandsaufnahme Aufschluß über Ausmaß und Schwerpunkt der Importsubstitutionsaktivitäten gegeben hat. Ungeklärt ist aber noch, warum die Intensität der beobachteten Importsubstitution unterschiedlich war und vor allem, warum es in ihrem Gefolge zu einem unterschiedlichen Wachstum gekommen ist.

c. Zum Zusammenhang zwischen Importsubstitution und Wachstum

66. Es wäre für die Beurteilung der Importsubstitutionspolitik viel gewonnen, wenn es zu klären gelänge, ob sich Unterschiede im Wachstumstempo einzelner Industriesektoren auf die Intensität der dort betriebenen Importsubstitution zurückführen lassen, oder anders: wenn sich nachweisen läßt, daß die als besonders dynamisch ausgewiesenen Industriebranchen in Chile, Mexiko und Südkorea deshalb schneller expandierten, weil es dort gelang, Einfuhren relativ stärker als in anderen Branchen zu ersetzen, dann ergeben sich einige interessante Aspekte hinsichtlich der Wirkung und Bedingungen der in diesen Ländern abgelaufenen Importsubstitution[1].

67. In Tabelle 6 sind die durchschnittlichen jährlichen Zuwachsraten der sektoralen Wertschöpfung und die Anteile der Importsubstitution am sektoralen Wachstum für die drei Länder aufgeführt. Die Beobachtungszeiträume hatten sich dabei nach den verfügbaren Daten zu richten und sind deshalb nicht einheitlich. Da es jedoch in erster Linie beabsichtigt ist, Rangordnungen zu vergleichen, besteht große Wahrscheinlichkeit, daß sich die - ohnehin nur geringen - Unterschiede in den Beobachtungszeiten kaum auf die Ergebnisse auswirken werden.

---

[1] Untersuchungen dieser Art liegen zwar bereits vor, doch handelt es sich dabei um Arbeiten, die entweder mit einem anderen Meßkonzept oder auf vergleichsweise höherem Aggregationsniveau operieren. - Zum Erstgenannten vgl. L. Hoffmann, a.a.O., S. 266 ff. - Für das zweite Beispiel vgl. W. Baer, I. Kerstenetzky, Import Substitution and Industrialization in Brazil. "The American Economic Review", Vol. 54 (1964), Papers and Proceedings, S. 411 ff.

Tabelle 6 - Sektorales Wachstum und sektorale Importsubstitution in der Verarbeitenden Industrie Chiles, Mexikos und Südkoreas 1957-1968 (vH)

ISIC	Sektor	Wachstum[a]						Importsubstitution[b]					
		Chile		Mexiko		Südkorea		Chile		Mexiko		Südkorea	
		1965/57	Rang der Sektoren	1968/60	Rang der Sektoren	1968/58	Rang der Sektoren	1958/68	Rang der Sektoren	1958/68	Rang der Sektoren	1958/68	Rang der Sektoren
20	Nahrungsmittel	9,3	12	12,9	3	18,9	11	- 33,4	19	1,1	15	13,3	10
21	Getränke	9,7	11	4,5	16	11,3	17	- 0,1	9	0,5	17	8,9	11
22	Tabakwaren	4,5	18	13,9	1			- 4,9	15	8,1	10		
23	Textilwaren	9,8	10	6,8	12	15,3	14	- 2,7	13	3,1	12	- 29,1	16
24	Bekleidung und Schuhe	5,3	17	5,7	13	23,0	7	0,0	7	0,7	18	35,2	7
25	Holz- und Korkprodukte	8,2	14	4,6	15	21,5	8	5,2	3	2,3	13	- 25,8	15
26	Möbel	- 1,8	20					- 0,4	10				
27	Papier und Papierwaren	14,3	7	8,8	8	27,5	4	- 1,2	11	12,8	7	44,7	5
28	Druckerei- und Verlagserzeugnisse	9,9	9	10,1	7	16,5	13	- 13,1	18	1,4	14	- 0,2	13
29	Leder und Lederwaren	8,5	13	3,6	17	12,0	16	0,0	7	1,1	15	47,4	3
30	Gummiprodukte	21,0	2	10,8	5	15,0	15	- 8,7	16	3,7	11	- 15,3	14
31	Chemische Erzeugnisse	12,9	8	11,8	4	33,0	3	- 43,8	20	28,2	3	27,6	9
32	Erdöl- und Kohleprodukte	- 0,5	19	-	-	36,0	1	7,7	2	-	-	70,6	2
33	Erzeugnisse aus nichtmetallischen Mineralien	8,2	14	8,5	9	18,4	12	2,3	4	11,6	8	4,4	12
34	Eisen und NE-Metalle	8,2	14	8,3	10	21,5	8	2,3	4	28,9	2	82,3	1
35	Metallwaren	17,1	6	5,0	14			23,2	1	11,3	9		
36	Maschinen (nicht elektrisch)	18,0	5	10,8	5	19,2	10	- 3,0	14	70,0	1	-295,7	17
37	Elektromaschinen	18,6	4	3,5	18	34,5	2	- 11,5	17	20,5	5	34,1	8
38	Fahrzeuge	25,0	1	13,7	2	27,0	5	- 1,6	12	23,2	4	43,5	6
39	Sonstige Fertigwaren	19,9	3	7,2	11	26,7	6	0,6	6	12,9	6	47,2	4

[a] Durchschnittliche jährliche Veränderungsrate der Wertschöpfung. - [b] Berechnet nach dem Morley-Smith-Konzept als Beitrag der Importsubstitution zum sektoralen Produktionswachstum.

Quelle: Vgl. Tabellen 3 und 5. - Eigene Berechnungen.

68. In Mexiko ist die Zahl der Sektoren, in denen eine Importsubstitution stattfand (Anteil der Importsubstitution am sektoralen Wachstum positiv; vgl. Tabelle 6), am größten, gefolgt von Südkorea und mit deutlichem Abstand Chile. Daß in Chile, dem bevölkerungsmäßig kleinsten Land unserer Stichprobe, der Anteil der Importsubstitution nur in wenigen Industriebranchen positiv und dann, mit Ausnahme von Metallwaren, nur relativ gering war, erklärt sich neben der Bevölkerungsgröße mit der relativ günstigen Exportsituation im Primärgüterbereich, die es diesem Lande gestattete, vermehrt zu importieren. Darüber hinaus kann nicht übersehen werden, daß in Chile der Spielraum für eine via Importsubstitution vorangetriebene Industrialisierung schon sehr eingeengt war; nicht nur deshalb, weil in den Branchen mit relativ hoher Inlandsnachfrage der Anteil ausländischer Konkurrenzprodukte am inländischen Angebot bereits sehr niedrig war, sondern auch, weil bei einem derart kleinen Binnenmarkt die Chancen für eine Importsubstitution in anderen als den Konsumgüterbereichen ohnehin grundsätzlich geringer sind.

Die vergleichsweise höheren Anteile der Importsubstitution in Südkorea sind nicht verwunderlich, wenn man bedenkt, daß in diesen Bereichen (intermediäre und Investitionsgüter) - bei ebenfalls relativ kleinem Binnenmarkt - ein sehr starkes industrielles Wachstum realisiert werden konnte und Exporte bei diesen Produkten keine nennenswerte Rolle gespielt haben. Hier zeigt sich das Ergebnis eines längerfristig angelegten Industrialisierungskonzepts, das rechtzeitig für eine Vergrößerung des inländischen Angebots an Inputgütern sorgte. Daß wichtige Konsumgüterbereiche wie Textilwaren, Holzprodukte und Möbel negative Importsubstitutionsanteile am Wachstum verzeichneten, paßt durchaus in dieses Bild, da dort die klassischen frühen Importsubstitutionsindustrien in exportorientierte Aktivitäten überführt wurden. Auch die im Hinblick auf die betrachteten Importsubstitutionsauswirkungen in diesem Ländervergleich führende Position Mexikos entspricht den Erwartungen. Denn zum einen bietet ein großer Binnenmarkt bessere Möglichkeiten für eine binnenmarktorientierte Industrialisierung, was sich nicht nur in einer längeren zeitlichen Dauer der Importsubstitution, sondern auch in ihrer größeren Anwendungsbreite zeigt, und zum anderen blieb der Export industrieller Fertigwaren während des Beobachtungszeitraums unbedeutend.

69. Stellt man auf das sektorale Wachstum ab, so zeigen sich ebenfalls sehr deutliche Unterschiede (Tabelle 6). Auffällig ist, daß in Chile zwei Sektoren (Nahrungsmittel und Chemische Erzeugnisse), die ein durchschnittliches sektorales Wachstum der Wertschöpfung verzeichnen, die beiden höchsten negativen Beiträge der Importsubstitution zum sektoralen Produktionswachstum aufweisen. Wenn die

Vermutung eines engen positiven Zusammenhangs zwischen sektoralem Wachstum und dem Anteil der Importsubstitution am Wachstum zuträfe, so würde man bei den beiden Branchen einen mittleren Rang, nicht aber die letzte Position in der Rangfolge bezüglich des Wachstumsbeitrags der Importsubstitution erwarten. Wie der Zusammenhang zwischen den Rangordnungen ist, die für die drei Länder nach den erwähnten Kriterien gebildet wurden, geht im einzelnen aus Schaubild 3 hervor. Der Einfachheit halber wurden die Branchen mit der ihnen zugehörigen ISIC-Klassifizierung bezeichnet; die von einem Kreis umschlossenen Branchen bezeichnen solche, bei denen sich keine positive Importsubstitution ergeben hat.

Schaubild 3 zeigt, daß der betrachtete Zusammenhang in Südkorea am engsten ist. Der Spearmansche Rangkorrelationskoeffizient beträgt aber selbst hier nur 0,46 und ist bei 5 vH Irrtumswahrscheinlichkeit signifikant. An zweiter Stelle steht Mexiko mit einem wesentlich kleineren Korrelationskoeffizienten von 0,35, der jedoch mit einer Signifikanzschwelle von größer als 10 vH nicht mehr als statistisch gesichert angesehen werden kann. Das gleiche gilt für Chile, wo der Korrelationskoeffizient sogar negativ ist: - 0,33 (Irrtumswahrscheinlichkeit größer als 10 vH). Selbst wenn man diese Ergebnisse äußerst vorsichtig interpretiert, ist man versucht zu vermuten, daß in den insgesamt schneller wachsenden Ländern der Zusammenhang zwischen sektoralem Wachstumstempo und Anteil der Importsubstitution am sektoralen Wachstum enger ist als bei langsamer wachsenden. Zumindest wird dies nahegelegt, wenn man einmal "Ausreißer" herausläßt; dann zeigt sich für Südkorea (ohne ISIC 25/26, 29, 34/35 und 36) ein Korrelationskoeffizient von 0,67 bei 1 vH Irrtumswahrscheinlichkeit und für Mexiko (ohne ISIC 20, 22, 37) ein entsprechender Koeffizient von 0,58 (Signifikanzschwelle unter 5 vH). Dagegen beruht der sich rechnerisch ergebende negative Zusammenhang für Chile - wie Schaubild 3 deutlich macht - nicht auf der extremen Position weniger Branchen.

70. Die Bedeutung der sektoralen Importsubstitution für das sektorale Wachstum wird im Fall unserer kleinen und zugegebenermaßen alles andere als repräsentativen Stichprobe durch eine weitere Beobachtung unterstützt. Ermittelt man, welchen anteiligen Beitrag die Importsubstitution eines Sektors zu der gesamten Importsubstitution der Verarbeitenden Industrie geleistet hat, so zeigt sich, daß in allen drei Ländern - mit deutlichen Unterschieden zwar - die ihrer Veränderungsrate nach am raschesten gewachsenen Sektoren auch das Hauptgewicht der gesamten Importsubstitution getragen haben. In Tabelle 7 werden dabei für Südkorea die ersten sieben, in Mexiko und Chile die ersten acht Ränge nach der sektoralen Wachstumsrate auf-

Schaubild 3 - Rangkorrelation zwischen Importsubstitution und Wachstum in Chile, Mexiko und Südkorea 1958-1968

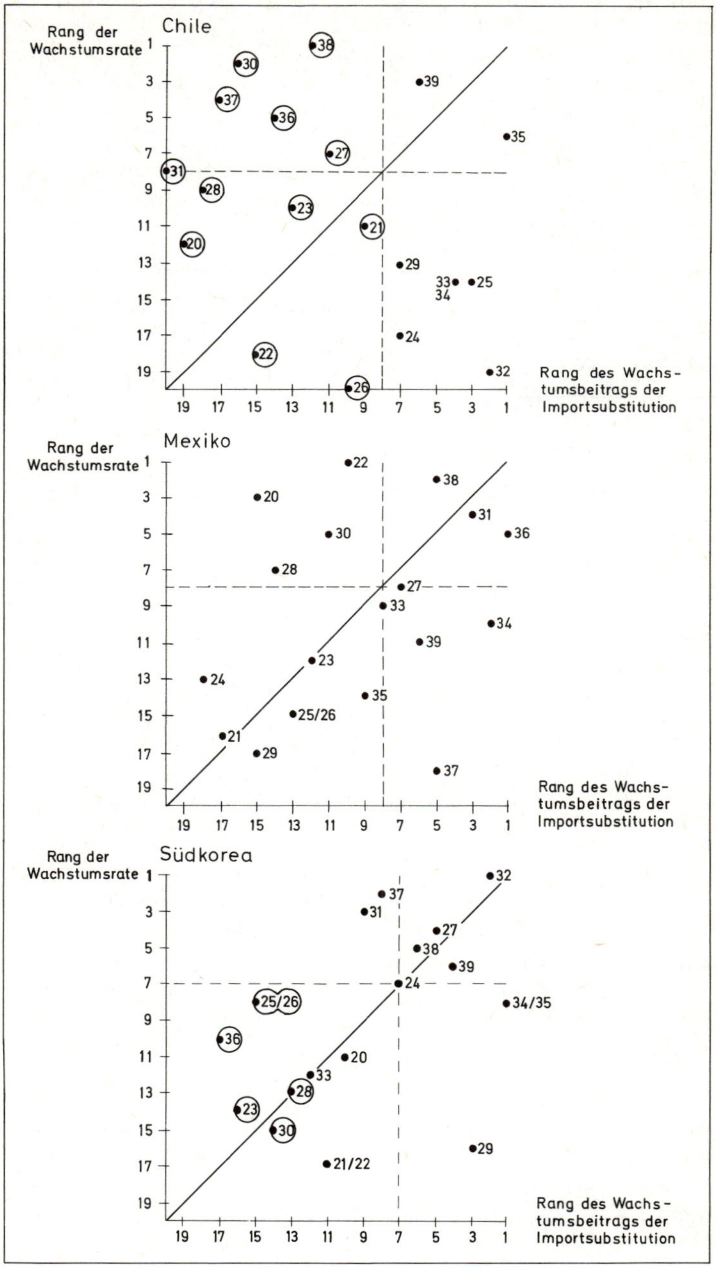

Quelle: Tabelle 6.

geführt. Diese Auswahl wurde deshalb getroffen, weil diese Sektoren jeweils schneller gewachsen sind als der Durchschnitt der gesamten Verarbeitenden Industrie. Danach entfällt in Chile allein auf einen Sektor (Metallerzeugnisse, Rang 6) mehr als die Hälfte der gesamten Importsubstitution, während sich in Mexiko die acht Sektoren mit den höchsten Wachstumsraten auf gut 62 vH, in Südkorea sieben Sektoren auf gut 85 vH kumulieren.

Tabelle 7 - Kumulierte Anteile einzelner Sektoren an der Importsubstitution der gesamten Verarbeitenden Industrie in Chile, Mexiko und Südkorea 1958-1968 (vH)

Rang der sektoralen Wachstumsrate	Kumulierter Anteil an der Importsubstitution		
	Chile	Mexiko	Südkorea
1	-	0,8	31,9
2	-	17,9	40,2
3	0,8	19,9	58,2
4	0,8	46,4	66,9
5	0,8	58,9	66,9
6	53,3	58,9	75,5
7	53,3	59,1	85,7
8	53,3	62,3	85,7

Quelle: Eigene Berechnungen nach Tabellen 6, A 8 und A 10.

71. Die Ergebnisse unserer Berechnungen für Chile, Mexiko und Südkorea widersprechen also der (auch in anderen Untersuchungen getesteten) These vom Zusammenhang zwischen sektoralem Wachstum und sektoraler Importsubstitution nicht; vielmehr haben sie zusätzliche Evidenz dafür erbracht, daß ein Sektor gewöhnlich um so schneller wächst, je größer der Anteil der Importsubstitution an seinem Wachstum ist[1].

Diese Feststellung wirft eine Reihe von Fragen hinsichtlich der Umstände auf, die die Importsubstitution in den drei betrachteten Län-

---

[1] Zum gleichen Ergebnis kommt auch L. Hoffmann bei seinen Berechnungen. Vgl. L. Hoffmann, a.a.O., S. 266 ff.

dern begleitet haben. Denn wenn unsere Ergebnisse die tatsächlichen Gegebenheiten widerspiegeln, müssen sich die beobachteten Unterschiede der Wachstumseffekte der Importsubstitution auf Unterschiede in der wirtschaftspolitischen Handhabung der binnenmarktorientierten Industrialisierung zurückführen lassen, die in Südkorea wachstumswirksamer als in Mexiko und dort wieder wachstumswirksamer als in Chile gewesen sein müßte. Abgesehen von Unterschieden der Wirtschaftspolitik in den drei Ländern, auf die noch zurückzukommen sein wird, würde eine Zurechnung zwischen Wachstumswirkung und bewußter Importsubstitutionspolitik eigentlich die Erwartung begründen, daß sich signifikante Unterschiede zeigen zwischen der tatsächlichen Importsubstitution eines Landes und seiner aus einer internationalen Querschnittsanalyse gewonnenen normalen Importsubstitution.

72. Das Ausmaß der normalen Importsubstitution für Chile, Mexiko und Südkorea wurde auf der Basis einer Regressionschätzung ermittelt, in die Daten für 25 Länder über Pro-Kopf-Einkommen und Bevölkerung als exogene Variable und der Anteil der sektoralen Importe am inländischen Angebot als endogene Variable eingegangen sind[1]. Die Regressionen wurden mit Hilfe verschiedener Funktionstypen durchgeführt[2]. Es könnte wegen der in Ziff. 49 vorgebrachten Einwände gegen das Chenery-Konzept der Importsubstitutionsberechnung als eine Schwäche unserer Regressionsanalyse angesehen werden, daß intersektorale Verflechtungen bei der Bestimmung der normalen Importsubstitution nicht mitberücksichtigt werden konnten. Denn da nur wenige Entwicklungsländer über brauchbare, d.h. zuverlässige und im Industriewarenbereich hinreichend tief disaggregierte Input-

---

[1] Die Daten beziehen sich auf das Jahr 1965, wobei wir für das Pro-Kopf-Einkommen ein arithmetisches Mittel des Bruttosozialprodukts der Jahre 1964, 1965, 1966 gebildet haben, da das Jahr 1965 für einen großen Teil der Länder ein Boomjahr war. Das Ländersample umfaßt sowohl Entwicklungs- als auch Industrieländer, wobei die erste Gruppe jedoch den größten Anteil stellt. Alle Daten entstammen ausnahmslos den Publikationen der Vereinten Nationen sowie ihrer Wirtschaftskommissionen.

[2] Die getesteten Funktionstypen lauten in ihrer allgemeinen Form:

Typ:	Funktion:
I	$Y = \alpha + \Sigma\beta_i x_i$
II	$\ln Y = \alpha + \Sigma\beta_i x_i$
III	$Y = \ln\alpha + \Sigma\beta_i \ln x_i$
IV	$\ln Y = \alpha + \Sigma\beta_i x_i + \Sigma\gamma_i \ln x_i$

Output-Tabellen verfügen, hätte dies zu einer nicht mehr vertretbaren Reduzierung der Stichprobe geführt. Uns schien dieses Vorgehen trotz der tendenziell quantitativen Unterschätzung der Importsubstitution gerechtfertigt, da auch ein sektorales Normalmuster der Importsubstitution nach dem Chenery-Maß den Zweck des Referenzsystems erfüllt, wenn es der tatsächlichen sektoralen Chenery-Importsubstitution gegenübergestellt wird.

73. Die Ergebnisse der Regressionsanalyse finden sich in Tabelle A 11: Dort sind indes nur die Koeffizienten der Funktionstypen aufgeführt, die die beste Anpassung an die Beobachtungswerte ergeben haben. Auf der Grundlage dieser Regressionsschätzung wurde auch die Normalstruktur der Importsubstitution in der Verarbeitenden Industrie Chiles, Mexikos und Südkoreas gewonnen, indem zunächst durch Einsetzen der landesspezifischen Daten der sektorale normale Importgehalt am jeweiligen inländischen Angebot errechnet und dann unter Anwendung des Kriteriums abnehmenden Importgehalts das Ausmaß der Importsubstitution ermittelt wurde; Tabelle 8 gibt einen Überblick über die normale und tatsächliche sektorale Importsubstitution.

- In Chile blieb mit Ausnahme von nur drei Sektoren die tatsächliche Importsubstitution hinter dem entsprechenden Wert eines hypothetischen Landes mit gleichen Basisdaten zurück. Den größten Importsubstitutionsvorsprung erzielte dabei der Sektor Metallwaren, auf den auch mehr als die Hälfte der gesamten Importsubstitution der Verarbeitenden Industrie entfiel.

- Auch in Mexiko haben die meisten Industriebranchen ihren entsprechenden Normalwert nicht erreicht. Von den die gesamte Importsubstitution des Industriesektors dominierenden Bereichen mit den acht höchsten Wachstumsraten (vgl. Tabelle 6) verzeichneten nur zwei Branchen eine (geringe) positive Differenz zwischen tatsächlicher und normaler Importsubstitution.

- In Südkorea dagegen waren sechs der sieben dynamischsten Importsubstitutionsbranchen ihren vergleichbaren Normalwerten (z.T. beträchtlich weit) voraus; es verzeichneten außerdem noch drei weitere Sektoren (Getränke/Tabakwaren, Papier und Papierwaren, Erzeugnisse aus nichtmetallischen Mineralien) einen Importsubstitutionsvorsprung.

Die weitgehende Übereinstimmung der dynamischen Importsubstitutionsindustrien mit den in der vorstehenden Betrachtung als stärker binnenmarktorientiert als normal identifizierten Bereichen stützt zumindest für Südkorea und mit einiger Einschränkung auch für Mexiko die oben geäußerte Vermutung, daß in diesen Ländern eine bewußte Importsubstitutionspolitik verfolgt wurde.

Tabelle 8 - Tatsächliche und normale Importsubstitution in der Verarbeitenden Industrie Chiles, Mexikos und Südkoreas 1958-1968

ISIC	Sektor	Chile			Mexiko			Südkorea		
		Importsubstitution 1958-1968 als vH des Produktionswachstums			Importsubstitution 1958-1968 als vH des Produktionswachstums			Importsubstitution 1958-1968 als vH des Produktionswachstums		
		tatsächlich[a]	normal	Differenz	tatsächlich[a]	normal	Differenz	tatsächlich[a]	normal	Differenz
20	Nahrungsmittel	- 0,8	3,6	-	0,0	1,9	-	- 20,2	2,3	-
21	Getränke	- 0,1	0,7	-	0,0	1,6	-	3,5	0,3	+
22	Tabakwaren	- 4,9	0,6	-	3,2	0,4	+			
23	Textilwaren	- 26,5	10,2	-	0,1	8,7	-	- 19,0	8,6	-
24	Bekleidung und Schuhe	0,0	0,5	-	0,0	0,2	-	7,0	2,8	+
25	Holz- und Korkprodukte	5,2	1,1	+	0,4	0,3	+	0,7	0,2	+
26	Möbel	- 0,4	1,6	-						
27	Papier und Papierwaren	- 1,2	6,1	-	1,1	7,8	-	44,5	11,9	+
28	Druckerei- und Verlagserzeugnisse	- 13,1	10,7	-	- 0,8	6,2	-	- 4,7	10,4	-
29	Leder und Lederwaren	0,0	1,1	-	0,1	0,0	+	- 10,0	1,0	-
30	Gummiprodukte	- 8,7	14,6	-	1,4	9,7	-	- 1,5	13,2	-
31	Chemische Erzeugnisse	- 43,8	24,2	-	0,1	11,5	-	40,3	26,3	+
32	Erdöl- und Kohleprodukte	7,7	7,5	+	-	-		54,9	10,4	+
33	Erzeugnisse aus nichtmetallischen Mineralien	- 2,3	5,9	-	0,9	5,6	-	7,1	6,8	+
34	Eisen und NE-Metalle	2,3	14,2	-	1,4	14,3	-	- 20,0	12,3	-
35	Metallwaren	23,2	15,8	+	1,0	12,6	-			
36	Maschinen (nicht elektrisch)	- 3,0	41,4	-	8,3	7,2	+	- 238,5	34,2	-
37	Elektromaschinen	- 11,5	32,2	-	1,6	19,1	-	8,7	7,6	+
38	Fahrzeuge	- 1,6	30,9	-	1,2	16,4	-	- 43,8	28,9	-
39	Sonstige Fertigwaren	0,6	11,9	-	2,9	11,2	-	22,6	13,8	+

[a] Chenery-Konzept.

Quelle: Tabellen 5 und A 11. - Eigene Berechnungen.

74. Es besteht in der entwicklungsökonomischen Diskussion mehr und mehr Einigkeit darüber, daß bei der Planung und wirtschaftspolitischen Unterstützung von Industrialisierungsaktivitäten der Gesichtspunkt bereits bestehender oder durch die Industrialisierung entstehender intersektoraler Verflechtungen (linkages) zu berücksichtigen sei. Denn jede Investition hat einen Komplementaritätseffekt, der eine Investitionssequenz nach sich zieht; diese entsteht dadurch, daß Investoren für eine neu aufgenommene oder zusätzliche Produktion Inputgüter nachfragen, wodurch wiederum andere Investitionen gewinnversprechend werden. Für den Importsubstitutionsprozeß bedeutet dies, darauf zu achten, daß die wachstumsfördernde Kraft von linkages genutzt, d.h. daß durch Investitionsanreize auf vor- und nachgelagerte Produktionsstufen zur Ausbreitung und Beschleunigung des Wachstums beigetragen wird.

Für den hier betrachteten Zusammenhang zwischen Wachstum und Importsubstitution in Chile, Mexiko und Südkorea ist damit die Frage aufgeworfen, ob sich die festgestellten Unterschiede im Wachstum importsubstituierender Sektoren in den drei Ländern nicht schon dadurch erklären lassen, daß sich die Importsubstitution in unterschiedlichem Maße auf Sektoren mit starken linkages konzentrierte.

75. Zur Ermittlung der linkages hat sich in der empirischen Entwicklungsländerforschung eine von Rasmussen entwickelte Methode[1] durchgesetzt, die auch den Berechnungen für Chile, Mexiko und Südkorea zugrunde liegt; Tabellen 9 - 11 weisen die Ergebnisse der Berechnungen für den Bereich der Verarbeitenden Industrie aus. In allen drei

[1] Vgl. P.N. Rasmussen, Studies in Inter-Sectoral Relations. Dissertation, Kopenhagen 1956. S. 133 ff. Dort wird zwischen backward und forward linkages unterschieden, die sich wie folgt berechnen:

$$U_{.j} = \frac{\sum_{i}^{n} r_{ij}}{\frac{1}{n} \sum_{i}^{n} \sum_{j}^{n} r_{ij}} \qquad \text{(backward linkages)}$$

$$(i, j = 1, 2, 3, \ldots, n)$$

$$U_{i.} = \frac{\sum_{j}^{n} r_{ij}}{\frac{1}{n} \sum_{i}^{n} \sum_{j}^{n} r_{ij}} \qquad \text{(forward linkages)}$$

Rasmussen bezeichnet diese beiden Effekte als "power of dispersion" bzw. als "sensitivity of dispersion", wobei r_{ij} die Elemente der inver-

Tabelle 9 - Index der linkage-Effekte in der Verarbeitenden Industrie Chiles 1962

ISIC	Sektor	Vorwärts gerichtet	Rang der Sektoren	Rückwärts gerichtet	Rang der Sektoren	Summe der linkage-Effekte	Rang der Sektoren
20	Nahrungsmittel	0,9435	4	0,9832	2	1,9267	3
21	Getränke	0,9069	16	0,9843	1	1,8912	7
22	Tabakwaren	0,9036	20	0,9369	19	1,8404	19
23	Textilwaren	0,9523	2	0,9567	13	1,9089	5
24	Bekleidung und Schuhe	0,9054	17	0,9723	6	1,8777	12
25	Holz- und Korkprodukte	0,9476	3	0,9794	3	1,9270	2
26	Möbel	0,9047	19	0,9689	7	1,8736	13
27	Papier und Papierwaren	0,9394	6	0,9674	8	1,9068	6
28	Druckerei- und Verlagserzeugnisse	0,9053	18	0,9621	11	1,8674	16
29	Leder und Lederwaren	0,9173	11	0,9728	5	1,8901	8
30	Gummiprodukte	0,9073	15	0,9327	20	1,8401	20
31	Chemische Erzeugnisse	0,9399	5	0,9734	4	1,9133	4
32	Erdöl- und Kohleprodukte	0,9273	7	0,9564	15	1,8837	11
33	Erzeugnisse aus nichtmetallischen Mineralien	0,9200	9	0,9526	17	1,8727	14
34	Eisen und NE-Metalle	0,9758	1	0,9598	12	1,9357	1
35	Metallwaren	0,9219	8	0,9623	10	1,8842	10
36	Maschinen (nicht elektrisch)	0,9200	9	0,9654	9	1,8855	9
37	Elektromaschinen	0,9098	14	0,9571	14	1,8669	17
38	Fahrzeuge	0,9124	12	0,9491	18	1,8615	18
39	Sonstige Fertigwaren	0,9111	13	0,9564	15	1,8675	15

Quelle: Eigene Berechnungen nach Tabelle A 4.

Tabelle 10 - Index der linkage-Effekte in der Verarbeitenden Industrie Mexikos 1960

ISIC	Sektor	Vorwärts gerichtet	Rang der Sektoren	Rückwärts gerichtet	Rang der Sektoren	Summe der linkage-Effekte	Rang der Sektoren
20	Nahrungsmittel	0,9922	4	1,1828	1	2,1751	4
21	Getränke	0,6138	17	1,0838	7	1,6976	12
22	Tabakwaren	0,5879	18	0,8751	15	1,4631	18
23	Textilwaren	0,8821	5	1,0497	8	1,9319	5
24	Bekleidung und Schuhe	0,6299	16	1,1140	4	1,7439	10
25 26	Holz- und Korkprodukte Möbel	0,7285	9	1,0067	12	1,7353	11
27	Papier und Papierwaren	1,0725	3	1,1686	2	2,2412	2
28	Druckerei- und Verlagserzeugnisse	0,7182	11	0,9649	14	1,6883	13
29	Leder und Lederwaren	0,7331	8	1,0962	6	1,8293	7
30	Gummiprodukte	0,6840	12	0,8694	16	1,5534	15
31	Chemische Erzeugnisse	1,1824	2	0,9986	13	2,1810	3
32	Erdöl- und Kohleprodukte	-	-	-	-	-	-
33	Erzeugnisse aus nichtmetallischen Mineralien	0,7797	7	1,0174	11	1,7971	8
34	Eisen und NE-Metalle	1,4138	1	1,1076	5	2,5214	1
35	Metallwaren	0,7855	6	1,1272	3	1,9127	6
36	Maschinen (nicht elektrisch)	0,6389	14	0,8534	18	1,4924	17
37	Elektromaschinen	0,7279	10	1,0445	9	1,7724	9
38	Fahrzeuge	0,6569	13	0,8569	17	1,5138	16
39	Sonstige Fertigwaren	0,6295	15	1,0406	10	1,6701	14

Quelle: Eigene Berechnungen nach Tabelle A 5.

Tabelle 11 - Index der linkage-Effekte in der Verarbeitenden Industrie Südkoreas 1968

ISIC	Sektor	Vorwärts gerichtet	Rang der Sektoren	Rückwärts gerichtet	Rang der Sektoren	Summe der linkage-Effekte	Rang der Sektoren
20	Nahrungsmittel	0, 6421	9	0, 8870	16	1, 5291	13
21 22	Getränke Tabakwaren	0, 4427	17	0, 7933	17	1, 2360	17
23	Textilwaren	1, 2155	4	1, 0893	5	2, 3048	4
24	Bekleidung und Schuhe	0, 4569	16	1, 0742	6	1, 5311	12
25 26	Holz- und Korkprodukte Möbel	1, 5697	3	1, 2596	1	2, 8293	2
27	Papier und Papierwaren	0, 8308	6	1, 1231	3	1, 9538	5
28	Druckerei und Verlagserzeugnisse	0, 5127	13	1, 0144	10	1, 5271	14
29	Leder und Lederwaren	0, 5319	12	1, 0029	11	1, 5348	11
30	Gummiprodukte	0, 4739	15	1, 0169	9	1, 4907	15
31	Chemische Erzeugnisse	1, 5973	2	0, 8992	15	2, 4966	3
32	Erdöl- und Kohleprodukte	0, 8604	5	0, 9646	13	1, 8249	6
33	Erzeugnisse aus nichtmetallischen Mineralien	0, 6637	8	0, 9157	14	1, 5794	10
34 35	Eisen und NE-Metalle Metallwaren	1, 8919	1	1, 0949	4	2, 9869	1
36	Maschinen (nicht elektrisch)	0, 7204	7	1, 0208	8	1, 7411	8
37	Elektromaschinen	0, 5637	11	1, 0330	7	1, 5968	9
38	Fahrzeuge	0, 6132	10	1, 1619	2	1, 7751	7
39	Sonstige Fertigwaren	0, 4981	14	0, 9872	12	1, 4853	16

Quelle: Eigene Berechnungen nach Tabelle A 7.

Ländern übertreffen die backward linkages in aller Regel die forward linkages. Stellt man auf die gesamten linkage-Effekte ab, so zeigt sich trotz beträchtlicher Unterschiede in der Produktionsstruktur der betrachteten Länder eine weitgehende Übereinstimmung in den Branchen, die die Rangskala anführen[1]. So findet sich in Chile, Mexiko

---

tierten Leontief-Matrix sind. Die Spaltensumme der invertierten Leontief-Matrix $\sum_{i}^{n} r_{ij}$ gibt die Produktionssteigerung aller Industrien an, die notwendig ist, damit die Produktion des Sektors j um eine Einheit zunehmen kann, während ihre Zeilensumme $\sum_{j}^{n} r_{ij}$ die Produktionssteigerung des Sektors i angibt, die für eine Produktionssteigerung jedes Sektors um eine Einheit erforderlich ist. Durch Normierung dieser beiden Größen mit dem Mittelwert der Spalten- bzw. Zeilensumme ergeben sich die miteinander vergleichbaren Quotienten $U_{.j}$ und $U_{i.}$ als Indizes für backward und forward linkages; n gibt die Anzahl der Sektoren der Volkswirtschaft in der Input-Output-Tabelle wieder. Ist $U_{.j} > 1$, so bedeutet dies, daß ein Anstieg der Endnachfrage nach den Produkten des Sektors j um eine Einheit einen relativ großen Anstieg der Produktion in anderen Sektoren nach sich zieht; für $U_{.j} < 1$ gilt dann entsprechend das Umgekehrte.

[1] Über den gesamten Bereich der Verarbeitenden Industrie weicht die Struktur der linkages stark ab. Daran zeigt sich also, daß sich Rangordnungen der aus den Input-Output-Tabellen mehrerer Länder berechneten linkages sehr wohl unterscheiden können, die weitverbreitete empirische Sitte, Tabellen hochindustrialisierter Länder auf Entwicklungsländer anzuwenden, also irreführend sein kann. Denn die dabei unterstellte Annahme weitgehender Übereinstimmung der technischen Koeffizienten dürfte allenfalls für Länder mit ähnlichen Produktionsstrukturen zutreffen. Sind die Produktionsstrukturen aber unterschiedlich, so kann selbst bei gleichen technischen Koeffizienten eine derartige Übereinstimmung nicht erwartet werden. Dies liegt an dem Problem sektoraler Aggregation, bei der die Inputkoeffizienten einzelner Industriebereiche als Durchschnitt der technischen Koeffizienten der in ihnen zusammengefaßten Bereiche zu verstehen sind. Je entwickelter ein Land ist, desto größer wird auch die Zahl der verschiedene Produkte herstellenden Produktionseinheiten sein, die den Durchschnitt beeinflussen. Vgl. dazu J. Sakamoto, Medición de las Repercusiones del Proceso de Industrialización sobre la Economía. Un Análisis Critico del Modelo Baer-Kerstenetzky. "El Trimestre Económico", Vol. 39 (1969), S. 247 ff. - L. Hoffmann, a.a.O., S. 314.

und Südkorea eine Gruppe von vier Sektoren (Eisen und NE-Metalle, Chemische Erzeugnisse, Textilwaren, Papier und Papierwaren), die in allen Ländern unter den jeweils sieben stärksten linkage-Branchen rangieren. Besonders auffällig ist die Struktur der linkages in der chilenischen Verarbeitenden Industrie. Hier besteht eine weitgehende Gleichmäßigkeit innerhalb der beiden linkage-Reihen, so daß unterschiedliche Ränge nur in der zweiten Dezimalstelle des Index differieren[1].

76. Beginnen wir, um die oben angeschnittene Frage wieder aufzugreifen, mit dem Zusammenhang zwischen linkages und sektoralem Wachstum. Es gibt eine Reihe von empirischen Untersuchungen[2], die eine enge Beziehung zwischen Wachstum und intersektoraler Verflechtung der Art nachweisen, daß stark wachsende Sektoren entweder hohe forward oder backward linkages oder beides aufweisen und daß die Verflechtungen langsamer wachsender Bereiche entsprechend geringer sind. Es liegt nahe, diese Beobachtungen auch am Beispiel Chiles, Mexikos und Südkoreas zu überprüfen; dies soll im folgenden geschehen, wobei wir auf die Summe aus forward und backward linkages abstellen. Das Ergebnis der Berechnungen bestätigt nicht die Hypothese vom positiven Zusammenhang zwischen der Rangordnung der sektoralen Beiträge zum Wachstum der Industrie und der Rangordnung der linkages. Der Spearmansche Rangkorrelationskoeffizient beträgt für Chile 0,22, für Mexiko 0,44 und für Südkorea 0,48. Lediglich die Koeffizienten für Südkorea und Mexiko sind bei einer Irrtumswahrscheinlichkeit bis zu 10 vH signifikant.

77. Nun vermögen Rangkorrelationen einer Fragestellung wie der hier vorliegenden - worauf Hoffmann[3] im gleichen Zusammenhang verweist - nicht ganz gerecht zu werden, weil sie unterstellen, daß jedem Sektor beim Rangvergleich das gleiche Gewicht zukommt. Die Beurteilung von unterschiedlichen linkage-Wirkungen für das Wachs-

---

[1] Die in vielen Entwicklungsländern - und besonders im Fall Chiles - zu beobachtenden geringen Unterschiede der linkages könnten zum Anlaß genommen werden, den Wert einer auf die landesspezifische Tabelle abgestellten Input-Output-Analyse in Zweifel zu ziehen. Ein solcher Einwand hätte seine Berechtigung, wenn die Input-Output-Technik zu prognostischen Zwecken angewandt würde; in diesem Zusammenhang dient sie jedoch ausschließlich der Diagnose der in der Vergangenheit bestandenen interindustriellen Verflechtungen, die in Entwicklungsländern per definitionem wenig ausgeprägt sind.

[2] Vgl. z.B. Baer, Kerstenetzky, a.a.O., S. 411 ff.

[3] Vgl. L. Hoffmann, a.a.O., S. 318.

tum hängt aber gerade davon ab, welches Gewicht die Sektoren mit hohen linkages im Vergleich zu denen mit niedrigen Verflechtungseffekten haben. Diesem Einwand kann dadurch Rechnung getragen werden, daß man die linkages nach Gruppen zusammenfaßt, wobei die Zuordnung in hohe, mittlere und niedrige linkages im konkreten Fall zugegebenermaßen willkürlich ist; dies wird besonders deutlich in einem unserer Länderbeispiele (Chile), wo sich Rang 1 und Rang 20 im Index um nur 0,09 Einheiten unterscheiden. Trotzdem haben wir uns zu einer derartigen Verfahrensweise entschieden. Tabelle 12 zeigt die Zuordnung von linkage-Gruppierungen und Wachstum in Chile, Mexiko und Südkorea. Den höchsten Anteil haben in Chile und Mexiko die Sektoren mit den stärksten linkages; in Südkorea entfällt dieser Anteil auf die Branchen mit den niedrigen Verflechtungseffekten, wenngleich auch die hohen linkage-Bereiche mit einem um nur gut 7 Prozentpunkte geringeren Anteil am Produktionszuwachs noch nahezu den gleichen Beitrag leisten. Mit dieser Einschränkung läßt sich also feststellen, daß in den hier betrachteten Ländern die Branchen mit den hohen intersektoralen Verflechtungseffekten tatsächlich auch einen dominierenden Einfluß auf die Produktionsentwicklung der gesamten Industrie gehabt haben.

Tabelle 12 - Linkages und Wachstum der Verarbeitenden Industrie in Chile, Mexiko und Südkorea 1958-1968

Linkages, backward und forward	Sektorale Anteile am Produktionszuwachs der Verarbeitenden Industrie					
	Chile		Mexiko		Südkorea	
	Anzahl der Sektoren	vH	Anzahl der Sektoren	vH	Anzahl der Sektoren	vH
hoch > 1,90	6	53,9	6	46,6	5	41,2
mittel 1,70-1,90	14	46,1	5	23,1	3	10,0
niedrig < 1,70	-	-	7	30,3	9	48,8

Quelle: Eigene Berechnungen nach Tabellen 3, 9-11.

78. Resümieren wir kurz die bislang gefundenen Ergebnisse: Bisher haben wir für zwei der drei Länder einen positiven Zusammenhang zwischen dem Ausmaß sektoraler Importsubstitution (gemessen als Wachstumsbeitrag der Importsubstitution) und dem sektoralen Wachstum aufgezeigt sowie in allen drei Ländern einen hohen Anteil der

Sektoren mit hohen linkages am Produktionszuwachs der gesamten Industrie feststellen können. Damit aber sind wir noch nicht in der Lage, eine Aussage über die Beziehung zwischen Importsubstitution und linkages zu machen. Dazu bedarf es noch einer weiteren Betrachtung, die den Mangel der bisher nicht einheitlichen Wachstumsvariablen (sektorales Wachstum einerseits und sektoraler Beitrag zum Produktionszuwachs andererseits) behebt.

Aus Gründen, wie sie bei der Analyse des Zusammenhangs zwischen Wachstum und intersektoralen Verflechtungen schon erwähnt wurden (vgl. Ziff. 76 f.), wurde hier von vornherein auf einen Rangkorrelationstest verzichtet. Vielmehr folgt die Überprüfung des Zusammenhangs zwischen Importsubstitution und linkages dem Muster der Tabelle 12, wo der Bedeutung unterschiedlicher Gewichte der Sektoren für die Beurteilung der linkage-Stärke durch eine entsprechende Gruppenbildung Rechnung getragen ist. Tabelle 13 gibt die der jeweiligen linkage-Gruppe zugeordneten sektoralen Anteile an der Importsubstitution der gesamten Industrie wieder.

Tabelle 13 - Linkages und Importsubstitution der Verarbeitenden Industrie in Chile, Mexiko und Südkorea 1958-1968

Linkages, backward und forward	Sektorale Anteile an der Importsubstitution der Verarbeitenden Industrie					
	Chile		Mexiko		Südkorea	
	Anzahl der Sektoren	vH	Anzahl der Sektoren	vH	Anzahl der Sektoren	vH
hoch > 1,90	6	5,6	6	50,9	5	49,9
mittel 1,70-1,90	14	94,4	5	14,3	3	31,9
niedrig < 1,70	-	-	7	34,8	9	18,2

Quelle: Eigene Berechnungen nach Tabellen 9-11, A 8 und A 10.

Die Zahlen lassen erkennen, daß es zumindest für Mexiko und Südkorea einen positiven Zusammenhang zwischen den beiden betrachteten Effekten gegeben hat. Die entsprechenden Werte für Chile sind mit Hinweis auf die nur geringe Variationsbreite der linkages vorsichtig zu interpretieren. Eine andere als die gewählte Abgrenzung hätte vermutlich auch für Chile eine dominierende Sektorengruppe mit hohen linkages erbringen können, ohne daß sich für die anderen beiden Länder am Ergebnis wesentliches hätte zu ändern brauchen.

Nach allen vorliegenden Ergebnissen, die unsere bisherigen Betrachtungen erbracht haben, wird die These, daß von der Importsubstitution - mit unterschiedlichem Gewicht in den einzelnen Ländern - eine wachstumsfördernde Wirkung via intersektoraler Verflechtung ausgegangen ist, gestützt. Damit erklären sich auch weitgehend die festgestellten Unterschiede im Wachstum importsubstituierender Sektoren in den drei Ländern. Sieht man einmal von Nuancen ab, so war die in Südkorea und Mexiko betriebene binnenmarktorientierte Industrialisierung - verglichen mit Chile - auch deshalb wachstumswirksamer, weil - wie Tabelle 13 zeigt - in Südkorea und Mexiko eine erheblich stärkere Konzentration auf Sektoren mit hohen linkages stattgefunden hat.

4. Spezialisierungsmuster und Exportpotential

a. Charakteristika der Exporttätigkeit

79. Im vorausgegangenen Abschnitt wurde gezeigt, daß Unterschiede im Wachstum importsubstituierender Sektoren mit Unterschieden in der linkage-Wirkung dieser Sektoren erklärt werden können. Daraus läßt sich jedoch nicht schließen, daß in den betrachteten Ländern bei der wirtschaftspolitischen Steuerung der Importsubstitutionsaktivitäten auch dem erwähnten linkage-Kriterium in unterschiedlichem Maße Rechnung getragen wurde. Denn ganz abgesehen davon, daß wohl in den wenigsten Entwicklungsländern bei den wirtschaftspolitischen Instanzen eine Vorstellung über die branchenmäßige Struktur und Intensität der Verflechtungseffekte bestehen dürfte, finden sich auch bei den erfolgreicheren Ländern unserer Stichprobe (Südkorea und Mexiko), deren Industrialisierungspolitik weitgehend rational ablief, keine expliziten Hinweise auf linkages als entwicklungspolitische Orientierungsgröße.

Statt dessen gibt es aber eine ganze Reihe anderer Indizien, die die Vermutung begründet erscheinen lassen, daß die unterschiedliche Ausgestaltung der Industrialisierungspolitik dieser Länder einen ganz wesentlichen Einfluß auf den längerfristigen Erfolg ihrer binnenmarktorientiert angelegten Industrialisierung gehabt hat. Wir wollen im folgenden diesen Zusammenhang überprüfen, wobei das Hauptaugenmerk darauf liegen wird, ob und aufgrund welcher Umstände es in dem jeweiligen Land gelungen ist, Exportaktivitäten der neu entstandenen Industrien zu stimulieren. Denn wenn sich nachweisen läßt, daß eine sorgsam geplante Importsubstitutionspolitik einen Produktionsapparat entstehen läßt, dessen Spezialisierungsmuster im Einklang mit den gegebenen Faktorknappheitsverhältnissen steht und damit alle Chancen hat, via Eroberung von Exportmärkten die Überwindung oder zumindest Milderung des außenwirtschaftlichen Ungleichgewichts zu erreichen, dann wäre dies ein Ergebnis, das auch von Gegnern der Importsubstitution akzeptiert werden müßte. Bevor wir die spezifischen Exportförderungsmaßnahmen in Chile, Mexiko und Südkorea in dieser Hinsicht überprüfen, wollen wir die strukturellen Merkmale der Exportaktivitäten dieser Länder betrachten, um auf diese Weise jene Branchen zu identifizieren, bei denen es zu einer Exportorientierung gekommen ist.

80. Vergleicht man das Ergebnis der sektoralen Importsubstitution mit der Entwicklung der industriellen Exporte (Tabelle 14)[1], so zeigt sich, daß es praktisch nur Südkorea gelungen ist, auf breiter Basis den spillover von der Importsubstitution zur Exportdiversifizierung zu vollziehen, und zwar sowohl im Konsumgüterbereich als auch im intermediären Sektor und im Investitionsgütersektor. Entfielen noch 1958 knapp zwei Drittel der gesamten (absolut gesehen unbedeutenden) Industriewarenexporte auf eine Branche, nämlich den Nahrungsmittelsektor, so streute 1968 das Exportangebot über nahezu alle Sektoren, mit Schwerpunkten bei Bekleidung, Holzprodukten und Möbeln, Textilwaren, Sonstigen Fertigwaren und Nahrungsmitteln.

In Mexiko ist es zwar nicht zu einer nennenswerten weiteren Diversifizierung des Exportangebots gekommen, jedoch zeigt die Exportstruktur von 1958 und auch von 1968, daß in diesem Land durch die binnenmarktorientierte Industrialisierung ein Produktionsapparat entstanden ist, der auf Auslandsmärkten wettbewerbsfähige Erzeugnisse herzustellen in der Lage ist. Das überraschend große Gewicht, das dabei dem Sektor Basismetalle zukommt, erklärt sich sowohl in Mexiko als auch in Chile mit der traditionellen Bedeutung metallischer Rohstoffe, die nach der ISIC-Abgrenzung bereits dann als Industriewaren ausgewiesen werden, wenn sie nur leicht bearbeitet sind. Sieht man von den Ausfuhren dieses Bereiches ab, dann reduzieren sich die Industriewarenexporte in Mexiko um gut 23 vH und in Chile sogar um gut 90 vH.

81. Die Änderung der Exportstruktur und dabei insbesondere die Zunahme industrieller Ausfuhren wird auch deutlich, wenn man die Gesamtausfuhren der drei Länder nach "traditionellen" und "neuen" Exporten aufspaltet. Zuordnungskriterium ist dabei der Anteil einer

[1] Die sektorale Zuordnung zwischen Außenhandels- und Produktionsdaten folgt dabei: UN, Department of Economic and Social Affairs, Classification of Commodities by Industrial Origin, a.a.O.

Tabelle 14 - Exporte von Industriewaren, Chile, Mexiko und Südkorea, 1958-1968 (Mill., Landeswährung)

ISIC	Sektor	Chile				Mexiko[a]				Südkorea			
		1958		1968		1958		1968		1958		1968	
		Escudos	vH	Escudos	vH	Pesos	vH	Pesos	vH	Won	vH	Won	vH
20	Nahrungsmittel	1,1	0,6	90,4	1,5	2 121,9	49,9	3 292,1	41,7	122,8	65,9	11 871,4	11,4
21	Getränke	3,0	1,6	6,4	0,1	6,3	0,1	43,4	0,6	-	-	292,2	0,3
22	Tabakwaren	-	-	-	-	-	-	3,9	0				
23	Textilwaren	11,2	6,1	-	-	410,9	9,7	425,3	5,4	46,8	25,1	17 237,1	16,6
24	Bekleidung und Schuhe	-	-	-	-	41,3	1,0	86,0	1,1	-	-	31 593,3	30,4
25	Holz- und Korkprodukte	-	-	1,6	0	53,5	1,3	121,0	1,5	-	-	18 776,3	18,1
26	Möbel	-	-	-	-								
27	Papier und Papierwaren	-	-	78,8	1,3	4,6	0,1	52,0	0,7	-	-	161,0	0,2
28	Druckerei- und Verlagserzeugnisse	-	-	16,6	0,3	44,3	1,0	162,4	2,1	-	-	-	-
29	Leder und Lederwaren	0,3	0,2	-	-	7,6	0,2	45,0	0,6	-	-	12,9	-
30	Gummiprodukte	-	-	-	-	1,3	0	13,1	0,2	-	-	717,0	0,7
31	Chemische Erzeugnisse	-	-	45,1	0,8	248,4	5,8	856,5	10,9	0,5	0,3	877,2	0,8
32	Erdöl- und Kohleprodukte	-	-	-	-	-	-	-	-	-	-	-	-
33	Erzeugnisse aus nichtmetallischen Mineralien	-	-	1,9	0	59,2	1,4	160,0	2,0	-	-	241,5	0,2
34	Eisen und NE-Metalle	167,5	91,5	5 538,9	94,6	1 088,9	25,6	1 851,0	23,5	8,6	4,6	3 497,4	3,4
35	Metallwaren	-	-	10,3	0,2	-	-	162,4	2,1				
36	Maschinen (nicht elektrisch)	-	-	11,4	0,2	36,5	0,9	247,3	3,1	-	-	1 171,3	1,1
37	Elektromaschinen	-	-	7,8	0,1	9,2	0,2	124,9	1,6	0,2	0,1	5 329,6	5,1
38	Fahrzeuge	-	-	30,9	0,5	80,9	1,9	118,0	1,5	-	-	385,7	0,4
39	Sonstige Fertigwaren	-	-	16,7	0,3	36,2	0,9	123,0	1,6	7,4	4,0	11 837,1	11,4
2-3	Verarbeitende Industrie insgesamt	183,1	100	5 856,8	100	4 251,0	100	7 887,3	100	186,3	100	104 001,0	100
	Wirtschaft insgesamt (SITC 0-9)	271,6		7 178,1		9 191,6		14 728,8		822,6		128 195,4	

[a] ISIC 20 enthält auch Kaffee und Zucker, ISIC 34 enthält SITC 67 und 68.

Quelle: UN, Commodity Trade Statistics, versch. Jgg. - UN, Yearbook of International Trade Statistics, versch. Jgg. - Eigene Berechnungen.

Gütergruppe an den Gesamtexporten. Wir haben diese Zuordnung in Tabelle 15 auf der Basis der tiefer aggregierten SITC-Klassifizierung vorgenommen, wobei wir diejenigen Exporte zu den traditionellen (neuen) Ausfuhrgütern zählen, die bereits 1962 (erst 1968) 3 vH der Gesamtexporte ausmachten[1].

- In Chile spielen neue Exporte nach diesem Abgrenzungskriterium keine Rolle. Innerhalb der traditionellen Exporte, die auch 1968 noch nahezu 90 vH der Gesamtexporte stellten, dominieren nach wie vor unbearbeitetes Metall (Kupfer) sowie Erze. Tabelle 15 bestätigt damit die Ergebnisse der Tabelle 14, wonach es bis 1968 zu kaum einer Ausweitung und Diversifizierung industrieller Ausfuhren gekommen ist.

- In Mexiko liegen die Dinge insofern anders, als sich das Gewicht der traditionellen (zumeist nicht bearbeiteten Erzeugnisse) Exporte zwar etwas verminderte, gleichzeitig aber neue Ausfuhren 1968 bereits ein gutes Fünftel der Gesamtexporte stellten. Bemerkenswert ist dabei die anteilsmäßige Steigerung der neuen Industriegüter aus den Bereichen Maschinen, Transportausrüstung und Verschiedene Fertigwaren.

- Der Exporterfolg Südkoreas findet seinen Niederschlag hier ebenso deutlich wie schon in Tabelle 14. Bis auf die Ausfuhr der (Industrie-)Güter Sperrholz und Furniere, die in der Gruppe der traditionellen Exporte anteilsmäßig noch kräftig gesteigert werden konnte, sank das Gewicht aller übrigen (nicht- oder halbindustriellen) Exportgüter gegenüber 1962 sehr deutlich. Demgegenüber umfaßt die Gruppe der neuen Exporte ausnahmslos Industriewaren; ihr Anteil belief sich 1968 auf nahezu 44 vH der gesamten Ausfuhren.

Hiermit wird deutlich, daß sich zumindest in Mexiko und Südkorea der Industrialisierungsprozeß der Jahre 1958-1968 auch in der Exportstruktur niederzuschlagen beginnt. Allerdings kann im Falle Mexikos angesichts des relativ geringen Exportvolumens von einem spill-over zur Exportdiversifizierung noch nicht gesprochen werden. Dieser Eindruck wird bestätigt, wenn auf das gesamtwirtschaftliche Gewicht der Industriewarenexporte abgestellt wird. Legt man die in Tabelle 14 ermittelten Industriewarenexporte zugrunde, die infolge der Abgrenzungsschwierigkeiten bei der ISIC-Gruppe 34 für Mexiko

---

[1] Bei dieser Berechnung war es nötig, den bislang einheitlichen Untersuchungszeitraum zu ändern, da für Chile vor 1962 keine internationale Außenhandelsstatistik verfügbar ist. Dies ist nicht unbedingt ein Mangel, da die zunehmende Exportorientierung in allen drei Ländern (wenn überhaupt) erst während der sechziger Jahre stattfand.

Tabelle 15 - Traditionelle und neue Exporte, Chile, Mexiko und Südkorea, 1962 und 1968

Exporte	SITC	1962		1968	
		Mill. US-$	vH	Mill. US-$	vH
Chile:					
Traditionelle Exporte[a]					
Obst und Gemüse	05	16,57	3,11	18,16	1,94
Düngemittel	271	27,47	5,16	18,61	1,99
Eisenerz- und Eisenkonzentrate	281	56,23	10,57	71,54	7,64
NE-Erze	283	23,79	4,47	15,26	1,63
Unbearbeitetes Kupfer	6821	350,03	65,78	702,03	75,01
		474,09	89,09	825,60	88,21
Mexiko:					
Traditionelle Exporte[a]					
Frischfisch	031	53,00	6,60	57,06	5,14
Obst und Gemüse	05	34,70	4,32	84,84	7,64
Zucker	06	50,28	6,26	102,03	9,19
Kaffee	071	65,18	8,12	69,26	6,24
Baumwolle	263	163,02	20,30	122,39	11,02
Schwefel und Eisenpyrit	274	30,32	3,78	56,68	5,11
Verschiedene unbearbeitete Mineralien	276	33,80	4,21	33,17	2,99
Chemikalien	5	31,98	3,98	68,51	6,17
Garne	651	23,69	3,00	15,37	1,83
Unbearbeitetes Kupfer	6821	24,38	3,08	7,32	0,66
		510,35	63,65	616,63	55,99
Neue Exporte[b]					
Frischfleisch	011	22,96	2,85	36,38	3,27
Mais	044	0,24	0,03	46,51	4,19
Silber und Platin	681	.	.	73,12	6,59
Maschinen und Transportausrüstung	7	8,95	1,11	36,42	3,28
Verschiedene Fertigwaren	8	14,65	1,82	37,30	3,36
		46,80	5,81	229,73	20,69
Südkorea:					
Traditionelle Exporte[a]					
Frischfisch	031	8,06	14,70	24,80	5,45
Reis	042	8,92	16,27	.	.
Obst und Gemüse	05	2,16	3,94	15,63	3,43
Rohseide	2613	3,96	7,22	17,95	3,94
Schwefel und Eisenpyrit	274	2,66	4,85	.	.
Eisenerz und Eisenkonzentrate	281	3,85	7,02	5,25	1,15
NE-Erze	283	4,01	7,31	12,36	2,72
Brennstoffe	3	2,76	5,03	1,66	0,36
Sperrholz, Furniere	631	2,29	4,17	65,66	14,41
Gewebte Baumwollwaren	652	1,83	3,34	13,31	2,92
		40,50	73,85	156,62	34,38
Neue Exporte[b]					
Textilerzeugnisse (nicht Baumwolle)	653	0,30	0,55	27,89	6,12
Elektromaschinen	72	.	.	18,93	4,16
Bekleidung	841	1,11	2,02	112,20	24,64
Übrige Fertigwaren	89	.	.	40,93	8,99
		1,41	2,57	199,95	43,91

[a]Exporte, die 1962 mehr als 3 vH der Gesamtausfuhr ausmachten. - [b]Exporte, die erst 1968 mehr als 3 vH der Gesamtausfuhr ausmachten. - Durch die Vernachlässigung der Güter, die einen Gesamtexportanteil von weniger als 3 vH besitzen, ergänzen sich die vH-Werte der "neuen" und "traditionellen" Exporte nicht zu 100.

Quelle: UN, Commodity Trade Statistics, versch. Jgg.

leicht und für Chile stark überschätzt sein dürften, dann zeigt sich, daß für Mexiko der Ausfuhranteil am Bruttoproduktionswert der Verarbeitenden Industrie mit einer Rate von gut 6 vH noch sehr gering ist; die entsprechenden Werte für Chile und Südkorea belaufen sich 1968 auf knapp 8 vH bzw. gut 13 vH. Würde man im Falle Chiles realistischerweise den Teil der nur wenig bearbeiteten Metalle der ISIC-Gruppe 34 aus den Industriewarenausfuhren herausrechnen, ergäben sich Werte, die wahrscheinlich noch unter den mexikanischen liegen würden.

82. Ob der geringe Erfolg der Bemühungen insbesondere in Chile - und in geringerem Maße auch in Mexiko -, die Industriewarenexporte entsprechend der Expansion des Welthandels auszudehnen, allein auf wirtschaftspolitisches Fehlverhalten während der Importsubstitutionsphase zurückzuführen ist oder aber noch andere Ursachen hat, kann durch eine Methode überprüft werden, die es gestattet, externe und interne Einflüsse auf das Exportwachstum voneinander zu trennen[1]. Zu den externen Einflüssen zählen die Nachfragebedingungen auf den Auslandsmärkten, die Wettbewerbsfähigkeit konkurrierender Anbieter sowie tarifäre und andere Handelshemmnisse. Liegt wie im Falle Chiles und Mexikos eine unbefriedigende, weil unterdurchschnittliche Exportentwicklung vor, so kann dies außer von unzulänglichen Angebotsbedingungen in den Ländern selbst auch davon herrühren, daß das Schwergewicht der Ausfuhren auf solchen Gütern lag, für die die Nachfrage langsamer als die Weltnachfrage insgesamt zunahm und/oder die Ausfuhren vorwiegend in Regionen gingen, wo die Nachfrage langsamer zunahm. Natürlich wirken auch interne Faktoren auf die Entwicklung der Ausfuhren, die sich als Veränderung der Wettbewerbsposition umschreiben lassen (Residualgröße).

Gerade für die Wirkungsanalyse entwicklungspolitischer Maßnahmen ist es notwendig, die externen Faktoren aus der Gesamtheit der Exportwachstumsdeterminanten zu eliminieren, um das Ausmaß der Eigenanstrengungen zu ermitteln, die dem Exporterfolg zugerechnet werden können. Aus den arithmetischen Zusammenhängen der Berechnungsmethode, die von der Annahme eines unveränderten Anteils am

---

[1] Diese Methode geht zurück auf eine Arbeit von H. Tyszynski, World Trade in Manufactured Commodities, 1899-1950. "The Manchester School of Economic and Social Studies", Vol. 19 (1951), S. 272 ff. - Varianten dieses Ansatzes finden sich bei vielen anderen Autoren. Vgl. P.R. Narvekar, The Role of Competitiveness in Japan's Export Performance, 1954-1958. IMF, "Staff Papers", Vol. 8 (1960), No. 1, S. 85 ff. - Maizels, a.a.O., Kapitel 8.

Weltexport eines Landes ausgeht, ergibt sich dann die Veränderung der Wettbewerbsfähigkeit als Residualgröße[1]:

$$(30)\quad \underbrace{\sum_i (X^1_{i.} - X^o_{i.})}_{(30.1)} - \sum_i rX^o_{i.} = \underbrace{\sum_i (r_i - r)\, X^o_{i.}}_{(30.2)} + \underbrace{\sum_{ij}\sum (r_{ij} - r_i)\, X^o_{ij}}_{(30.3)}$$

$$+ \underbrace{\sum_{ij}\sum (X^1_{ij} - X^o_{ij} - r_{ij} X^o_{ij})}_{(30.4)}$$

Der Ausdruck (30.1) bezeichnet die tatsächliche Veränderung der Exporte eines Landes während einer Periode, während die Ausdrücke (30.2) bis (30.4) angeben, um wieviel die Landesexporte zugenommen hätten, wenn

- jede Gütergruppe mit der gleichen Rate zugenommen hätte wie der Welthandel insgesamt;
- jede Gütergruppe so schnell wie die entsprechenden Warengruppen des Welthandels expandiert hätte;
- sich die regionale Exportstruktur des Landes j wie die des Welthandels verändert hätte.

83. Tabelle 16 enthält die entsprechenden Berechnungen für die hier betrachteten Länder. Sie wurden auf der Grundlage der einstelligen SITC-Klassifizierung durchgeführt, da dies die einzige - wenn auch recht grobe - Außenhandelseinteilung ist, für die es entsprechende Welthandelsdaten gibt; auch hier mußte - wie schon in Tabelle 15 - mit Rücksicht auf Chile eine gegenüber dem sonst verwendeten Beobachtungszeitraum verkürzte Periode betrachtet werden.

Stellt man auf die Positionen SITC (5-8) ab, die eine ungefähre Approximation an die Industriewarenexporte liefern, so zeigt sich, daß in Chile die verbesserte Wettbewerbsposition anteilsmäßig allenfalls bei der SITC-Gruppe 7 als Erklärungsgrund für die Exportausweitung

---

[1] Im einzelnen stellen die Symbole in Gleichung (30) dar:

$X_{i.}$ = Wert der Exporte des Gutes i eines Landes in den Rest der Welt;

X_{ij} = Wert der Exporte des Gutes i eines Landes nach Land j;

r = Prozentualer Anstieg der Weltexporte insgesamt während eines Zeitraums;

r_{ij} = Prozentualer Anstieg des Weltexports des Gutes i nach Land j während eines Zeitraums;

r_i = Prozentualer Anstieg des Weltexports des Gutes i.

Tabelle 16 - Determinanten des Exportwachstums in Chile, Mexiko und Südkorea 1962-1968 (Mill. US-$)

	SITC-Gruppen						
	0-9	0+1	2+4	3	5	7	6+8
Chile							
1. Exporte 1962	532,1	32,5	126,6	-	8,9	1,8	360,7
2. Exporte 1968	935,9	47,5	136,4	0,9	5,7	6,2	739,2
3. Δ Exporte	403,8	15,0	9,8	0,9	- 3,2	4,4	378,5
Davon entfallen auf							
a. Anstieg des Welthandels insgesamt		22,4	87,2	-	6,1	1,2	248,4
b. Veränderte Güterstruktur des Welthandels		- 10,6	- 45,7	-	2,7	0,5	38,4
c. Veränderte Regionalstruktur des Welthandels		2,2	17,6	-	-	- 0,2	81,8
d. Externe Faktoren insgesamt (a+b+c)		14,0	59,1	-	8,8	1,5	368,6
e. Verbesserte Wettbewerbsposition der Exporte		1,0	- 49,3	0,9	- 12,0	2,9	9,9
Mexiko							
1. Exporte 1962	803,0	248,2	282,2	38,9	32,0	9,0	155,9
2. Exporte 1968	1 110,9	460,4	263,2	34,0	68,1	36,0	247,2
3. Δ Exporte	307,9	212,2	- 19,0	- 4,9	36,1	27,0	91,3
Davon entfallen auf							
a. Anstieg des Welthandels insgesamt		195,0	193,6	26,7	22,0	6,2	107,0
b. Veränderte Güterstruktur des Welthandels		- 82,9	- 101,4	- 4,6	10,4	2,5	16,5
c. Veränderte Regionalstruktur des Welthandels		6,1	15,7	- 6,9	3,5	8,1	37,7
d. Externe Faktoren insgesamt (a+b+c)		118,2	107,9	15,2	35,9	16,8	161,2
e. Verbesserte Wettbewerbsposition der Exporte		94,0	- 126,9	- 20,1	0,2	10,2	- 69,9
Südkorea							
1. Exporte 1962	54,8	21,9	19,4	2,8	1,0	1,4	8,1
2. Exporte 1968	455,4	53,1	61,6	2,3	3,1	24,5	310,6
3. Δ Exporte	400,6	31,2	42,2	- 0,5	2,1	23,1	302,5
Davon entfallen auf							
a. Anstieg des Welthandels insgesamt		14,9	13,2	1,9	0,7	1,0	5,5
b. Veränderte Güterstruktur des Welthandels		- 6,3	- 7,0	- 0,3	0,3	0,3	0,9
c. Veränderte Regionalstruktur des Welthandels		15,5	4,7	4,1	0,2	0,8	4,2
d. Externe Faktoren insgesamt (a+b+c)		24,1	10,9	5,7	1,2	2,1	10,6
e. Verbesserte Wettbewerbsposition der Exporte		7,1	31,3	- 6,2	0,9	21,0	291,9

Quelle: Eigene Berechnungen nach UN, "Monthly Bulletin of Statistics", versch. Jgg. - UN, Yearbook of International Trade Statistics, versch. Jgg.

ins Gewicht fällt, wegen des geringen Volumens aber vernachlässigt werden kann; bei den Gruppen SITC (6+8) macht der Beitrag der Wettbewerbspositionen nur knapp 3 vH aus. Von einer verbesserten Wettbewerbslage im Industriewarenbereich kann allein deshalb, aber auch wegen des entsprechenden negativen Ausdrucks bei der SITC-Gruppe 5 nicht gesprochen werden. In Mexiko liegen die Dinge kaum anders; zwar entfällt mit gut 37 vH ein großer Anteil der Exportausweitung bei Maschinen und Fahrzeugen (SITC 7) auf interne Faktoren, doch ist auch hier die Basis klein und kann die beträchtliche Verschlechterung bei den Gruppen SITC (6+8) nicht kompensieren.

Was Südkorea anlangt, so zeigt sich, daß für seinen Exportboom externe Faktoren nur wenig beeinflussend waren. In den Warengruppen SITC (6+8), die das Wachstum nicht nur der Industriewarenausfuhren getragen haben, vermögen sie nur gut 3 vH der tatsächlichen Exportsteigerung zu erklären. Der überragende Teil entfällt auf die verbesserte Wettbewerbsfähigkeit koreanischer Exportprodukte.

84. Es besteht kein Zweifel, daß Ergebnisse, wie sie derartige Berechnungen hervorbringen, ganz wesentlich von der Auswahl der Untersuchungsperiode und dem Grad der Waren- und Marktaggregation abhängen. Wir sind uns dieses Umstands bewußt und halten eine auf diesen Ergebnissen basierende Qualifizierung des Exporterfolgs ohne weitere Überprüfung für äußerst fragwürdig. Gleichwohl sind wir der Meinung, damit einen zusätzlichen Hinweis dafür erhalten zu haben, daß der Industrialisierungsprozeß in Chile, Mexiko und Südkorea - was die Exportfähigkeit der durch die Importsubstitution geschaffenen Industrieaktivitäten anlangt - unterschiedlich erfolgreich verlaufen ist.

b. Spillover-Erfolge und komparative Vorteile

85. So weit das Strukturbild der Exporttätigkeit, das für Chile so gut wie keine Exporterfolge bei industriellen Erzeugnissen erkennen läßt, für Mexiko Exportreife einiger Produkte im Konsumgüter-, Investitionsgüter- und Intermediärbereich aufzeigt und Südkorea als eines der wenigen Entwicklungsländer ausweist, die sich auf breiter Front intensiv in die internationale Arbeitsteilung mit Industriewaren einzuschalten vermochten. Wenn das in Tabelle 16 gezeichnete Bild, das dem Einfluß interner Angebotsbedingungen auf die Exportausweitung industrieller Waren ein so unterschiedliches Erklärungsgewicht in den drei Länderbeispielen gibt und damit bereits vorher gemachte Beobachtungen bestätigt, stimmt, dann muß sich dieses Bild auch in der Auswahl und Beeinflussung der Importsubstitutionsaktivitäten des jeweiligen Landes niederschlagen.

86. Geht man von der These aus, daß sich Exporterfolge im allgemeinen am ehesten realisieren lassen werden, wenn sich Länder auf die Produktion derjenigen Güter spezialisieren, bei denen sie ihre komparativen Vorteile haben oder entwickeln können und die zudem auf eine hohe Einkommenselastizität der Weltnachfrage treffen, dann bedeutet dies auch im Industriewarenbereich die Aufnahme von Industrieaktivitäten, bei denen die in aller Regel reichlich vorhandenen Produktionsfaktoren Rohstoffe und/oder ungelernte Arbeitskräfte besonders intensiv genutzt werden können.

Wenngleich es für die Eroberung von Exportmärkten noch einer Reihe anderer Bedingungen als nur der bedarf, sich in Einklang mit den komparativen Vorteilen zu spezialisieren, so ist doch die Wahrscheinlichkeit beträchtlich, daß Exporterfolge um so größer sein werden, je stärker dem Gesichtspunkt späterer internationaler Wettbewerbsfähigkeit bereits bei der Auswahl der Importsubstitutionsbranchen Rechnung getragen wird. Sofern diese Vermutung zutrifft, müßten sich die unterschiedlichen Erfolge in Chile, Mexiko und Südkorea, Industriewaren im Ausland abzusetzen, auch in der landesspezifischen sektoralen Struktur der Faktorintensitäten andeuten. Dies soll im folgenden überprüft werden.

87. In den Tabellen A 13, A 14 und A 15 sind die Faktorintensitäten für die Verarbeitende Industrie in Chile, Mexiko und Südkorea dargestellt. Zu ihrer Berechnung wurde die von H. B. Lary entwickelte Methode[1] übernommen: Danach bestimmt sich der Grad der Kapitalintensität einer Branche nach dem Ausmaß, in dem die Wertschöpfung pro Beschäftigten dieser Branche vom Industriedurchschnitt abweicht. Die Lary-Methode stützt sich auf die (plausible) Annahme, daß die Lohn- und Gehaltssumme pro Beschäftigten einen guten Indikator für den Qualifikationsgrad der Beschäftigten und die Nicht-Lohnkomponente der Wertschöpfung einen Maßstab für den Sachkapitaleinsatz abgibt. Bezieht man die sektorale Gesamtwertschöpfung pro Beschäftigten auf den entsprechenden Wert für die gesamte Verarbeitende Industrie, so erhält man einen Index, der (je nachdem, ob größer oder kleiner als hundert) auf relativ kapital- oder arbeitsintensive Techniken schließen läßt.

Die Ergebnisse dieser auf 20 ISIC-Branchen angewandten Berechnungsmethode zeigen (Tabellen 17-19), daß in Südkorea der größere Teil der Industriesektoren zu den relativ arbeitsintensiv produzierenden Bereichen gehört, während in den beiden anderen Ländern

---

[1] Vgl. H. B. Lary, Imports of Manufactures from Less Developed Countries. (National Bureau of Economic Research, Studies in International Economic Relations, 4.) New York, London 1968. Kapitel 2.

Tabelle 17 - Faktorintensitäten und Exportintensität der Verarbeitenden Industrie Chiles 1958-1968

ISIC	Sektor	Faktorintensitäten 1967[a]			Anteil am Industriewarenexport (vH)		Veränderung des Exportintensitätsgrades[b] (vH)
		Löhne und Gehälter	sonstige	insgesamt	1958	1968	1968/58
	Relativ arbeitsintensiv produzierende Sektoren						
25	Holz- und Korkprodukte	58	42	46	-	0,0	+ 96,1
26	Möbel	59	44	48	-	-	- 400,0
24	Bekleidung und Schuhe	70	55	59	-	-	-
36	Maschinen (nicht elektrisch)	88	63	69	-	0,2	- 2,4
29	Leder und Lederwaren	98	60	70	0,2	-	- 111,1
35	Metallwaren	88	69	74	-	0,2	+ 66,8
23	Textilwaren	89	74	77	6,1	-	- 146,9
33	Erzeugnisse aus nichtmetallischen Mineralien	99	71	78	-	0,0	- 51,4
39	Sonstige Fertigwaren	80	82	81	-	0,3	+ 16,2
28	Druckerei- und Verlagserzeugnisse	143	69	87	-	0,3	- 464,7
38	Fahrzeuge	99	95	96	-	0,5	-
	Relativ kapitalintensiv produzierende Sektoren						
22	Tabakwaren	206	951	765	-	-	- 4 300,0
34	Eisen und NE-Metalle	189	234	223	91,5	94,6	- 29,4
27	Papier und Papierwaren	155	181	174	-	1,4	+ 238,6
21	Getränke	103	192	170	1,6	0,1	+ 90,5
30	Gummiprodukte	123	160	149	-	-	- 143,1
32	Erdöl- und Kohleprodukte	207	127	147	-	-	+ 53,0
37	Elektromaschinen	118	144	138	-	0,1	- 35,5
31	Chemische Erzeugnisse	122	126	125	-	0,8	- 50,0
20	Nahrungsmittel	93	106	103	0,6	1,5	+ 4,0

[a]Indizes der Wertschöpfung und ihrer Komponenten je Beschäftigten. Ein Index von über 100 in der Spalte Faktorintensitäten insgesamt gibt an, daß der betreffende Sektor relativ kapitalintensiv produziert, während ein Index von unter 100 auf relativ arbeitsintensive Produktionstechniken hinweist. - [b]Grad der Exportintensität berechnet nach: Importe minus Exporte, dividiert durch Bruttoproduktion plus Importe minus Exporte des jeweiligen Sektors.

Quelle: Republica de Chile, Ministerio de Economía, Santiago, III Censo Nacional de Manufacturas. 1960; Industrias manufacturas año 1967. - Eigene Berechnungen. - Vgl. auch Tabellen A 13, A 16.

Tabelle 18 - Faktorintensitäten und Exportintensität der Verarbeitenden Industrie Mexikos 1958-1968

ISIC	Sektor	Faktorintensitäten 1965[a]			Anteil am Industriewarenexport (vH)		Veränderung des Exportintensitätsgrades[b] (vH)
		Löhne und Gehälter	sonstige	insgesamt	1958	1968	1968/58
	Relativ arbeitsintensiv produzierende Sektoren						
35	Metallwaren	99	23	49	-	2,1	+ 38,3
25+ 26	Holz- und Korkprodukte, Möbel	55	47	50	1,3	1,5	- 300,0
23	Textilwaren	99	65	77	9,7	5,4	- 53,4
33	Erzeugnisse aus nichtmetallischen Mineralien	98	68	78	1,4	2,0	+ 83,0
28	Druckerei- und Verlagserzeugnisse	116	64	82	1,0	2,1	- 142,9
38	Fahrzeuge	107	78	88	1,9	1,5	+ 32,9
37	Elektromaschinen	101	84	90	0,2	1,6	+ 34,6
	Relativ kapitalintensiv produzierende Sektoren						
22	Tabakwaren	157	482	370	-	0,1	+ 92,2
34	Eisen und NE-Metalle	183	143	157	25,6	23,5	- 5,6
29	Leder und Lederwaren	77	195	154	0,2	0,6	+ 144,4
21	Getränke	135	154	147	0,2	0,6	+ 80,0
30	Gummiprodukte	148	136	140	0,0	0,2	+ 45,7
27	Papier und Papierwaren	148	128	135	0,1	0,7	+ 29,5
36	Maschinen (nicht elektrisch)	111	139	129	0,9	3,1	+ 26,3
39	Sonstige Fertigwaren	77	139	118	0,9	1,6	+ 26,6
20	Nahrungsmittel	68	139	114	49,9	41,7	- 35,0
24	Bekleidung und Schuhe	58	139	111	1,0	1,1	-
31	Chemische Erzeugnisse	163	69	102	5,8	10,9	+ 57,4

[a]Indizes der Wertschöpfung und ihrer Komponenten je Beschäftigten. Ein Index von über 100 in der Spalte Faktorintensitäten insgesamt gibt an, daß der betreffende Sektor relativ kapitalintensiv produziert, während ein Index von unter 100 auf relativ arbeitsintensive Produktionstechniken hinweist. - [b]Grad der Exportintensität berechnet nach: Importe minus Exporte, dividiert durch Bruttoproduktion plus Importe minus Exporte des jeweiligen Sektors.

Quelle: Estados Unidos Mexicanos, Secretaría de Industria y Comercio, Dirección General de Estadística, VIII Censo Industrial 1966. Datos de 1965. Resumen General. México, D.F., 1967. - UN, CEPAL, Nacional Financiera, S.A., La Política Industrial en el Desarrollo Económico de México, a.a.O. - Eigene Berechnungen. - Vgl. auch Tabellen A 14, A 16.

Tabelle 19 - Faktorintensitäten und Exportintensität der Verarbeitenden Industrie Südkoreas 1958-1968

ISIC	Sektor	Faktorintensitäten 1968[a]			Anteil am Industriewarenexport (vH)		Veränderung des Exportintensitätsgrades[b] (vH)
		Löhne und Gehälter	sonstige	insgesamt	1958	1968	1968/58
	Relativ arbeitsintensiv produzierende Sektoren						
39	Sonstige Fertigwaren	72	51	57	2,9	11,4	+ 408,7
23	Textilwaren	83	54	61	18,2	16,6	- 100,0
24	Bekleidung	84	54	61	-	30,4	+ 8 332,4
30	Gummiprodukte	92	53	63	-	0,7	+ 500,0
36	Maschinen (nicht elektrisch)	103	58	69	-	1,1	- 74,0
29	Leder und Lederwaren	90	73	77	-	0,001	- 6 900,0
34 35	Eisen und NE-Metalle Metallwaren	104	74	81	3,4	3,4	- 39,9
25 26	Holz- und Korkprodukte Möbel	89	82	84	-	18,1	+ 6 436,4
20	Nahrungsmittel	74	93	88	47,9	11,4	- 27,1
28	Druckerei- und Verlagserzeugnisse	159	66	89	-	-	- 173,9
33	Erzeugnisse aus nichtmetallischen Mineralien	87	93	92	-	0,2	+ 54,0
37	Elektromaschinen	114	86	94	0,1	5,1	+ 19,0
38	Fahrzeuge	126	89	99	-	0,4	- 82,3
	Relativ kapitalintensiv produzierende Sektoren						
21 22	Getränke Tabakwaren	123	409	336	-	2,8	+ 97,9
32	Erdöl- und Kohleprodukte	109	348	287	-	-	+ 88,0
31	Chemische Erzeugnisse	183	211	204	0,2	0,8	+ 47,2
27	Papier und Papierwaren	108	119	116	-	0,2	+ 83,1

[a]Indizes der Wertschöpfung und ihrer Komponenten je Beschäftigten. Ein Index von über 100 in der Spalte Faktorintensitäten insgesamt gibt an, daß der betreffende Sektor relativ kapitalintensiv produziert, während ein Index von unter 100 auf relativ arbeitsintensive Produktionstechniken hinweist. - [b]Grad der Exportintensität berechnet nach: Importe minus Exporte, dividiert durch Bruttoproduktion plus Importe minus Exporte des jeweiligen Sektors.

Quelle: The Bank of Korea, Economic Statistics Yearbook 1970. - Eigene Berechnungen. - Vgl. auch Tabellen A 15, A 16.

etwa gleich viel Industrieaktivitäten auf die beiden Gruppierungen entfallen. Wie zu erwarten, weisen in Mexiko und Chile jene Branchen eine überdurchschnittliche Kapitalintensität auf, die schon in Südkorea als vergleichsweise kapitalintensiv identifiziert wurden. Damit bestätigt sich auch hier das aus anderen Ländervergleichen gewonnene Bild weitgehender Irreversibilität der Faktorintensitäten[1].

Vergleicht man nun die nach dem Lary-Kriterium als relativ arbeitsintensiv bzw. relativ kapitalintensiv klassifizierten Industriesektoren mit dem Anteil, den die jeweilige Branche am Export industrieller Waren hat, dann wird sichtbar, daß nur in Südkorea die relativ arbeitsintensiven Branchen Exporterfolge erzielen konnten. Noch deutlicher wird dieser Eindruck, wenn man auf die Veränderung des Exportintensitätsgrades im Zeitablauf abstellt, der ein gutes Maß für die Zu- oder Abnahme der Exportorientierung eines Sektors abgibt. Die Gruppe der arbeitsintensiven Bereiche in Südkorea, auf die mehr als 90 vH der Gesamtexporte entfallen, enthalten Branchen wie Bekleidung, Holzprodukte und Möbel, Gummiprodukte sowie Sonstige Fertigwaren, deren Exportorientierung während des Beobachtungszeitraums am stärksten zugenommen hat (ihr Anteil an den gesamten Industrieausfuhren betrug 1968 gut 60 vH). In Chile beläuft sich der Exportanteil der arbeitsintensiv erstellten Produkte zum gleichen Zeitpunkt auf nur 1,5 vH, während er in Mexiko knapp 16 vH ausmacht.

88. Da auch in Chile und Mexiko die Faktorausstattung eher durch Reichtum an Rohstoffen und (zumeist noch wenig qualifizierten) Arbeitskräften als an Sach- und Ausbildungskapital gekennzeichnet ist, mag es erstaunen, daß diese beiden Länder offenbar einen größeren Anteil technisch höher entwickelter und damit in aller Regel auch kapitalintensiver erzeugter als relativ arbeitsintensiv produzierter Güter auf Auslandsmärkten abzusetzen vermochten. Auch wenn man diese Beobachtung angesichts des selbst 1968 noch geringen Exportvolumens in Chile und Mexiko vorsichtig bewerten muß, glauben wir doch, damit eine weitere Bestätigung der (schon an anderer Stelle geäußerten) Ansicht gefunden zu haben, daß die in dieser Hinsicht festgestellten Unterschiede zwischen Südkorea einerseits und Chile/Mexiko andererseits ein Reflex der dort praktizierten Industrialisierungspolitik sind. Darauf soll nun näher eingegangen werden; beginnen wir mit Südkorea.

89. In Südkorea kann man die Industrialisierungspolitik in drei Phasen einteilen. Während der ersten Phase, die von der Teilung des

---

[1] Vgl. Lary, a.a.O., Kapitel 2 und 3.

Landes im Jahre 1945 bis etwa 1960 reicht, lag das Schwergewicht der Maßnahmen bei quantitativen Importrestriktionen, mit denen man die Zunahme des Zahlungsbilanzdrucks zu mildern suchte. Obgleich bereits in der zweiten Hälfte der fünfziger Jahre mit dem Aufbau eines Exportförderungssystems begonnen wurde, dominierten in dieser Dekade die Importsubstitutionsbemühungen, die so ausgeprägt waren, daß es zu einer Diskriminierung gegenüber Exporten kam (vgl. Ziff. 90). Die zweite Phase (von 1960 bis 1964) ist gekennzeichnet durch eine Verfeinerung der Exportförderungsmaßnahmen, die zu dem spektakulären Exporterfolg nach der Abwertung des Won im Jahre 1964 führte. Zurückzuführen war dieser Umschwung auf die Amtsübernahme einer zivilen Regierung, deren liberale Einstellung sich in den folgenden Jahren deutlich in der Wirtschaftspolitik niederschlagen sollte. Das Jahr 1964 stellt den Beginn der dritten Phase dar, einer Phase, in die - wie noch zu zeigen ist - nicht nur die erfolgreichsten wirtschaftspolitischen Maßnahmen fallen, sondern die überhaupt die einzige Periode einer längerfristig geplanten Industrialisierungspolitik in Südkorea ist[1]. Bevor wir überprüfen wollen, welches die Gründe für den im Vergleich zu den beiden anderen Ländern so erfolgreichen spillover sind, seien kurz die wichtigsten wirtschaftspolitischen Ereignisse in den drei Phasen dargestellt.

(a) 1945-1960

Wesentliches Merkmal dieser Periode war die Einrichtung eines Systems multipler Wechselkurse, das je nach Art der Importe und dem Ursprung der Deviseneinnahmen unterschiedliche Raten vorsah. Die Devisen wurden versteigert oder verlost; außerdem wurde eine Devisensteuer erhoben. Ebenfalls der Zahlungsbilanzentlastung sollte die Kontrolle der Importe dienen; sie wurde durch ein Quotensystem geregelt, das im halbjährigen Rhythmus revidiert werden konnte. Das Zollsystem sah eine niedrige Belastung für unbearbeitete Güter und hohe Zollsätze für Fertigwaren und Luxusgüter vor. Agrarische Primärgüter, Industrierohstoffe sowie wichtige industrielle Inputgüter, die im Inland nicht hergestellt wurden, waren von der Zollbelastung ausgenommen. Zollfreiheit beim Import von Investitionsgütern und intermediären Produkten genossen vor allem die wichtigsten Importsubstitutionsindustrien. Auch der Export wurde in vielfältiger Weise begünstigt: Die weitaus bedeutendste Maßnahme war die Möglichkeit des Umtausches von Exporterlösen in Devisenzertifikate, die auf dem

[1] Vgl. I. Adelman (Ed.), Practical Approaches to Development Planning. Korea's 2. Five-Year-Plan. Baltimore, Md., 1969. - R.D. Norton, The South Korean Economy in the 1960s. Washington 1971.

freien Devisenmarkt über pari gehandelt wurden. Im Rahmen eines sogenannten export-import-link-Systems waren Inhaber von Devisenzertifikaten berechtigt, bestimmte Güter zu importieren, deren Einfuhr sonst nicht genehmigt wurde. Daneben erhielten Exporteure sowohl Subventionen in Form direkter Zuwendungen, deren Höhe sich nach der Art des Exports richtete, als auch Kredite zu bevorzugten Konditionen; die Bedeutung der beiden letztgenannten Vergünstigungen blieb jedoch während dieser Periode gering.

(b) 1960-1963

Im Jahre 1961 wurde das System multipler Wechselkurse durch einen einheitlichen Wechselkurs ersetzt. Der Übergang zum Einheitskurs (130 Won per US-$) vermochte die Exporteinnahmen allerdings nicht merkbar zu erhöhen, da der neue Wechselkurs unter dem lag, der sich auf dem freien Markt für die Exporterlöse ergeben hatte; Importeure dagegen hatten pro Deviseneinheit um 40 vH mehr an heimischer Währung aufzuwenden. Die Importkontrollen wurden während dieser Periode generell verschärft: Vergabe von Importlizenzen im Rahmen der halbjährigen Außenhandelsprogramme und selektive Einfuhrverbote. In dieselbe Zeit fallen Bemühungen, die Exportaktivitäten stärker zu stimulieren. Die ohnehin niedrigen Raten für Zinsen auf Exportkredite wurden weiter verringert, und die Kreditsumme pro Exporteinheit wurde erhöht. Zusätzlich dazu wurde die Körperschaftsteuer aus Exportgewinnen um 50 vH gekürzt und Freiheit von indirekten Steuern (sowohl für den Kauf von Inputgütern als auch bei Exportgeschäften) gewährt. Die Vergabe von Importlizenzen wurde an das Kriterium nachgewiesener Exporttätigkeit bestimmten Umfangs geknüpft.

(c) 1964-1970

Die Zahlungsbilanzkrise, die Ende 1963 zur kurzfristigen Wiedereinführung multipler Wechselkurse geführt hatte, konnte Anfang 1964 behoben werden, nachdem sich der Won nach Etablierung eines einheitlichen, floatenden Kurses stark abgewertet (255 Won per US-$) hatte. Eine zweite wichtige Maßnahme Mitte der sechziger Jahre war die Erhöhung des Zinses für Kredite von 16 auf 26 vH. Da die Zinsrate für Exportkredite auf ihrem alten Niveau belassen wurde, erhöhte sich damit der relative Subventionseffekt für Exporteure. Parallel zu den währungs- und zinspolitischen Maßnahmen gelang es, durch eine administrative Reform der Steuererhebung den Anteil der Steuereinnahmen am Sozialprodukt beträchtlich zu erhöhen sowie mit Hilfe eines Preisstabilisierungsprogramms den Preisauftrieb in Grenzen zu halten (Änderung des

Großhandelspreisindex 1968/64: knapp 40 vH). Nach der Won-Abwertung von 1964 wurde die Zahl der unbeschränkt importierbaren Waren zunehmend erhöht. Eine weitere Liberalisierungsmaßnahme stellte die Umwandlung des sogenannten Positiv-Listensystems in das Negativ-Listensystem dar (1967); nunmehr waren alle Produkte, die nicht in der Negativ-Liste aufgeführt wurden, automatisch für den Import genehmigt[1]. Die 1949 geschaffene Struktur der Zollraten war praktisch bis 1967 unverändert geblieben und wurde - abgesehen von kleinen Korrekturen an den Höchstsätzen - auch von der Zollreform (Ende 1967) kaum berührt; insgesamt gesehen bedeuteten die aus administrativen Gründen vorgenommenen Änderungen an den Zollraten eine leichte Erhöhung des Niveaus. Unter den Exportanreizen ist die Senkung der Vorzugszinsrate auf Kredite für Betriebskapital (1967) auf 6 vH (1960: 14 vH) zu nennen. Im Jahre 1965 wurden die für Exporteure geltenden Regelungen auch auf die Produzenten indirekter Exporte, d.h. intermediärer Waren, die für die Exportproduktion verwendet wurden, ausgedehnt. Wie die selbst exportierenden Unternehmen, genossen auch diese Industrien eine vollständige Zollbefreiung für importierte Inputgüter und die Vergünstigung beschleunigter Abschreibungsmöglichkeiten[2].

90. Rückblickend haben sich die Überlegungen der wirtschaftspolitisch Verantwortlichen in Südkorea, die Importsubstitution ausschließlich auf den Konsumgütersektor zu konzentrieren, als richtig erwiesen[3]. Da in diesen Branchen der erforderliche Kapitaleinsatz pro Produkteinheit geringer ist als etwa im Investitionsgütersektor oder im intermediären Sektor, reagierten die privaten Unternehmer relativ schnell auf die Investitionsanreize, die durch das Zurück-

---

[1] Das Ministerium für Handel und Industrie war für die Kontrolle des Listensystems zuständig. Es bestimmte die "verbotenen" und "eingeschränkten" Waren eines Handelsprogramms, das alle sechs Monate revidiert wurde. Für alle eingeschränkten Waren war eine Importlizenz erforderlich, nicht alle diese Güter unterlagen jedoch der Mengenregelung.

[2] Das Exportförderungsprogramm umfaßt auch zwei Organisationen, die finanzielle und absatzpolitische Hilfestellung beim Aufbau und Vertrieb industrieller Exportwaren leisten: Korea Trade Promotion Corporation (KOTRA) und Korea Exchange Bank; darüber hinaus wurde 1970 eine freie Exportzone (Mazan) eingerichtet.

[3] Die Importbeschränkung anderer als der Konsumgüter hätte dagegen die Aufrechterhaltung der Produktion bereits bestehender Industrien in Frage gestellt und damit den Ende der fünfziger Jahre erreichten Beschäftigungsgrad gefährdet.

drängen ausländischer Konkurrenz entstanden waren. Dank eines elastischen Angebots an Unternehmerfähigkeiten entstand innerhalb relativ kurzer Zeit eine diversifizierte Konsumgüterindustrie, die zur Basis des späteren Exporterfolges wurde. Abgesehen von einer kurzen Phase, in der Südkorea unter stärkeren Inflationsdruck geriet (Ende der fünfziger Jahre), weil die verhängten Importrestriktionen nicht von einer entsprechenden Dämpfung der inländischen Konsumneigung begleitet wurden und weil hohe Schutzzölle den jungen Industrien Preiserhöhungsspielräume sicherten (die diese auch wahrnahmen), konnte die in anderen Ländern zu beobachtende entwicklungspolitische Sackgasse als Folge der Importsubstitution in Südkorea vermieden werden, weil es der koreanischen Industrialisierungspolitik relativ rasch gelang, die Importsubstitutionsindustrien durch Abbau der Protektion und durch Gewährung kompensierender Exportförderungsmaßnahmen zu Exportanbietern zu machen.

Ein Beleg für den Umschwung in der Industrialisierungspolitik, der sich in einer ständig zunehmenden Förderung der Exportindustrien niedergeschlagen hat, findet sich in Berechnungen der effektiven Wechselkurse[1] für Export- und Importgüter, die von der Bank of Korea vorgenommen wurden (Tabelle 20). Ende 1964, als der reale effektive Wechselkurs für Exporte 305 Won pro US-$ erreicht hatte, waren die wichtigsten Exportförderungsmaßnahmen in Kraft gesetzt. In den folgenden Jahren war der Won zunehmend überbewertet, weil der Kurs des "floatenden" Won weniger stark anstieg, als es der Differenz der Inflationsraten zwischen Korea und dem Ausland entsprach. Folglich waren nach 1964 zusätzliche Exportsubventionen nötig, um den realen effektiven Wechselkurs für Exporte bei etwa 300 Won pro US-$ zu halten; die Subventionen stiegen zwischen 1964 und 1970 von 27,4 auf 86,7 Won pro US-$ Exporterlös. Was die Einfuhren anbelangt, so hatte sich der reale effektive Wechselkurs für Importwaren nach den Abwertungen von 1961 und 1964 leicht erhöht. Mit der Neuordnung der Währungspolitik dagegen verringerte sich diese Rate von 291,4 (1964) auf 262,3 Won pro US-$ im Jahre 1970, was einer Mehrbelastung der Importe (pro US-$) von gut 40 vH entspricht. Ver-

[1] Der effektive Wechselkurs für Exporte berücksichtigt die oben erwähnten direkten Subventionszahlungen, Zollbefreiungen für Inputgüter, Befreiungen von indirekten und direkten Steuern sowie Zinsvergünstigungen. Der effektive Wechselkurs für Importgüter ist ein gewichtetes Mittel der Kurse auf dem freien Markt und des offiziellen Kurses und enthält Zolleinnahmen und andere Zolläquivalente; er ist also ein Maß für die Summe der tatsächlich bezahlten/erhaltenen heimischen Währungseinheiten für eine 1-US-$-Außenhandelstransaktion.

Tabelle 20 - Effektive Wechselkurse für Exporte und Importe in Südkorea 1958-1970

	Exporte							Importe						
	1958	1960	1962	1964	1966	1968	1970	1958	1960	1962	1964	1966	1968	1970
Tatsächlicher Wechselkurs (Won/US-$)	50,0	62,5	130,0	214,3	271,3	276,6	310,7	50,0	62,5	130,0	214,3	271,3	276,6	310,7
Exportprämie in Won pro US-$ Exporterlös	64,0	83,9	-	39,7	-	-	-	-	-	-	-	-	-	-
Subvention in Won pro US-$ Exporterlös	1,2	1,2	21,5	27,4	51,6	77,7	86,7	-	-	-	-	-	-	-
Belastung in Won pro US-$ Importausgabe	-	-	-	-	-	-	-	n.v.	n.v.	23,3	50,6	53,5	71,3	72,0
Nominaler effektiver Wechselkurs (Won/US-$)	115,2	147,6	151,5	281,4	322,9	354,3	397,4	n.v.	n.v.	153,3	264,9	324,8	347,9	382,7
Realer effektiver Wechselkurs[a] (Won/US-$)	288,7	326,5	270,5	309,6	296,8	283,0	272,4	n.v.	n.v.	273,8	291,4	298,5	277,8	262,3

n.v. = nicht vorhanden. - [a]Berechnet unter Verwendung des Großhandelspreisindex (1965 = 100).

Quelle: The Bank of Korea und das Ministry of Finance, Seoul. - The United States Agency for International Development, Washington.

gleicht man die Entwicklung der realen effektiven Wechselkurse für Exporte und Importe, so zeigt sich, daß sich die relative Begünstigung der Exportindustrien in der Zeit zwischen 1964 und 1970 als Folge der zunehmenden Überbewertung des Won verstärkt hat, während die der Importsubstitutionsindustrien vermindert wurde.

91. Die Berechnungen über die Entwicklung der realen effektiven Wechselkurse für Exporte und Importgüter vermögen zwar Anhaltspunkte dafür zu liefern, daß die koreanische Wirtschaftspolitik bewußt versucht hat, der Exportförderung Priorität gegenüber der Importsubstitution einzuräumen. Aus der zunehmenden Begünstigung der Exportaktivitäten durch den stärker subventionierten Wechselkurs für Exporte läßt sich indes nicht schließen, daß den Exporten auch tatsächlich ein höherer Schutz gewährt wurde. Ein genaues Bild über die Schutzwirkung der in Ziff. 89 geschilderten wirtschaftspolitischen Maßnahmen läßt sich gewinnen, wenn man statt auf die nominale Protektion (wie sie in den effektiven Wechselkursen der Tabelle 20 zum Ausdruck kommt) auf den effektiven Schutz abstellt, den einzelne Industrien infolge der erlassenen Vergünstigungen genossen. Das bereits an anderer Stelle erwähnte Konzept der effektiven Protektion (Ziff. 19) kann dies leisten. Es hat gegenüber dem Nominalschutzkonzept den Vorteil, anzuzeigen, um wieviel die inländischen Produktionskosten (Wertschöpfung) dank der gewährten Protektion höher liegen können als die Produktionskosten ausländischer Konkurrenten. Die Höhe der Schutzwirkung hängt dabei davon ab, wie sich der im einzelnen gewährte Schutz (z.B. Zölle) auf das Enderzeugnis einerseits und auf die Rohstoffe und Zwischenprodukte andererseits, die in das Enderzeugnis eingehen, verteilen. Während ein Zoll auf ein importiertes Endprodukt wie eine Subventionierung der entsprechenden heimischen Industrie wirkt, entspricht ein Zoll auf Inputgüter einer indirekten Besteuerung der Branchen, die diese Inputgüter verwenden. Das Konzept der effektiven Protektion gestattet es, den Nettoeffekt von handelspolitischen Maßnahmen für einzelne Branchen zu quantifizieren, indem es bestehende interindustrielle Verflechtungen berücksichtigt.

Tabelle 21 enthält Berechnungen über den Grad der effektiven Protektion einzelner Branchen in Südkorea, differenziert nach Exporten und inländischen Verkäufen:
Außer in den Sektoren Intermediäre Produkte II, Dauerhafte Konsumgüter, Maschinen und Transportausrüstung genießen Exporte einen höheren effektiven Schutz als inländische Verkäufe. Grundsätzlich läßt sich feststellen, daß die Protektion Exporte dort stärker begünstigt, wo die effektive Protektion inländischer Verkäufe - als Folge höherer nominaler Protektion für Inputgüter als für Endprodukte -

Tabelle 21 - Effektive Protektion[a] und effektive Subventionierung[b] ausgewählter Industriebranchen in Südkorea 1968 (vH)

Sektor	Exporte	Inländische Verkäufe	Durchschnitt
<u>Effektive Protektion</u>			
1. Nahrungsmittel	- 2,7	- 18,2	- 17,0
2. Getränke und Tabakwaren	- 1,9	- 19,3	- 18,6
3. Konstruktionsmaterial	- 5,2	- 11,5	- 11,3
4. Intermediäre Produkte I	31,0	- 25,5	- 19,5
5. Intermediäre Produkte II	- 0,2	26,1	24,2
6. Kurzlebige Konsumgüter	- 1,9	- 10,9	- 8,5
7. Dauerhafte Konsumgüter	- 4,7	64,4	51,0
8. Maschinen	- 12,7	44,2	42,9
9. Transportausrüstung	- 53,1	163,9	163,5
<u>Effektive Subventionierung</u>			
1. Nahrungsmittel	2,3	- 25,2	- 23,0
2. Getränke und Tabakwaren	14,5	- 25,8	- 24,2
3. Konstruktionsmaterial	5,9	- 16,9	- 15,9
4. Intermediäre Produkte I	43,4	- 29,7	- 21,9
5. Intermediäre Produkte II	17,5	19,6	19,5
6. Kurzlebige Konsumgüter	5,4	- 20,6	- 14,7
7. Dauerhafte Konsumgüter	2,4	38,2	31,2
8. Maschinen	5,2	31,5	30,9
9. Transportausrüstung	- 22,8	159,1	158,7

[a]Berechnungen nach der Balassa-Methode. - [b]Verfeinertes Maß der effektiven Protektion unter Berücksichtigung von Einkommensteuerbefreiungen, beschleunigten Abschreibungen sowie Kreditvergünstigungen.

Quelle: C.R. Frank Jr., K.S. Kim, L.E. Westphal, Foreign Trade Regimes and Economic Development: South Korea. Tabelle 10.3. (Unveröff. Manuskript.)

negativ ist. An dem Bild einer relativen Begünstigung der Exporte ändert sich auch nichts, wenn man statt auf die effektive Protektion auf das verfeinerte Maß der effektiven Subventionierung abstellt, bei dem zusätzlich Einkommensteuerbefreiungen, beschleunigte Abschreibungen sowie Kreditvergünstigungen berücksichtigt werden.

92. Der Umschwung in der Industrialisierungsstrategie Südkoreas hat sich also in der effektiven Protektionswirkung der angewandten Maßnahmen niedergeschlagen. Abgesehen von den oben erwähnten Importsubstitutionsbereichen (Exportanteil an den Gesamtexporten knapp 6 vH) kommen die Industrialisierungsmaßnahmen bevorzugt den Exporten zugute. Daß die Exportförderungsmaßnahmen auch gewirkt haben, es also gelang, auf breiter Basis mit Industriewaren auf Auslandsmärkten vorzudringen, wird durch die Außenhandelsstatistiken in eindrucksvoller Weise belegt. Damit erweist sich Südkorea als ein Beispiel dafür, daß eine Industrialisierung, die binnenmarktorientiert beginnt, den spillover zur Exportfähigkeit nicht notwendigerweise behindert, sondern sehr wohl in der Lage ist, jene Faktoren zu mobilisieren, auf deren Basis Exportförderungsmaßnahmen wirksam werden können[1]. Wenngleich der Erfolg der koreanischen Industrialisierungsstrategie im großen und ganzen kaum zu bestreiten

---

[1] Diese Beobachtung deckt sich mit den Ergebnissen anderer Länderuntersuchungen: J.N. Bhagwati, P. Desai, India-Planning for Industrialization. Industrialization and Trade Policies since 1951. London, New York, Bombay 1970. - J.B. Donges, Die Entwicklungsländer als Anbieter industrieller Erzeugnisse. "Die Weltwirtschaft", 1971, H. 1, S. 41 ff. - Derselbe, From an Autarchic Towards a Cautiously Outward-Looking Industrialization Policy: The Case of Spain. "Weltwirtschaftliches Archiv", Bd. 107 (1971 II), S. 33 ff. - H. Hesse, Promotion of Manufactured Exports as Development Strategy of Semi-Industrialized Countries: The Brazilian Case. Ebenda, Bd. 108 (1972), S. 235 ff. - W. Hong, Industrialization and Trade in Manufactures: The East Asian Experience. In: P.B. Kenen, R. Lawrence (Eds.), The Open Economy. Essays on International Trade and Finance. (Columbia Studies in Economics, 1.) New York, London 1968. S. 213 ff. - H. Chun Kim, Koreas Exporterfolge 1960-1969. "Finanzierung und Entwicklung", Jg. 8 (1971), Nr. 1, S. 14 ff. - S.R. Lewis Jr., Pakistan: Industrialization and Trade Policies. London, New York, Karachi 1970. - W.G. Tyler, Export Diversification and the Promotion of Manufactured Exports in Brazil. Rio de Janeiro 1969. (Unveröff. Manuskript.) - B. Balassa, Industrial Policies in Taiwan and Korea. "Weltwirtschaftliches Archiv", Bd. 106 (1971 I), S. 55 ff.

ist, so kann die koreanische Industrialisierungspolitik nicht uneingeschränkt als Imitationsmodell angesehen werden. Diese Einschränkung ergibt sich aus dem Ergebnis von Untersuchungen, die die gesamtwirtschaftlichen Kosten des Förderungssystems abzuschätzen versuchen. Die von L.E. Westphal und K.S. Kim[1] erstellten Berechnungen wurden unter Anwendung des sogenannten Domestic-Resource-Cost-Konzepts (im folgenden DRC) gewonnen[2], das die Kosten der Verwendung inländischer Ressourcen, die notwendig sind, eine Gütereinheit im Inland zu produzieren, der durch diese Produktion bewirkten Devisenersparnis (oder im Falle eines exportierten Gutes: dem Devisenerlös) gegenüberstellt. Nehmen wir den Fall einer Volkswirtschaft an, in der die Kosten des Einsatzes heimischer Ressourcen (Wertschöpfung) auf einer bestimmten Verarbeitungsstufe durch W, der Weltmarktpreis des erstellten Gutes durch P, der Wert der importierten Inputgüter pro Outputeinheit durch N und die Elemente der Matrix des direkten und indirekten heimischen Inputbedarfs durch s_{ij} bestimmt sind, dann ergeben sich die Kosten einer gesparten/erlösten Deviseneinheit durch das Gut i aus[3]:

$$DRC_i = \frac{\sum_i W_i s_{ij}}{P_i - \sum_i N_i s_{ij}}$$

Der Zähler des Quotienten gibt das mathematische Produkt aus der Wertschöpfung (bei gegebener Verarbeitungsstufe) und direktem und indirektem Inputbedarf an und ist damit ein Ausdruck für die Opportunitätskosten der heimischen Produktion des Gutes i. Der Nenner bezeichnet die Wertschöpfung der inländischen Produktionsfaktoren in der Industrie i - bewertet zu Weltmarktpreisen. Ist DRC_i kleiner als der offizielle (Gleichgewichts-)Wechselkurs, so bedeutet die Importsubstitution/der Export des Gutes i einen volkswirtschaftlichen Nettogewinn.

---

[1] Vgl. Westphal, Kim, a.a.O., S. 56 ff.

[2] Vgl. dazu M. Bruno, The Optimal Selection of Export-Promoting and Import-Substituting Projects. In: Planning the External Sector: Techniques, Problems and Policies. Report on the First Inter-regional Seminar on Development Planning. Ankara, Turkey, 6-17 September 1965. UN, New York 1967. S. 88 ff. - A.O. Krueger, Some Economic Costs of Exchange Control: The Turkish Case. "The Journal of Political Economy", Vol. 74 (1966), S. 466 ff.

[3] Die Anwendung des Konzepts impliziert folgende Bedingungen: Vollständiger Wettbewerb auf den Faktor- und Gütermärkten, keine nontradable Güter, unendliche Elastizitäten des Importangebots, Produktionsfunktionen mit konstanten intermediären Inputkoeffizienten.

Tabelle 22 - Domestic Resource Costs[a] ausgewählter Industriebranchen in Südkorea 1968 (vH)

Sektor	DRC	Rang der Sektoren	DRC*	Rang der Sektoren
1. Nahrungsmittel	- 13,0	2	- 14,6	2
2. Getränke und Tabakwaren	- 11,3	4	- 13,9	3
3. Konstruktionsmaterial	- 14,9	1	- 17,5	1
4. Intermediäre Produkte I	- 12,4	3	- 13,9	3
5. Intermediäre Produkte II	16,2	6	12,9	8
6. Kurzlebige Konsumgüter	- 9,5	5	- 13,5	5
7. Dauerhafte Konsumgüter	21,3	8	11,2	6
8. Maschinen	17,6	7	11,4	7
9. Transportausrüstung	69,0	9	66,7	9

*Unter Berücksichtigung von Einkommensteuerbefreiungen, beschleunigten Abschreibungen sowie Kreditvergünstigungen. - [a]Prozentuale Abweichung vom Gleichgewichtswechselkurs.

Quelle: Westphal, Kim, a.a.O., Tabellen 5 A, 5 B.

93. Tabelle 22 enthält die von Westphal und Kim ermittelten Ergebnisse für ausgewählte Industriebranchen in Südkorea. Die sektoralen DRC-Werte sind dort als prozentuale Abweichung vom Gleichgewichtswechselkurs angegeben. Negative DRC-Werte weisen Sektoren aus, deren Importsubstitution/Exportaktivität einen gesamtwirtschaftlichen Nettogewinn erbracht hat; dieser ist um so höher, je größer die negative prozentuale Abweichung vom Gleichgewichtskurs ist. Im Rahmen der hier gewählten Aggregation zeigen - nach beiden DRC-Maßen - fünf von neun Sektoren gesamtwirtschaftliche Nettogewinne[1]. Es sind dies ihrer Rangfolge nach: Konstruktionsmaterial, Nahrungsmittel, Intermediäre Produkte I, Getränke und Tabakwaren sowie Kurzlebige

---

[1] Diese Beurteilung wird ex definitione durch die Annahme der Übereinstimmung von beobachtetem und gleichgewichtigem Wechselkurs bestimmt. Die Identifizierung eines gesamtwirtschaftlichen Nettogewinns für diese fünf Sektoren läßt sich den Ergebnissen zufolge aufrechterhalten, selbst wenn der Won gegenüber dem Dollar bis zu 9,5 vH (bzw. bis zu 13,5 vH im Falle des zweiten DRC-Konzepts) überbewertet gewesen sein sollte.

Konsumgüter. Ein Rangkorrelationstest zwischen effektiver Subventionierung und DRC-Raten zeigt ein großes Maß an Übereinstimmung: Korrelationskoeffizient 0,96 bei 1 vH Irrtumswahrscheinlichkeit.

Ein Vergleich zwischen den sektoralen Raten der effektiven Subventionierung und den entsprechenden DRC-Werten gibt Aufschluß über die relative Effizienz inländischer Industrien, die Inputgüter anbieten (Tabellen 21 und 22). In nahezu allen Sektoren sind die absoluten DRC-Werte niedriger als die entsprechenden (durchschnittlichen) effektiven Subventionsraten. Dies läßt vermuten, daß die oben nach dem DRC-Kriterium identifizierten fünf Sektoren auch die Bereiche sind, bei denen Koreas (statische) komparative Vorteile liegen. Innerhalb dieser Aktivitäten dominieren Export- und Nicht-Importsubstitutionsaktivitäten, während bei den übrigen vier Sektoren die Importsubstitutionsaktivitäten in der Mehrzahl sind, deren Domestic Resource Costs den Gleichgewichtswechselkurs übersteigen (Tabelle 23); im Sektor Transportausrüstung liegen den Berechnungen zufolge die größten komparativen Nachteile des Landes.

94. Das in den Tabellen 22 und 23 gezeichnete Bild der gesamtwirtschaftlichen Effizienz der Förderungsmaßnahmen läßt erkennen, daß es in Südkorea eine Reihe von Sektoren gibt, bei denen die staatliche Förderung von Importsubstitutions- bzw. Exportaktivitäten zu gesamtwirtschaftlichen Nettoverlusten geführt hat. Zu einem ähnlichen Ergebnis kommt eine Untersuchung der Korea Trade Promotion Corporation (KOTRA), die der Analyse von Exportanreizen und der Wettbewerbsfähigkeit koreanischer Exportprodukte gewidmet ist[1]. Der Grund für die geringe Effizienz der umfangreichen Exportförderungsmaßnahmen wird dort in dem Umstand erblickt, daß die Vergabe von Vergünstigungen in Korea nicht an die Höhe der Wertschöpfung, sondern an die der Bruttoproduktion geknüpft wurde und daß damit Industrien in unterschiedlichem Maße für eine Einheit Nettodevisenerlöse subventioniert worden sind. Ein Beispiel macht den Unterschied deutlich. Nehmen wir den Fall zweier Exportgüter an, von denen ein Gut einen hohen, das andere aber einen niedrigen Anteil an importierten Inputs hat; würden bei beiden Gütern die Vorleistungen zu Weltmarktpreisen importiert, dann würde eine gleiche Exportsubventionsrate bei der Berechnung nach der Bruttoproduktion für das Produkt mit dem hohen Anteil an importierten Inputs eine höhere Protektionsrate ergeben als bei einer Berechnung nach der Wertschöpfung[2]. Die von der

---

[1] KOTRA, A Study of the Comparative International Competitive Strength of Export Industries. Seoul 1969. S. 178-194.

[2] Vgl. UNCTAD, Incentives for Industrial Exports. Study by the Secretariat of UNCTAD. New York 1970. S. 9 f.

Tabelle 23 - Domestic Resource Costs[a] der Verarbeitenden Industrie nach verschiedenen Handelskategorien in Südkorea 1968 (vH)

Sektor	DRC	DRC*
1. Exportindustrien	- 7,6	- 8,9
2. Importsubstitutionsindustrien	37,3	35,6
3. Nicht-Importsubstitutionsindustrien	- 13,0	- 17,2
4. Export- und Importsubstitutionsindustrien insgesamt	15,3	12,0
5. Verarbeitende Industrie insgesamt	- 1,2	- 4,1

*Unter Berücksichtigung von Einkommensteuerbefreiungen, beschleunigten Abschreibungen sowie Kreditvergünstigungen. - [a]Prozentuale Abweichung vom Gleichgewichtswechselkurs.

Quelle: Westphal, Kim, a.a.O., Tabellen 6 A, 6 B.

KOTRA durchgeführte Untersuchung zeigt für eine ganze Reihe von Exportprodukten eine negative Wertschöpfung; eine negative Wertschöpfung bedeutet aber nichts anderes, als daß die zu Weltmarktpreisen bewerteten Vorleistungen größer sind als die ebenfalls zu Weltmarktpreisen bewertete Produktion.

95. Aus den angedeuteten Schwächen des Exportförderungssystems kann jedoch nicht der Schluß gezogen werden, der spillover von der Importsubstitution zur Exporttätigkeit sei nicht erfolgreich gewesen; dagegen spricht schon das Wachstum der industriellen Exporte, selbst wenn man berücksichtigt, daß eine durchschnittliche jährliche Zuwachsrate von über 85 vH (1958-1968) wegen des nur geringen Niveaus zu Beginn der Beobachtungsdekade relativ wenig aussagt. Von wesentlich größerer Bedeutung ist es, daß nahezu alle binnenmarktorientiert begonnenen Industrieaktivitäten auch zu Exporterfolgen geführt haben. Dies muß neben den erwähnten Exportförderungsmaßnahmen auch dem Umstand zugeschrieben werden, daß

- ausländische, insbesondere japanische Unternehmen relativ arbeitsintensive Aktivitäten (Montage von Einzelteilen und anschließender Export) aufnahmen,

- jene Unternehmen bei der Bewilligung von ausländischen Direktinvestitionen berücksichtigt wurden, die auf die spezielle Faktorausstattung des Landes angepaßte Technologien anzubieten hatten,
- ausländische Direktinvestitionen für einen Teil der Exportindustrien eine ausreichend breite Kapitalbasis sicherstellten,
- dank einem im Vergleich zu vielen anderen Entwicklungsländern niedrigen Lohnniveau arbeitsintensiv produzierte Güter auf Auslandsmärkten wettbewerbsfähig werden konnten, nicht zuletzt auch, weil eine auf hohes wirtschaftliches Wachstum bedachte politische Führung durch die Abwertung des Won (1964 um 50 vH) und Einführung eines flexiblen Wechselkurssystems[1] (1965) für einen längeren Zeitraum für realistische Wechselkursverhältnisse sorgte und
- eine effiziente Exportgrundlage (Exportfinanzierung, Ausfallbürgschaften, Handelskammern) geschaffen worden war.

96. Zu der südkoreanischen Politik des "export first" gibt es weder in Chile noch in Mexiko eine Parallele. Für beide Länder ist auch noch während unserer Beobachtungsperiode kennzeichnend, daß die dort betriebene Industrialisierungspolitik vorrangig auf Importsubstitution ausgerichtet war. Nicht das Erfordernis, sich im Einklang mit der Struktur der komparativen Kosten zu spezialisieren, stand bei der Aufnahme der Industrieaktivitäten im Vordergrund, sondern eine zunächst ausschließlich zahlungsbilanzorientierte Betrachtungsweise, die in jedem Importgut ein substitutionsfähiges Produkt sah. Die Folge davon war, daß produziert wurde, was technisch produzierbar war. Die weitgehende Konzeptionslosigkeit der binnenmarktorientierten Industrialisierung hat in beiden Ländern dem Entstehen von Kleinbetrieben, in denen Massenproduktion nahezu unmöglich ist und Fortschritte in der Arbeits- und Kapitalproduktivität vergleichsweise gering sind, Vorschub geleistet[2].

---

[1] Zur Wirkungsweise des Systems vgl. Korea's Fluctuating Exchange Rate System. Korea Exchange Bank, "Monthly Review", Vol. 2 (1968), No. 2, S. 1 ff.

[2] Zwar überwiegen auch in Südkorea zahlenmäßig kleinere Unternehmen in der Verarbeitenden Industrie, doch sind die meist aus handwerklicher Betätigung entstandenen Betriebe aktiv in die Industrialisierungsstrategie einbezogen und überdies durch Kooperationsvereinbarungen überbetrieblich organisiert. Vgl. The Medium Industry Bank, An Introduction to Small Industries in Korea. Seoul 1966.

97. Läßt sich für Chile und Mexiko somit erklären, wie es zu den im Vergleich zu Südkorea beobachteten Unterschieden bei den Faktorintensitäten und damit zu dem unterschiedlichen Exportpotential gekommen ist, so kann damit noch nicht der in Tabellen 17 und 18 (vgl. Ziff. 88) festgestellte (stärkere) Exporterfolg bei den relativ kapitalintensiv erzeugten Industriewaren gedeutet werden. Der Exporterfolg dieser Waren wird jedoch verständlich, wenn man in Betracht zieht, daß in beiden Ländern ausländische Unternehmen vor allem im Bereich der intermediären Güter und Investitionsgüter stark vertreten sind, wodurch ein ständiger Import von technischem Know-how, Sach- und Ausbildungskapital erleichtert wird. Trotz bevorzugt binnenmarktorientierter Produktion haben diese Unternehmen einen beträchtlichen Anteil am Industriewarenexport Chiles und Mexikos. Die Tätigkeit internationaler Unternehmen kann also durchaus dazu führen, daß (in Abweichung von der sonst im Land vorliegenden Faktorausstattung) produzierte Industriewaren international wettbewerbsfähig werden, wenn "durch Übernahme des in der Entwicklung solcher Güter inkorporierten Wissens der Bedarf vor allem an Ausbildungskapital gesenkt wird"[1].

98. In Chile und Mexiko gibt es zwar immer noch Spielraum für neue Importsubstitutionsaktivitäten. Daß die Notwendigkeit für eine Umorientierung der Industrialisierungspolitik dennoch gegeben ist, wird durch Überkapazitäten im Investitionsgütersektor, drängende Beschäftigungsprobleme und einen infolge der Importsubstitution kräftig gewachsenen Importbedarf angezeigt[2]. Das bisher vom Industrialisierungsprozeß Chiles und Mexikos gezeichnete Bild könnte den Eindruck erwecken, als habe es in keinem der beiden Länder Versuche gegeben, auch den Export der im Inland produzierten Industriewaren zu stimulieren. Tatsächlich jedoch gibt es in beiden Ländern schon seit Jahrzehnten (vorwiegend auf Primärgüter abgestellte) Maßnahmen zur Förderung der Ausfuhr, deren Wirkung im Industriewarenbereich allerdings marginal blieb. Erst zu Beginn der sechziger Jahre begann man, das System zu wandeln, wobei die mexikanischen Bemühungen sehr viel differenzierter ausfielen.

99. Von Sonderregelungen für Kupferabbau, Salpetererzeugung und Eisenerzgewinnung abgesehen, beschränkten sich in Chile die Maßnahmen auf steuerliche Ausnahmeregelungen und Zollbefreiungen für importierte Vorleistungen exportierender Industrien. Nach Art der

---

[1] Vgl. L. Müller-Ohlsen, Mexiko: Umbruch in der Entwicklungsstrategie. "Die Weltwirtschaft", 1973, H. 1, S. 51.

[2] Ebenda, S. 47.

Produktion differenziert, sieht das entsprechende Gesetz seit 1961 eine Befreiung von indirekten Steuern und Zollabgaben auf importierte Inputs vor, sofern das betreffende Unternehmen überwiegend exportiert. Die Steuern werden (automatisch) erstattet, wenn die Güter die Grenze überschritten haben. Außer dieser generellen Bestimmung gibt es noch Steuerrückerstattungen für Exportwaren, die in bestimmten Provinzen[1] des Landes produziert werden[2].

In Mexiko gehören neben zoll- und steuerpolitischen Begünstigungen zum Instrumentarium der Exportförderung auch Finanzierungs- und Versicherungshilfen sowie interministerielle staatliche Institutionen[3], die absatzpolitisch relevante Informationen über Auslandsmärkte bereitstellen. Im Gegensatz zu Chile richtet sich die Befreiung von Ausfuhrzöllen nicht allein nach der Exportintensität der Produktion, sondern auch nach dem Grad der industriellen Bearbeitung; damit ist der Export von Fertigwaren vollständig von Ausfuhrzöllen befreit. Zusätzlich können Unternehmen, die nach dem Gesetz zur "Entwicklung neuer und notwendiger Industrien" als förderungswürdig anerkannt wurden, eine Exportsteuerbefreiung in Anspruch nehmen. Einen Anspruch haben in Mexiko ansässige Industrieunternehmen beim Export von Fertigwaren seit 1961 auch auf Ermäßigung und Rückvergütung von allgemeinen Steuern und Abgaben, sofern der heimische Anteil an den Herstellkosten mindestens 80 vH beträgt[4].

---

[1] Arica, Pisagua, Iquique, Taltal und Chanaral.

[2] Versuche, über die ECLA, IBRD und chilenische Institutionen Informationen darüber zu erhalten, wie dieses System gehandhabt wird, wie hoch die Vergünstigungen sind und welche Sektoren davon betroffen werden, sind erfolglos geblieben. Ein Hinweis auf ähnliches erfolgloses Bemühen findet sich bei T. Jeanneret, The Structure of Protection in Chile. In: Balassa and Ass., a.a.O., S. 137 ff.

[3] Als wichtigste ist hier der Consejo Nacional de Comercio Exterior zu nennen.

[4] Im einzelnen wird gewährt:
- Erstattung der im Preis des Exportgutes enthaltenen Einfuhrzölle und sonstigen Einfuhrabgaben auf importierte Inputs (bis zu 100 vH).
- Erstattung des Bundesanteils an der Umsatzsteuer (letzte Phase) in Höhe von 1,8 vH.
- Erlaß bzw. Ermäßigung der Einkommensteuer auf den durch Exporte entstandenen Gewinn (in den ersten drei Jahren 100 vH, dann schrittweise Reduzierung auf den Höchstsatz von 50 vH). -

Vgl. Müller-Ohlsen, Importsubstitution und Exportdiversifizierung im Industrialisierungsprozeß Mexikos, a.a.O.

100. Daß das in Mexiko seit 1958 nahezu unverändert bestehende Exportförderungssystem den Export von Industriewaren nicht stärker beeinflussen konnte, mag angesichts der im Vergleich zu Chile nicht nur umfangreichen, sondern auch differenzierten Maßnahmen auf den ersten Blick erstaunen. Dies wird jedoch verständlicher, wenn man bedenkt, daß nur industrielle Fertigwaren, nicht aber auch intermediäre Güter und Halbwaren begünstigt wurden. Darüber hinaus dürfte der Mindestanteil der heimischen Produktion von 80 vH, der als Kriterium für die fiskalischen Vergünstigungen galt, zu hoch angesetzt sein, zumal in vielen Industriezweigen der Importanteil der Produktion während der sechziger Jahre noch relativ groß war und deshalb den Unternehmern eine Importsubstitution angesichts der bestehenden Protektion dieser Branchen auch noch auf längere Sicht zumindest genauso lohnend erscheinen mußte wie für den Export zu produzieren. Zwar war in Mexiko von den wirtschaftspolitischen Instanzen erkannt worden, daß sich eine Umorientierung der Industrialisierung nur über kräftige Exportanreize und Investitionen in die Exportinfrastruktur (Außenhandelskammern, Ausfallbürgschaften) erreichen lassen würde, und dieser Notwendigkeit war auch zumindest teilweise durch entsprechende Maßnahmen Rechnung getragen worden. Das Festhalten an den Protektionsmaßnahmen auch während der spillover-Phase zeigt indes, daß die Industrialisierungspolitik Mexikos noch im Experimentierstadium steckt, weil die wirtschaftspolitisch Verantwortlichen erfahren mußten, daß sich beide Maßnahmenbündel konterkarieren. Denn solange der Inlandsabsatz wegen noch bestehender Protektion lohnend ist, werden sich Unternehmer kaum für das mit höheren Risiken behaftete Exportgeschäft interessieren.

In Chile lagen die Dinge ähnlich. Jedoch konnten hier die (bescheidenen) Exportförderungsmaßnahmen den spillover auf breiter Front nicht bewirken, weil die nach wie vor bestehenden Schutzmaßnahmen den Unternehmen keine Veranlassung gaben, exportorientierter zu produzieren[1]. Aber nicht nur die exzessive und unbefristete Subventionierung der Importsubstitutionsaktivitäten verhinderte die Chancen, Exporterfolge zu erzielen, sondern auch der Umstand, daß in Chile - wie in den meisten lateinamerikanischen Entwicklungsländern auch - ein System staatlich festgesetzter Mindestlöhne bestand, so daß potentielle Exportunternehmen häufig Löhne zahlen mußten, die nicht selten über den Gleichgewichtslöhnen lagen[2]. Damit aber waren die in einem Land dieser Faktorausstattung normalerweise vorhandenen Kostenvorteile arbeitsintensiver Produktionsvorgänge weitgehend

---

[1] Vgl. Jeanneret, a.a.O., S. 137 ff.

[2] Vgl. M. Zañartu, J.J. Kennedy (Eds.), The Overall Development of Chile. London 1969. S. 127 f.

aufgezehrt, und der dadurch induzierte Prozeß der Kapitalintensivierung wirkte wettbewerbshemmend.

101. Den aufgezeigten Unterschieden in der Industrialisierungspolitik entsprechend, hat die während unseres Beobachtungszeitraums festgestellte Exportausweitung auch in unterschiedlichem Maße als Wachstumsimpuls gewirkt. Untersucht man analog zur Berechnung der Importsubstitutionswirkung (vgl. Gleichung (13), Ziff. 64), welchen Beitrag die Exportausweitung zum sektoralen Produktionswachstum[1] geleistet hat, dann zeigen sich signifikante Abweichungen (Tabelle 24):

- In Chile hat ebenso wie die Importsubstitution auch die Exportdiversifizierung wenig zum Wachstum der Industrieproduktion beigetragen. Nur bei den Sektoren Eisen und NE-Metalle sowie Papier und Papierwaren entfallen mehr als 10 vH des Produktionswachstums auf die Exportausweitung, wobei die überragende Position des Sektors Eisen und NE-Metalle wiederum vorwiegend auf die Expansion weitgehend unbearbeiteter Metalle zurückzuführen sein dürfte. Von diesen Metallen abgesehen, wurde in Chile während der Zeit von 1958 bis 1968 das Produktionswachstum also nahezu ausschließlich von der Ausweitung der Inlandsnachfrage getragen.

- In Mexiko blieb - wie aus dem Ablauf des geschilderten Industrialisierungsprozesses zu erwarten - in fast allen Branchen das Ausmaß der sektoralen Produktionssteigerung, die der Exportausweitung zurechenbar ist, hinter dem entsprechenden Beitrag der Importsubstitution zurück; daran zeigt sich, daß die Exportausweitung eine nennenswerte Rolle nur bei intermediären Gütern und bei Investitionsgütern gespielt hat, daß ihr Wachstumsbeitrag aber auch dort immer noch weit hinter dem des inländischen Nachfrageanstiegs zurückblieb.

- Einzig in Südkorea vermochte die Exportausweitung über den gesamten Bereich der Verarbeitenden Industrie nennenswerte Wachstumsbeiträge zu leisten. Bei den Branchen Textilwaren, Holz- und Korkprodukte sowie Möbel und Sonstige Fertigwaren waren die Impulse sogar wesentlich stärker, als es der absoluten tatsächlichen Produktionssteigerung entspricht. Sie kompensierten zusammen mit den positiven Importsubstitutionswirkungen den Rückgang der inländischen Nachfrage.

Wie aus den Tabellen A 18 - A 20 zu ersehen ist, ergibt sich bei Verwendung des in Ziffer 64 dargestellten Chenery-Meßkonzepts im großen und ganzen ein ähnliches Strukturbild für die Nachfragekompo-

---

[1] Für die absoluten Beiträge zum Produktionswachstum vgl. Tabelle A 17.

Tabelle 24 - Exportdiversifizierung der Verarbeitenden Industrie in Chile, Mexiko und Südkorea 1958-1968 (vH des sektoralen Produktionswachstums)

ISIC	Sektor	Chile		Mexiko		Südkorea	
		Exportdiversifizierung[a]	Rang der Sektoren	Exportdiversifizierung[a]	Rang der Sektoren	Exportdiversifizierung[a]	Rang der Sektoren
20	Nahrungsmittel	1,3	7	5,6	6	27,0	8
21	Getränke	0,2	11	0,9	14	0,5 (21-22)	17 (21-22)
22	Tabakwaren	0,0	15	0,3	18		
23	Textilwaren	- 3,0	20	0,8	15	474,3	1
24	Bekleidung und Schuhe	0,0	15	0,5	16	28,7	7
25	Holz- und Korkprodukte	0,2	11	5,7 (25-26)	5 (25-26)	130,6 (25-26)	3 (25-26)
26	Möbel	0,0	15				
27	Papier und Papierwaren	12,1	2	4,4	9	10,8	11
28	Druckerei- und Verlagserzeugnisse	3,8	4	6,5	3	6,0	15
29	Leder und Lederwaren	0,1	14	3,8	10	25,6	9
30	Gummiprodukte	0,0	15	2,1	13	8,7	12
31	Chemische Erzeugnisse	4,1	3	5,8	4	30,7	5
32	Erdöl- und Kohleprodukte	0,0	15	-	-	6,5	14
33	Erzeugnisse aus nichtmetallischen Mineralien	0,2	11	2,9	11	8,0	13
34	Eisen und NE-Metalle	430,7	1	13,6	1	29,5 (34-35)	6 (34-35)
35	Metallwaren	0,9	9	4,9	7		
36	Maschinen (nicht elektrisch)	1,1	8	9,0	2	31,4	4
37	Elektromaschinen	0,7	10	2,3	12	24,5	10
38	Fahrzeuge	2,4	6	0,5	16	2,8	16
39	Sonstige Fertigwaren	2,5	5	4,6	8	173,1	2

[a] Nach dem Morley-Smith-Konzept.

Quelle: Eigene Berechnungen nach Tabellen A 4 - A 8.

nenten des Wachstums. Ein Vergleich der Berechnungsergebnisse bestätigt jedoch den aus der formalen Gegenüberstellung der Meßmethoden (Ziff. 51) abgeleiteten "bias" des Chenery-Maßes zur Überschätzung der Wachstumskomponenten der Inlandsnachfrage. Die Abweichungen der Ergebnisse sind bei den Industriebranchen am größten, die die ausgeprägtesten backward linkages aufweisen. Damit wird, wie schon in dem von Morley-Smith[1] untersuchten Fall Brasilien, auch hier nachgewiesen, daß in Ländern, die sich an der Schwelle zur Industrialisierung befinden und die einen großen Teil der benötigten intermediären Güter und Investitionsgüter im Inland produzieren, die Chenery-Methode dazu führt, daß die Wirkungen der Importsubstitution und des Exports in bezug auf das sektorale Produktionswachstum unterschätzt werden.

102. Angesichts der zumindest in Chile und Mexiko vorrangig auf Importsubstitution abgestellten Industrialisierung hätte man eigentlich erwartet, daß diese Strategie zu einer Entlastung der Zahlungsbilanz führen werde. Tatsächlich jedoch ist es in keinem der beiden Länder zu einer Überwindung des außenwirtschaftlichen Ungleichgewichts durch vermehrte Exporte gekommen: Zwar litt in Chile die Ausfuhr von Primärgütern nicht in dem Maße wie in Mexiko unter ungünstigen Weltmarktbedingungen, aber sie litt doch darunter, daß die wirtschaftspolitischen, insbesondere protektionistischen Maßnahmen zugunsten der Verarbeitenden Industrie auch dort die Preisrelationen zum Nachteil des Primärgütersektors verschoben hatten mit der Folge, daß die Investitionsneigung im Primärgütersektor gedämpft wurde. Was nun die Exporttätigkeit der neu entstandenen Industrien anbelangt, so blieb sie deshalb gering, weil verzerrte Faktorpreisrelationen vielfach eine Fehlspezialisierung verursacht hatten. Und zusätzlich hatte der Protektionismus zu einer Überbewertung der heimischen Währung geführt, die die Wettbewerbsfähigkeit potentieller Exportunternehmen beeinträchtigen mußte. Aber nicht nur die Deviseneriöse blieben damit auf einem vorwiegend durch Primärgüterexporte bestimmten (niedrigen) Niveau, sondern auch die Nettodevisenersparnis der binnenmarktorientierten Industrialisierung erreichte nicht das erwartete Ausmaß. Denn die zunächst im verbrauchsnahen Bereich vorangetriebene Importsubstitution verringerte zwar den Einfuhrbedarf bei diesen Gütern, induzierte aber zugleich einen überproportionalen Mehrimport an intermediären Gütern, die noch nicht oder nicht in ausreichendem Maße im Inland produziert wurden.

In Südkorea konnten dagegen dank eines sorgfältigeren wirtschaftspolitischen Vorgehens Importsubstitutionsindustrien in beträchtlichem

---

[1] Vgl. Morley, Smith, a.a.O., S. 728 ff.

Ausmaß spillover-Erfolge erzielen und damit ein kontinuierlich hohes Wachstum der Devisenerlöse bewirken. Doch auch in diesem Land blieb infolge des durch die Industrialisierung bedingten Importbedarfs der Druck auf die Zahlungsbilanz weiterhin spürbar, obwohl sich der Nettokapitalzufluß im Beobachtungszeitraum mehr als verdoppelt hatte.

In welchem Umfang sich der Importbedarf in den drei Ländern erhöhte und welchem Wandel die gütermäßige Struktur der Einfuhren dabei unterworfen war, geht aus Tabelle A 8 hervor: Vor allem die Einfuhren von Maschinen, Metallwaren, Fahrzeugen und Chemischen Erzeugnissen nahmen rasch zu, während sich der Anteil der (kurzlebigen und dauerhaften) Konsumgüter deutlich verringerte. Betrachtet man die Entwicklung der Gesamtimporte (SITC 0-9), so zeigt sich während der Zeit von 1958 bis 1968 eine durchschnittliche jährliche Zunahme von 6 vH für Chile, 6,7 vH für Mexiko und 10,2 vH für Südkorea (vgl. Tabelle 2). In allen drei Ländern vermochte die Importkapazität den zur Finanzierung des Importbedarfs notwendigen Devisenzustrom sicherzustellen (vgl. Tabelle A 21). Erstaunlicherweise ist die durchschnittliche jährliche Veränderungsrate der Importkapazität in Chile mit 14,3 vH äußerst hoch, obwohl der Nettokapitalzufluß über die Dekade gerechnet negativ war. Die günstige Entwicklung der Importkapazität dieses Landes ist neben dem traditionell großen Gewicht der Exporte von unverarbeitetem Kupfer vor allem der Verbesserung seiner terms of trade zuzuschreiben (vgl. Tabelle A 21).

103. Akzeptiert man die bisherige Diagnose des Industrialisierungsprozesses in den drei betrachteten Ländern, die sich wegen der eingangs erwähnten methodischen Probleme zum Teil auf die intuitive Annahme alternativer Entwicklungsverläufe stützen mußte, so wird den generell gegen die Importsubstitution vorgebrachten Argumenten viel von ihrem Gewicht genommen, zeigt doch zumindest das Beispiel Südkoreas, daß eine Importsubstitution in der Anfangsphase der Industrialisierung nicht nur ein zufriedenstellendes Wachstum erzielen, sondern auch Faktoren mobilisieren kann, die für einen späteren Exporterfolg notwendig sind. Daß dies nicht automatisch nach rationalen Kriterien geschieht, sondern gesteuert werden muß, auch dies konnte - im Positiven - für Südkorea und - im Negativen - für Chile und Mexiko aufgezeigt werden, wo die Lücke zwischen Erwartung und Ergebnis weitgehend falsches Tun oder Unterlassen der verantwortlichen wirtschaftspolitischen Instanzen reflektiert. Ob eine langfristig geplante Industrialisierung, die binnenmarktorientiert beginnt, nicht nur in bezug auf das Wirtschaftswachstum und den späteren Exporterfolg, sondern auch hinsichtlich der Lösung der Beschäf-

tigungsprobleme erfolgreich sein kann, ist bis jetzt eine offene Frage; ihr wollen wir uns abschließend zuwenden. Wir beginnen mit einigen Überlegungen methodischer Art, die die Quantifizierung von Beschäftigungseffekten betreffen.

5. Industrialisierungsstrategie und Beschäftigungseffekte

a. Der analytische Rahmen

104. Empirische Untersuchungen über die Beschäftigungswirkungen von Industrialisierungsprozessen in Entwicklungsländern liegen bislang kaum vor. Sofern überhaupt Quantifizierungsversuche in dieser Richtung unternommen wurden, folgten sie Ansätzen, die den Output - bei gegebener Technologie - als Funktion von Arbeit und Kapital annehmen, intermediäre Inputs aber vollständig vernachlässigen[1]; Beschäftigungseffekte konnten in diesem Rahmen nur dadurch bestimmt werden, daß man den Arbeitskräftebedarf pro Outputeinheit eines Sektors mit seinem Gesamtoutput multiplizierte.

Der Mangel dieses Konzepts, intermediäre Inputs nicht mit zu berücksichtigen, läßt sich mit der Input-Output-Technik - analog zu der gewählten Methode der Importsubstitutionsberechnung - beheben, womit natürlich die Annahme variabler Faktorproportionen fallengelassen werden muß.

105. Die folgende Darstellung des Meßkonzepts beschränkt sich auf den Faktor Arbeit; dieselbe Methode kann entsprechend auch für den Faktor Kapital angewendet werden[2].

Der zur Erstellung einer Endprodukteinheit notwendige Bedarf an Arbeit läßt sich in einem Input-Output-Schema bestimmen durch:

$$r_{Lj} = \sum_i l_i \, r_{ij} \qquad (31)$$

---

[1] Bemerkenswerte Ausnahmen sind: H. Soza Valderrama, Planificación del Desarrollo Industrial. México, D.F., 1966. S. 42 ff. - Instituto Latinoamericano de Planificación Económica y Social, Consideraciones sobre Ocupación Industrial. (Cuadernos del ILPES, Serie II, Núm. 8.) Santiago de Chile 1969.

[2] Für die meisten (und auch die hier betrachteten) Entwicklungsländer ist eine Ermittlung des direkten und indirekten Kapitalbedarfs wegen mangelhafter Daten indes nicht möglich.

wobei bedeuten

$l_i = \frac{L_i}{x_i}$ = Arbeitskoeffizient, der die direkte Verwendung des Faktors Arbeit pro Outputeinheit in der Industrie i bezeichnet,

r_{ij} = gesamte (direkte und indirekte) Verwendung von Gut i im Sektor j (Element der inversen Leontief-Matrix)[1].

In Matrix-Schreibweise lautet der gesamte Arbeitskräftebedarf zur Produktion einer Outputeinheit:

$$(32) \qquad r_L = l\,(I-A)^{-1}$$

Die linke Seite des Ausdrucks (32) stellt den Vektor des zur Produktion einer Outputeinheit in jedem Sektor notwendigen gesamten Arbeitsbedarfs dar, während $(I-A)^{-1}$ die invertierte Form der um importierte Vorleistungen verminderten Leontief-Matrix kennzeichnet; r_L und l sind Zeilenvektoren von der Größe 1 x n, die invertierte Leontief-Matrix ist von der Größe n x n.

Die derart ermittelten Elemente des Vektors r_L sind Beschäftigungsmultiplikatoren; das Ausmaß der Beschäftigungswirkung läßt sich dadurch bestimmen, daß die jeweils während einer Periode beobachtete Änderung der Endnachfrage eines Sektors mit dem entsprechenden Vektor multipliziert wird[2]. Damit ist eine Möglichkeit gefunden, beispielsweise eine sektorale Exportausweitung in ihrer Wirkung auf die Beschäftigung eines Landes (und im Vergleich zwischen Ländern) zu bestimmen; die entsprechenden Ausdrücke in Matrix-Schreibweise lauten dann:

$$(33) \qquad r_{L,\,ex} = l\,(I-A)^{-1}\,ex\,,$$

wobei $r_{L,\,ex}$ einen Skalar (von der Größe 1 x 1), l den Zeilenvektor der Arbeitskoeffizienten (von der Größe 1 x n) und ex den Spaltenvektor der Exporte (von der Größe n x 1) darstellen. Der Aus-

[1] Den Berechnungen der Tabellen 26-28 liegen die heimischen Transaktionsmatrizen zugrunde. Importierte Vorleistungen sind herausgerechnet worden.

[2] Ein anderer Ansatz findet sich bei R. Stäglin, Der Einsatz der Input-Output-Rechnung zur Quantifizierung direkter und indirekter Beschäftigungseffekte. "Mitteilungen aus der Arbeitsmarkt- und Berufsforschung", 6. Jg. (1973), S. 289 ff. - Vgl. dazu im einzelnen die Darstellung im Anhang I.

druck $r_{L, ex}$ bezeichnet also den gesamten in einer Volkswirtschaft auftretenden Arbeitskräftebedarf zur Produktion der Exporte. Will man den sektoralen Arbeitskräftebedarf ermitteln, so kann man $r_{L, ex}$ mit dem Anteil des betrachteten Sektors an den Gesamtexporten multiplizieren.

106. Wie wir bereits mehrfach erwähnt haben, ist die Input-Output-Technik trotz mancher Vorzüge mit einigen Mängeln behaftet. Sie sollten hier explizit aufgeführt werden, weil ihre Offenlegung Anhaltspunkte dafür liefern kann, unter welchen analytischen Vorbehalten die im folgenden Abschnitt dargestellten empirischen Ergebnisse zu interpretieren sind. Zunächst zu den allgemein bekannten Annahmen[1], die unterstellen, daß

- alle Vorleistungen im Inland erstellt werden,
- jeder Sektor nur ein Produkt erzeugt,
- Produktionsfaktoren aus Gründen konstanter Technologie oder/und konstanter Faktorpreisrelationen nicht substituierbar sind,
- der Faktorverbrauch eine lineare Funktion der Outputmenge ist.

Daß diese Annahmen alles andere als realistisch sind, darauf braucht eigentlich kaum erneut hingewiesen zu werden. Darüber hinaus ergibt sich im Zusammenhang mit der Anwendung der Input-Output-Analyse für die Ermittlung von Beschäftigungseffekten eine zusätzliche Einschränkung: Zwar läßt sich mit Hilfe dieser Methode der gesamte (direkte und indirekte) Beschäftigungseffekt bestimmen, der als Folge von Exporten in der Volkswirtschaft insgesamt entsteht; nicht ermitteln dagegen läßt sich damit das Ausmaß der von einem bestimmten Sektor tatsächlich ausgehenden Beschäftigungswirkung, denn ein Teil der derart ausgewiesenen Beschäftigung sind Arbeitskräfte, die bereits von anderen Sektoren absorbiert sind. Somit geht die Input-Output-Analyse in ihrer Anwendung auf Beschäftigungswirkungen also von der impliziten Annahme aus, daß die zur Ausweitung der Exporte benötigten Ressourcen verfügbar und auch unbeschäftigt sind.

Wir sind uns der restriktiven Bedingungen bewußt, die mit der Wahl dieser Methode auch in unsere Berechnungen einfließen. Gleichwohl haben wir uns für eine solche Verfahrensweise entschieden, da es zur Zeit kein konkurrierendes Konzept gibt, durch das indirekte Beschäftigungseffekte, die die direkten in aller Regel weit übertreffen, mit berücksichtigt werden können. Darüber hinaus kann erwartet werden, daß das Ausmaß der sektoralen Überschätzung nicht allzu stark vom Industriedurchschnitt abweichen dürfte, so daß die Relation der

---

[1] Vgl. z.B. Chenery, Clark, a.a.O.

sektoralen Beschäftigungswirkungen, auf die es uns insbesondere ankommt, davon weitgehend unbeeinflußt bleibt.

b. Der empirische Befund

107. Die Vermutung, daß die intermediären Verflechtungen für den sektoralen Arbeitskräftebedarf sehr bedeutsam sind, hat uns veranlaßt, die oben dargestellte Methode (Ziff. 105 f.) zu entwickeln. Bestätigt wird diese Vermutung in den Tabellen 25, 26 und 27, in denen neben dem direkten der gesamte Arbeitskräftebedarf für die einzelnen Branchen der Verarbeitenden Industrie in Chile, Mexiko und Südkorea ausgewiesen ist. Wie zu erwarten, ist in allen drei Ländern der gesamte sektorale Arbeitskräftebedarf größer als der entsprechende direkte.

- In Chile fallen die Unterschiede am geringsten aus, was seinen Grund in dem schon an anderer Stelle erwähnten niedrigen Niveau der linkages hat.
- In Mexiko und Südkorea sind die Unterschiede zwischen direktem und indirektem sektoralen Arbeitskräftebedarf dagegen zum Teil ganz erheblich. Darin spiegelt sich die - verglichen mit Chile - stärkere vertikale Verflechtung der Verarbeitenden Industrie in Mexiko und Südkorea wider.
- Betrachtet man die sektorale Struktur der gemessenen Unterschiede zwischen direktem und gesamtem Arbeitskräftebedarf in Mexiko und Südkorea, so zeigt sich eine weitgehende Übereinstimmung: In beiden Beispielen entfallen die Sektoren mit dem größten indirekten Arbeitskräftebedarf auf die ISIC-Gruppen 20, 21, 22 und 31.

108. Die überragende Position der Bereiche Nahrungsmittel, Getränke, Tabakwaren und Chemische Erzeugnisse ist um so erstaunlicher, als es jene Industriebranchen sind, die nach dem Kriterium ihres direkten Arbeitskräftebedarfs zu den am wenigsten arbeitsintensiv produzierenden Sektoren gehören. An diesem Bild ändert sich auch nichts, wenn man statt auf den direkten Arbeitskräftebedarf pro Outputeinheit auf die Faktorintensitäten nach dem Lary-Konzept (vgl. Tabellen 17, 18 und 19) abstellt: Mit Ausnahme von Nahrungsmitteln im Falle Südkoreas produzieren die genannten Branchen in beiden Ländern kapitalintensiver als der jeweilige Durchschnitt der Verarbeitenden Industrie.

Die Einbeziehung des indirekten Arbeitskräftebedarfs der (dem jeweils betrachteten Sektor) vorgelagerten Produktionsbereiche kann die Ergebnisse der nach dem direkten Faktoreinsatz berechneten sek-

Tabelle 25 - Arbeitskräftebedarf in der Verarbeitenden Industrie Chiles 1962 (Mann-Jahre)

ISIC	Sektor	Arbeitskräftebedarf per Mill. Escudos der Produktion	
		direkt	insgesamt
20	Nahrungsmittel	34,496	34,504
21	Getränke	20,085	20,090
22	Tabakwaren	22,585	22,586
23	Textilwaren	113,303	113,326
24	Bekleidung und Schuhe	36,244	36,273
25	Holz- und Korkprodukte	63,136	63,158
26	Möbel	19,988	20,009
27	Papier und Papierwaren	48,890	48,902
28	Druckerei- und Verlagserzeugnisse	110,254	110,264
29	Leder und Lederwaren	62,190	62,211
30	Gummiprodukte	64,919	64,925
31	Chemische Erzeugnisse	58,956	58,965
32	Erdöl- und Kohleprodukte	6,621	6,623
33	Erzeugnisse aus nichtmetallischen Mineralien	76,379	76,387
34	Eisen und NE-Metalle	59,132	59,141
35	Metallwaren	117,349	117,367
36	Maschinen (nicht elektrisch)	72,347	72,368
37	Elektromaschinen	55,627	55,638
38	Fahrzeuge	78,880	78,894
39	Sonstige Fertigwaren	55,811	55,821

Quelle: Eigene Berechnungen nach Tabelle A 4.

Tabelle 26 - Arbeitskräftebedarf in der Verarbeitenden Industrie Mexikos 1960 (Mann-Jahre)

Sektor	Arbeitskräftebedarf per Mill. Pesos der Produktion	
	direkt	insgesamt
Meiereiprodukte und Fleischwaren	16,052	110,565
Getreideerzeugnisse	19,904	105,475
Sonstige Nahrungsmittel	14,780	110,038
Getränke	20,761	57,127
Tabakwaren	7,843	48,496
Spinnereierzeugnisse und Webwaren	33,095	79,892
Sonstige Textilien	34,578	70,244
Bekleidung	30,945	61,276
Holzprodukte	22,368	83,874
Papierwaren	15,596	46,199
Druckereierzeugnisse	30,189	45,863
Lederwaren	18,534	66,918
Gummiprodukte	13,751	25,920
Chemische Substanzen	17,908	41,013
Plastikerzeugnisse	14,085	24,370
Düngemittel	11,236	28,234
Seifen und Waschmittel	9,066	68,150
Pharmazeutische Produkte	17,713	34,656
Duftstoffe, Kosmetika	17,834	39,282
Sonstige Chemieerzeugnisse	12,356	85,283
Nichtmetallische Mineralien	27,294	45,046
Basismetalle	14,072	33,242
Metallwaren	27,690	48,948
Maschinen	19,699	28,658
Elektromaschinen	19,214	37,654
Transportmaterial	35,180	48,912
Kraftfahrzeuge	8,910	19,879
Verschiedene Fertigwaren	28,281	50,537

Quelle: Eigene Berechnungen nach Banco de México, La Estructura Industrial de México en 1960. México 1967.

Tabelle 27 - Arbeitskräftebedarf in der Verarbeitenden Industrie Südkoreas 1968 (Mann-Jahre)

Sektor	Arbeitskräftebedarf per Mill. Won der Produktion	
	direkt	insgesamt
Nahrungsmittel	0,993	3,823
Getränke	0,548	2,795
Tabakwaren	0,223	2,717
Spinnereierzeugnisse	1,456	2,213
Sonstige Textilien	1,456	2,762
Bekleidung	1,445	3,220
Sperrholz, Schnittholz, Furniere	0,789	1,389
Holzprodukte und Möbel	2,126	3,454
Papierwaren	0,765	1,757
Druckereierzeugnisse	1,405	2,734
Lederwaren	1,191	2,857
Gummiprodukte	1,387	1,950
Chemische Substanzen	0,573	1,498
Sonstige Chemieerzeugnisse	0,573	1,580
Düngemittel	0,573	1,729
Erdölerzeugnisse	0,270	0,624
Kohleprodukte	0,270	3,146
Glas, Ton und Steingut	1,288	2,830
Eisen und Stahl	0,697	1,733
Stahlprodukte	0,697	2,068
NE-Metalle	0,697	2,077
Metallwaren	1,662	2,723
Maschinen	1,645	2,535
Elektromaschinen	0,936	2,080
Transportausrüstung	0,797	2,044
Sonstige Fertigwaren	1,703	2,982

Quelle: Eigene Berechnungen nach Tabelle A 7.

toralen Faktorintensitäten somit in Frage stellen[1]. Wie am Beispiel der oben erwähnten Sektoren zu sehen ist, können die backward linkages so groß oder so arbeitsinduzierend sein, daß die direkten und indirekten Beschäftigungswirkungen eines kapitalintensiv produzierten Gutes weitaus größer sind als die eines relativ arbeitsintensiv hergestellten Produkts; gleichermaßen möglich ist natürlich auch der umgekehrte Fall, daß der direkte Beschäftigungseffekt eines arbeitsintensiv hergestellten Produkts durch eine hohe Kapitalintensität in den vorgelagerten Produktionsstufen überkompensiert wird. Unter dem Gesichtspunkt größtmöglicher Beschäftigungswirkungen bedeutet dies insbesondere für die schon fortgeschritteneren Entwicklungsländer, daß bei wirtschaftspolitischen Entscheidungen, die sich auf das Kriterium komparativer Kosten nach dem Faktorproportionentheorem stützen, auf gesamte Faktorintensitäten abgestellt werden sollte.

109. Wie ist nun die in den drei betrachteten Ländern betriebene Industrialisierung im Hinblick auf die Schaffung von Arbeitsplätzen zu beurteilen? Hat die Importsubstitution in jenen Bereichen stattgefunden, die die höchsten (gesamten) Beschäftigungsmultiplikatoren aufweisen? Was zunächst die Importsubstitutionsaktivitäten anlangt, so zeigt sich folgendes Bild:

- In Chile sind die von der Importsubstitution ausgehenden Beschäftigungseffekte vergleichsweise bescheiden. Das hat seinen Grund darin, daß die Importsubstitution vorwiegend in den Branchen vorangetrieben wurde, die bereits nach ihrem direkten Faktorbedarf als nicht arbeitsintensiv produzierend angesehen werden können. Darüber hinaus ist die chilenische Verarbeitende Industrie nicht so stark interindustriell verflochten, als daß von den linkages eine kompensierende Beschäftigungswirkung im Sinne sich umkehrender Faktorintensitäten ausgehen konnte.

- In Mexiko entfällt der überwiegende Teil der Importsubstitute zwar auch auf Industriebranchen, die der direkten Faktorintensität nach dem Lary-Kriterium zufolge als relativ sachkapitalintensiv gelten. Jedoch verzeichnen innerhalb dieser Gruppe von Industrien die gewichtigen Bereiche Nahrungsmittel (Meiereiprodukte und Fleischwaren, Getreideerzeugnisse, Verschiedene Nahrungsmittel), Getränke, Tabakwaren und Chemische Erzeugnisse (insbesondere Seifen und Waschmittel sowie Übrige Chemieerzeugnisse) infolge hoher linkages so große gesamte Beschäftigungswirkungen, daß

---

[1] Vgl. in diesem Zusammenhang auch J. Riedel, A Thought on Factor Intensity in an Input-Output Framework. Kiel 1973. (Unveröff. Manuskript).

ursprünglich relativ kapitalintensive (Lary) Industrien nunmehr relativ arbeitsintensiv sind; das gleiche gilt - wenn auch in geringerem Maße - für die übrigen nach dem Lary-Konzept zunächst als relativ kapitalintensiv ausgewiesenen Importsubstitutionsbereiche.

- Ein ähnliches Bild wie für Mexiko bietet sich für Südkorea, allerdings mit dem Unterschied, daß hier nicht nur der Anteil der arbeitsintensiv produzierenden Importsubstitutionsbereiche von vornherein größer war, sondern daß in diesen Branchen auch die relative Arbeitsintensität nach Einbeziehen der indirekten Beschäftigungseffekte beträchtlich zugenommen hat. Darüber hinaus erwiesen sich die relativ kapitalintensiven Importsubstitutionsbranchen Getränke, Tabakwaren, Chemische Erzeugnisse und Kohleprodukte - mit Ausnahme des Sektors Papier und Papierwaren - als die Bereiche mit den stärksten indirekten Beschäftigungswirkungen.

110. Was die Beschäftigungseffekte der Exporttätigkeit in den drei betrachteten Ländern anlangt, so sind sie das Ergebnis zweier Komponenten: erstens des Ausmaßes des spillover und zweitens des Grades der Arbeitsintensität in den exportierenden und deren vorgelagerten Produktionsbereichen. Tabellen 28, 29 und 30 enthalten die Beschäftigungswirkungen der Exporttätigkeit, wobei je Land und Sektor nach direkten und indirekten Effekten differenziert wird. Die Berechnungen wurden mit Hilfe des in den Tabellen 25, 26 und 27 ermittelten sektoralen direkten und indirekten Arbeitskräftebedarfs pro Outputeinheit (l_i bzw. l_i^*, Ziff. 105) durchgeführt, indem diese Quotienten mit ihren jeweiligen sektoralen Exporten multipliziert wurden.

111. Betrachtet man die quantitativen Beschäftigungseffekte des spillover zur Exporttätigkeit im einzelnen, so zeigt sich - was die sektoralen Unterschiede zwischen direkten und gesamten Beschäftigungswirkungen angeht - das bereits oben (Ziff. 107 ff.) gezeichnete Bild: In Chile ergibt sich so gut wie keine zusätzliche Beschäftigung durch linkages, während in Südkorea die Multiplikatorwirkung der linkages in bezug auf die Beschäftigung aller Exportaktivitäten der Verarbeitenden Industrie mit 2, 2 und in Mexiko mit sogar 4, 3 beträchtlich ist.

Stellt man auf die absoluten Beschäftigungszahlen ab, so mag angesichts der an anderer Stelle dargestellten relativen Erfolglosigkeit der spillover-Bemühungen in Chile (Ziff. 85 ff.) die große Zahl der durch Exporte geschaffenen Arbeitsplätze auf den ersten Blick erstaunen. Berücksichtigt man jedoch, daß dabei ein Sektor (Eisen und NE-Metalle) allein einen Anteil von gut 90 vH hat und daß der größte Teil der in diesem Bereich produzierten Güter nur leicht bearbeitete Rohstoffe sind, die eigentlich kaum dem Fertigwarenbereich zuzurechnen

Tabelle 28 - Beschäftigungseffekte der Exporttätigkeit in Chile 1968 (Mann-Jahre)

ISIC	Sektor	Beschäftigungseffekt der Exporte 1968	
		direkt	insgesamt
20	Nahrungsmittel	3 118	3 119
21	Getränke	129	129
22	Tabakwaren	-	-
23	Textilwaren	-	-
24	Bekleidung und Schuhe	-	-
25	Holz- und Korkprodukte	101	101
26	Möbel	-	-
27	Papier und Papierwaren	3 853	3 853
28	Druckerei- und Verlagserzeugnisse	1 830	1 830
29	Leder und Lederwaren	-	-
30	Gummiprodukte	-	-
31	Chemische Erzeugnisse	2 659	2 659
32	Erdöl- und Kohleprodukte	-	-
33	Erzeugnisse aus nichtmetallischen Mineralien	145	145
34	Eisen und NE-Metalle	327 526	327 576
35	Metallwaren	1 209	1 209
36	Maschinen (nicht elektrisch)	825	825
37	Elektromaschinen	434	434
38	Fahrzeuge	2 437	2 438
39	Sonstige Fertigwaren	932	932
2-3	Verarbeitende Industrie insgesamt	345 198	345 250

Quelle: Eigene Berechnungen nach Tabelle A 4 und UN, Yearbook of International Trade Statistics, 1965.

Tabelle 29 - Beschäftigungseffekte der Exporttätigkeit in Mexiko 1969 (Mann-Jahre)

Sektor	Beschäftigungseffekt der Exporte 1969	
	direkt	insgesamt
Meiereiprodukte und Fleischwaren	6 164	42 457
Getreideerzeugnisse	11 684	61 914
Sonstige Nahrungsmittel	48 065	357 844
Getränke	976	2 685
Tabakwaren	-	-
Spinnereierzeugnisse und Webwaren	761	1 838
Sonstige Textilien	6 916	14 049
Bekleidung	2 847	5 637
Holzprodukte	1 633	6 123
Papierwaren	-	-
Druckereierzeugnisse	5 555	8 439
Lederwaren	834	3 011
Gummiprodukte	-	-
Chemische Substanzen	8 524	19 522
Plastikerzeugnisse	-	-
Düngemittel	-	-
Seifen und Waschmittel	335	2 522
Pharmazeutische Produkte	5 704	11 159
Duftstoffe, Kosmetika	-	-
Sonstige Chemieerzeugnisse	1 878	12 963
Nichtmetallische Mineralien	5 486	9 054
Basismetalle	4 911	11 601
Metallwaren	6 729	11 894
Maschinen	7 348	10 689
Elektromaschinen	11 490	22 517
Transportmaterial	2 392	3 326
Kraftfahrzeuge	1 426	3 181
Sonstige Fertigwaren	5 571	9 956
Verarbeitende Industrie insgesamt	147 229	632 381

Quelle: Eigene Berechnungen nach Banco de México, La Estructura Industrial de México en 1960. México 1967, und UN, Yearbook of International Trade Statistics, 1970.

Tabelle 30 - Beschäftigungseffekte der Exporttätigkeit in Südkorea 1968 (Mann-Jahre)

Sektor	Beschäftigungseffekt der Exporte 1968	
	direkt	insgesamt
Nahrungsmittel	11 788	45 384
Getränke	15	80
Tabakwaren	58	715
Spinnereierzeugnisse	9 009	13 694
Sonstige Textilien	16 087	30 517
Bekleidung	45 652	101 730
Sperrholz, Schnittholz, Furniere	14 444	25 428
Holzprodukte und Möbel	997	1 621
Papierwaren	123	282
Druckereierzeugnisse	-	-
Lederwaren	15	36
Gummiprodukte	994	1 398
Chemische Substanzen	219	574
Sonstige Chemieerzeugnisse	71	198
Düngemittel	211	668
Erdölerzeugnisse	-	-
Kohleprodukte	-	-
Glas, Ton und Steingut	311	683
Eisen und Stahl	2	6
Stahlprodukte	304	904
NE-Metalle	882	2 629
Metallwaren	2 975	4 875
Maschinen	1 926	2 969
Elektromaschinen	4 988	11 085
Transportausrüstung	307	788
Sonstige Fertigwaren	20 158	35 298
Verarbeitende Industrie insgesamt	131 548	281 562

Quelle: Eigene Berechnungen nach Tabelle A 8.

sind, dann relativiert sich das Ergebnis: Mit einem Anteil von nur knapp 1 vH an der Gesamtbeschäftigung Chiles hat die Exporttätigkeit in der Verarbeitenden Industrie in nur marginalem Umfang Arbeitsplätze bereitstellen können.

Zwar macht in Mexiko die den Exportaktivitäten in der Verarbeitenden Industrie direkt zurechenbare Beschäftigung auch nur 1,4 vH der Gesamtbeschäftigung aus, doch hat der - absolut gesehen noch recht bescheidene - spillover in jenen Sektoren stattgefunden, die überdurchschnittliche indirekte Beschäftigungseffekte verzeichnen. Den ersten Rang nimmt der Bereich Nahrungsmittel ein und hierbei wiederum die Branche Sonstige Nahrungsmittel, die nicht nur die absolut höchste Beschäftigung stellt, sondern mit einem Multiplikator der linkages von gut 7 auch die stärksten indirekten Beschäftigungswirkungen erzeugt. Auf den Sektor Nahrungsmittel allein entfallen mehr als 70 vH der durch Exporte bewirkten gesamten Beschäftigung in der Verarbeitenden Industrie Mexikos. Die nächstwichtigen Industriebereiche sind die Sektoren Chemische Erzeugnisse (Chemische Substanzen, Seifen und Waschmittel, Pharmazeutische Produkte, Sonstige Chemieerzeugnisse) und Elektromaschinen, von denen jeder mehr als 3 vH der gesamten Beschäftigung des Industriesektors ausmacht. Insgesamt betrachtet hat der spillover für Beschäftigung in Höhe von 6 vH aller Arbeitsplätze gesorgt.

Angesichts der im Vergleich zu Chile und Mexiko günstigeren Bedingungen für den Exporterfolg in Südkorea, die dort bereits während der Importsubstitutionsphase und vor allem dann im spillover-Stadium geschaffen worden waren, verwundert es nicht, daß dieses Land die auch vergleichsweise größeren Beschäftigungswirkungen der Exporttätigkeit verzeichnen kann. Allein die direkt durch Exporte geschaffenen Arbeitsplätze stellen knapp 4 vH der Industriebeschäftigten des Landes dar; unter Einbeziehung der indirekten Effekte absorbiert der Exportsektor sogar knapp 9 vH aller Beschäftigten. Die Sektoren Bekleidung, Sonstige Fertigwaren, Sonstige Textilien, Sperrholz, Schnittholz und Furniere sowie Nahrungsmittel sind die (absolut gesehen) beschäftigungsstärksten (sowohl ihren direkten als auch gesamten Beschäftigungseffekten nach) Produktionsbereiche, wobei insbesondere bei Nahrungsmitteln der hohe Arbeitskräftebedarf in den backward linkage-Bereichen (Landwirtschaft) ins Auge fällt.

112. Wie nicht anders zu erwarten, reflektieren Ausmaß und Struktur der ausgewiesenen Beschäftigungswirkungen der Exporttätigkeit in Chile, Mexiko und Südkorea das Ergebnis der in den einzelnen Ländern erfolgten Industrialisierungsanstrengungen. Insgesamt gesehen, erwiesen sich in Mexiko und Südkorea die von der zunächst binnen-

marktorientiert vorangetriebenen Industrialisierung ausgehenden Impulse auf die Beschäftigung als erheblich stärker als in Chile. Ob Mexiko und - vor allen Dingen - Südkorea die im Vergleich zu Chile durch rationaleres wirtschaftspolitisches Vorgehen in der Importsubstitutionsphase und später im spillover-Stadium geschaffenen besseren Chancen zur Verringerung des Beschäftigungsdrucks auch tatsächlich genutzt haben, ist nicht zu belegen. Deshalb kann auch nicht geklärt werden, ob die festgestellten Beschäftigungseffekte das Ergebnis eines gezielt auf Arbeitsplatzbeschaffung gerichteten Bemühens gewesen sind oder ob sie sich mehr oder weniger zufällig ergeben haben. Die größeren Beschäftigungswirkungen stellten sich einfach dort ein, wo die bereits bestehende, weitgehend unbeeinflußt gelassene linkage-Struktur die dafür günstigeren Bedingungen aufwies. Vermutlich hätte die Zahl der geschaffenen Arbeitsplätze in Mexiko und vor allem in Südkorea noch größer sein können, wenn dem Gesichtspunkt von linkage-Wirkungen stärker Rechnung getragen worden wäre, d.h. der um die indirekte Beschäftigung erweiterte Arbeitskräftebedarf eines Sektors als Kriterium industrialisierungspolitischer Entscheidungen berücksichtigt worden wäre. Und in Chile, einem Land, in dem wegen mangelnder interindustrieller Verflechtungen den indirekten Beschäftigungseffekten ein nur geringes Gewicht zukommt, hätte die Arbeitsplatzbeschaffung in größerem Umfang erfolgen können, wenn bei der Wahl der aufzunehmenden Industrieaktivitäten wenigstens dem Kriterium des direkten Arbeitskräftebedarfs stärker entsprochen worden wäre.

6. Zusammenfassung der empirischen Ergebnisse

113. Die Analyse der Industrialisierungspolitik in Chile, Südkorea und Mexiko hat eine bemerkenswert hohe Übereinstimmung zwischen dem spillover-Efolg oder -Mißerfolg einerseits und der Art der Handels-, Geld-, Fiskal-, Faktorpreis- und Währungspolitik andererseits ergeben. Je mehr sich die verantwortlichen Instanzen bei der Ausgestaltung der Importsubstitutionspolitik von längerfristigen Erwägungen leiten ließen, d.h. je weniger sie dem Ziel der Maximierung der Devisenerlöse folgten, desto geringer waren die Friktionen, mit denen der Übergang zur exportorientierten Industrialisierung einherging, und desto näher ist das betreffende Land dem wachstums-, zahlungsbilanz- und beschäftigungspolitischen Ziel gekommen.

114. Der nicht nur im Vergleich zu Chile und Mexiko, sondern auch in einem größeren internationalen Querschnitt überdurchschnittliche Industrialisierungserfolg Südkoreas konnte deshalb erreicht werden, weil

- insbesondere jene Industrieaktivitäten stimuliert wurden, für die der Binnenmarkt groß genug war, um alle Möglichkeiten für economies of scale auszuschöpfen, und bei denen Südkorea aufgrund natürlicher Standortbedingungen komparative Vorteile bereits hatte oder erwarten konnte;

- mit dem Nachlassen der Wachstumsdynamik des in der ersten Phase auf Konsumgüter beschränkten Importsubstitutionsprozesses durch schrittweisen Abbau der Protektion versucht wurde, den Preis- und Qualitätswettbewerb von außen zu intensivieren, wodurch sich der Zwang zur Ausnutzung von Produktivitätsspielräumen verstärkte. Gleichzeitig wurde durch eine Ausweitung der Industrialisierungsaktivitäten auf andere Sektoren für eine Vergrößerung des inländischen Angebots gesorgt.

115. Neben der Wahl der Sektoren erwiesen sich in Südkorea die flankierenden wirtschaftspolitischen Maßnahmen als entscheidend für die Chance der Importsubstitutionsindustrien, Marktanteile im Ausland zu erringen.

- Die Protektionspolitik wurde an dem Kriterium erzielbarer Produktivitätsgewinne ausgerichtet. Die Protektionsraten differierten nur unwesentlich, so daß sich nominaler und effektiver Schutz in etwa entsprachen, es also kaum zu einer protektionsbedingten Verzerrung der Produktionsstruktur kam.

- Es wurde dafür Sorge getragen, daß die Entwicklung der Löhne und Lohnnebenkosten Unternehmer nicht veranlaßte, arbeitssparende Technologien anzuwenden.

- Was die ausländischen Direktinvestitionen anbelangt, so wurden jene Unternehmen bei der Bewilligung bevorzugt, die auf die spezielle Faktorausstattung angepaßte Technologien anzubieten hatten.

- Zudem sorgte eine auf hohes wirtschaftliches Wachstum bedachte Führung durch die Abwertung der heimischen Währung und die Schaffung eines flexiblen Wechselkurssystems für realistische Wechselkursverhältnisse, die sowohl (noch) importsubstituierenden als auch (schon) exportorientiert produzierenden Unternehmen die Gewißheit gab, daß es zumindest zu keinen einschneidenden, wechselkursbedingten Änderungen ihrer Erlös-Kosten-Situation kommen würde.

- Darüber hinaus gab es eine Reihe von direkten Exportförderungsmaßnahmen, die die Bereitschaft von Importsubstitutionsindustrien, die höheren Risiken des Exportgeschäfts in Kauf zu nehmen, stimulierten.

116. Das Beispiel Südkoreas und - in geringerem Maße - auch Mexikos zeigt, daß eine Industrialisierung, die binnenmarktorientiert beginnt, zwar nicht automatisch zum spillover führt, jedoch in der Lage ist, jene Faktoren zu mobilisieren, auf deren Basis Exportförderungsmaßnahmen wirksam werden können. Zwar ist es auch in Südkorea zu Störungen im Ablauf des Industrialisierungsprozesses gekommen. Bemerkenswert aber ist, daß die Engpässe, die als Folge der Importsubstitution in vielen Ländern entstanden sind (vgl. Ziff. 14 ff.) hier praktisch nicht aufgetreten sind. Wo in anderen Ländern

- das Wachstumstempo sich nach Abbau des Nachfragestaus bei Konsumgütern mehr und mehr an den Bevölkerungs- und Einkommensanstieg anpaßte, sorgte in Südkorea der rechtzeitige spillover und die Ausweitung der Importsubstitution auf die dem Konsumgütersektor vorgelagerten Stufen für neue Wachstumsimpulse;
- der Industrialisierungsprozeß mit Rücksicht auf die internationale Liquidität häufig unterbrochen werden mußte, erwiesen sich in Südkorea die nach dem Kriterium späterer Wettbewerbsfähigkeit ausgewählten Importsubstitutionsaktivitäten als in der Lage, einen für die Finanzierung der weiteren Industrialisierung ausreichenden Devisenzustrom sicherzustellen;
- die Schaffung neuer Arbeitsplätze nicht einmal ausreichte, die Zunahme der Arbeitslosigkeit zu verhindern, gelang es in Südkorea, die Verwendung relativ arbeitsintensiver Technologien zu fördern und damit die Arbeitsplatzbeschaffung besser dem Arbeitskräftepotential anzupassen.

IV. Grundzüge einer effizienten Industrialisierungsstrategie

1. Importsubstitution als notwendige Vorphase zur Exportdiversifizierung

117. Bisher haben wir die Ziele einer auf Importsubstitution abgestellten Industrialisierung beschrieben sowie die bislang in drei Ländern praktizierte Importsubstitutionspolitik analysiert. Dabei hat sich ergeben, daß die Importsubstitution zu Verzerrungen in der Faktorallokation führen kann, die das wirtschaftliche Wachstumstempo verlangsamen und den Export hemmen. Andererseits sind der Importsubstitution - wie die wohlfahrtstheoretischen Erörterungen deutlich gemacht haben - einige faktormobilisierende Vorteile eigen. Die Diagnose des Industrialisierungsprozesses in den ausgewählten Ländern hat wichtige Anhaltspunkte dafür gebracht, daß man die Vorteile der Importsubstitution für eine raschere wirtschaftliche Entwicklung tatsächlich nutzen kann, ohne daß damit notwendigerweise der Weg in eine entwicklungspolitische Sackgasse verbunden ist. Wie eine Industrialisierungsstrategie aussehen könnte, die dies leistet, soll im folgenden Abschnitt skizziert werden. Wir stützen uns dabei auf die Ergebnisse unserer Untersuchungen, die gezeigt haben, daß eine exportorientierte Industrialisierung erst erfolgen kann, wenn das Land eine Phase der binnenmarktorientierten Produktion durchlaufen hat[1]. Wie lange die Importsubstitutionsphase dauert, ist primär eine Funktion der Größe des Landes (vgl. Ziff. 125). Ist das Land sehr klein, so kann im Extremfall die Periode der Importsubstitution sogar ent-

---

[1] Hinweise auf den zeitlichen Phasenverzug der Exporte gegenüber der Inlandsentwicklung finden sich auch bei E. Egner, Wachstumswirkungen der Rohstoffländer auf die Regionalstrukturen der westlichen Industrieländer. In: Der Einfluß der Europäischen Wirtschaftsgemeinschaft und der überseeischen Industrialisierung auf die westdeutsche Industrie. (Forschungs- und Sitzungsbericht der Akademie für Raumforschung und Landesplanung, Bd. 23.) Hannover 1963. S. 114: "Die Exportfähigkeit wird erst erreicht, wenn ein Industriezweig sich in der Versorgung des Binnenmarktes konsolidiert und dort einen Erfahrungsschatz angesammelt hat, was eine gewisse technische und wirtschaftliche Bewährung in sich schließt. Dann kommt der Augenblick, in dem die Leistungsfähigkeit so weit gediehen ist, daß man es wagen kann, in den Weltmarkt vorzustoßen." - Ähnlich bei C.P. Kindleberger, Foreign Trade and the National Economy. New Haven, Conn., London 1962. S. 58: "... exports can be developed only in those products for which there is a significant home market."

fallen. Die Länder Hongkong und Singapur sind Beispiele dafür. Der besonders große Erfolg, den beide Länder bei ihrer von Anfang an exportorientierten Industrialisierung verzeichneten, war freilich durch eine Reihe von Faktoren begünstigt, die zu Beginn der Industrialisierung gewöhnlich nicht anzutreffen sind, deren Bereitstellung von der (vorangegangenen) Importsubstitution aber gerade zu erwarten ist (vgl. Ziff. 120).

118. Unsere Feststellung, daß Importsubstitution und Exportdiversifizierung im zeitlichen Sinne komplementär zueinander sind, gründet sich auf die Beobachtung, daß potentielle Unternehmer sich bei der Entscheidung über die Aufnahme einer industriellen Produktion an deutlich sichtbaren Bedürfnissen orientieren. In Entwicklungsländern, die - wie auch die hier gewählten Länder Chile, Mexiko und Südkorea - verglichen mit ihrer Umwelt Nachzügler im Industrialisierungsprozeß sind, entsteht mit steigendem Einkommen und anhaltender Urbanisierung eine Nachfrage nach Gütern, die im Inland bisher noch nicht produziert werden. Daß mit dem Entstehen der heimischen Nachfrage gleichzeitig auch eine Produktion dieser Güter im Inland zustandekommt, und zwar sowohl den Verbraucherwünschen in Qualität und Aufmachung entsprechend als auch in ausreichender Menge und vom Preis wettbewerbsfähig, ist angesichts des in Entwicklungsländern typischen Mangels an risikobereiten Unternehmerpersönlichkeiten, an ausgebildeten und leistungsmotivierten Arbeitskräften und an materieller Infrastruktur fraglich. Unsicherheit über die Absatzentwicklung einzelner Produkte, weitgehende Unkenntnis verkaufsstrategischer Praktiken und Mangel an Erfahrung mit technischen Produktionsabläufen sind wichtige Hemmnisse[1]. Risikoloser ist es, die Produktion aufzunehmen, wenn Importe den Markt bereits erschlossen haben. Die Importe, die später substituiert werden, fungieren gleichsam als technologische und unternehmerische Imitationsmodelle, die übernommen werden, wenn staatliche Maßnahmen, wie etwa Protektionsregelungen, den inländischen Investoren Gewinne in Aussicht stellen, die größer sind als die entstehenden Alternativkosten in Form anderswo entgangener Gewinne.

119. Um an Stelle der Importsubstitution von Anfang an eine exportorientierte Industrialisierung erfolgreich betreiben zu können, bedürfte es in weit größerem Maße ausgebildeter Arbeitskräfte, unternehmerischer Risikobereitschaft und einer leistungsfähigen Infrastruktur, als sie in den meisten Entwicklungsländern in der vorindustriellen Phase anzutreffen sind. Erst wenn diese Faktoren in größerem

---

[1] Linder, a.a.O., S. 87 ff.

Umfang verfügbar sind, werden heimische Unternehmer ein (den Bedürfnissen nach Art, Qualität und Preis entsprechendes, u.U. raschen Geschmacksveränderungen unterworfenes) Produkt herstellen können, das auch auf Auslandsmärkten ertragreich zu werden verspricht. Die Untersuchungen über Südkorea haben dies im Positiven, die über Chile und Mexiko im Negativen deutlich gemacht; weitere bemerkenswerte Beispiele bieten die Erfahrungen Israels, Taiwans und neuerdings Brasiliens, von den Erfahrungen Japans in der Zwischenkriegs- und unmittelbaren Nachkriegszeit ganz zu schweigen[1].

120. Betrachtet man die von anderen Entwicklungsländern betriebene Industrialisierungspolitik, so war diese nur in Hongkong und Singapur von Anfang an exportorientiert. Diese beiden Stadtstaaten mit nur geringer Bevölkerung sind unseres Erachtens jeweils das Beispiel des bereits erwähnten Falles eines sehr kleinen Landes, in dem es erfolgversprechend scheint, die Industrialisierung exportorientiert zu beginnen. Denn da der Binnenmarkt klein war und da selbst mit steigendem Pro-Kopf-Einkommen eine nur vergleichsweise geringe Inlandsabsorption der Produktion erwartet werden konnte, bestanden angemessene Entwicklungschancen praktisch nur bei einer exportorientierten Industrialisierung, die durch Spezialisierung die Vorzüge der internationalen Arbeitsteilung ausschöpft, d.h.: Nur durch die Entscheidung für eine exportorientierte Industrialisierung konnten die komparativen Vorteile, die bei beiden Staaten in ihrer Öffnung nach außen lagen, genutzt werden. Dies hatte zur Folge, daß in besonderem Maße Auslandskapital und unternehmerisches Knowhow attrahiert wurden. Als zusätzlich günstig erwiesen sich traditionelle Faktoren, wie etwa besondere Handelspräferenzen, die sich aus der Zugehörigkeit zum Commonwealth ergaben, und ein kräftiger Zustrom an ausgebildeten Arbeitskräften sowie eine gut entwickelte Exportinfrastruktur (Außenhandelskammern, Marktforschungsorganisationen)[2]. So betrachtet, halten wir Singapur und Hongkong nicht

---

[1] Mitunter stößt man auf die Auffassung, Japan habe von Anfang an eine Politik der Exportdiversifizierung betrieben. Es liegen jedoch Untersuchungen vor, die nachweisen, daß Japan alle jene Erzeugnisse, die vor und während des "take-off" als seine besonders erfolgreichen Exportwaren galten, zuvor selbst importierte; danach erst wurden diese Güter im Inland produziert und schließlich auch exportiert. Das gilt auch für jene Güter, die Japan heute vorwiegend ausführt. Vgl. dazu W.W. Lockwood, The Economic Development of Japan, Growth and Structural Change 1868-1938. Princeton 1954.

[2] Vgl. Donges, Die Entwicklungsländer als Anbieter industrieller Erzeugnisse, a.a.O., S. 51 ff. - B. Glassburner, J. Riedel, Eco-

- wie in der Strategiediskussion[1] bisweilen behauptet - für Fälle, mit denen sich eine Überlegenheit der Exportdiversifizierung gegenüber der Importsubstitution belegen läßt, sondern für zwei extreme Beispiele, bei denen sich die Wahl der Industrialisierungsstrategie nicht stellt.

121. Unsere eigenen Länderuntersuchungen (insbesondere die über Südkorea) wie auch die Ergebnisse anderer empirischer Arbeiten sprechen dafür, daß sich der Übergang von der Importsubstitution zu einer Exportexpansion im industriellen Bereich gleitend vollziehen und zuerst bei jenen Gütern einsetzen sollte, die schon einen gewissen Reifegrad erreicht haben, während in anderen Bereichen Importsubstitution vielleicht erst aufgenommen oder verstärkt fortgesetzt wird. Kennzeichnend für diese Periode ist, daß Importsubstitution und Exportdiversifizierung in dem betreffenden Entwicklungsland nebeneinander als wachstumstragende Faktoren bestehen sollten, wobei sich das Gewicht der Importsubstitution im Zeitablauf immer mehr zugunsten der Exportexpansion verringern muß. Da man nicht erwarten kann, daß die Unternehmer des Inlandes, die bisher - vor Auslandskonkurrenz durch Zölle geschützt - für den Binnenmarkt produziert haben, ins Exportgeschäft drängen, nachdem die Protektion aufgehoben ist, bedarf es erfahrungsgemäß einer systematischen Exportförderungspolitik von seiten der wirtschaftspolitischen Instanzen, um Exportinteresse und Exportanstrengungen einheimischer Industrien hervorzurufen[2]. So gesehen, ist der Export von industriellen Gütern - anders als derjenige mancher Primärgüter wie etwa Öl, Kupfer, Zinn, Kautschuk - keine vorwiegend exogen bestimmte Größe; d.h. also, der Export ist nicht schon durch eine latente Weltnachfrage nach Industrieerzeugnissen quasi garantiert; das Exportangebot muß vielmehr stimuliert und gesteuert werden, damit es den Weltmarkt auch erreicht.

---

nomic Development Lessons from Hong Kong. "The Economic Record", Vol. 49 (1973), S. 637 ff. - J. Riedel, The Industrialization of Hong Kong. (Kieler Studien, 124.) Tübingen 1974. - D. Lotz, Singapur: Ein Beispiel für exportorientiertes Industriewachstum. "Die Weltwirtschaft", 1973, H. 1, S. 162 ff.

[1] Vgl. z.B. Little, Scitovsky, Scott, a.a.O. - B. Balassa, Growth Strategies in Semi-Industrial Countries. "The Quarterly Journal of Economics", Vol. 84 (1970), S. 24 ff.

[2] Donges, Die Entwicklungsländer als Anbieter industrieller Erzeugnisse, a.a.O., S. 55 f.

2. Erfordernisse für eine mittelfristig erfolgreiche Importsubstitution

122. Die im vorigen Abschnitt angestellten Überlegungen und unsere empirischen Untersuchungen sprechen dafür, daß in größeren Entwicklungsländern, die am Anfang ihrer Industrialisierung stehen, Importsubstitution eine wichtige - wenn nicht gar die einzige - Möglichkeit ist, das Ziel eines beschleunigten wirtschaftlichen Wachstums bei zunehmendem Beschäftigungsgrad zu erreichen. Eine wesentliche Erfolgsbedingung dafür ist, daß die Importsubstitution rational erfolgt, d.h. nicht nur nachfrageorientiert, sondern - jedenfalls auf längere Sicht[1] - auch nach Kriterien für eine gesamtwirtschaftlich effiziente Spezialisierung. Unter den in diesen Ländern herrschenden sozio-ökonomischen Bedingungen wird man - wie die Erfahrungen zeigen - nicht darauf vertrauen können, daß der Marktmechanismus den Einsatz der Produktionsfaktoren in der gewünschten Weise besorgen wird. Deshalb muß die Wirtschaftspolitik lenkend eingreifen.

123. In Entwicklungsländern, die mit ihrer Industrialisierung beginnen, gilt es, bereits bei der Importsubstitution zu gewährleisten, daß solche industriellen Aktivitäten stimuliert werden, die ein vergleichsweise großes Wachstums- und Beschäftigungspotential haben und die nach einer gewissen Phase der Importsubstitution Exportreife erlangen[2]. Die Industrien im einzelnen zu bestimmen, die längerfristig die relativ günstigsten Standortbedingungen aufweisen werden, ist außerordentlich schwierig. Im Grunde bedürfte es dazu einer möglichst genauen Vorstellung über die künftige Entwicklung der Welthandels- und Weltproduktionsstruktur sowie der Angebots- und Nachfrageverhältnisse auf den Güter- und Faktormärkten des eigenen Landes; die dazu erforderlichen umfangreichen empirischen Analysen können hier jedoch nicht angestellt werden. Wir begnügen uns damit, den zu fördernden Industriebereich als Ganzes zu umreißen.

124. Unterstellt man ein funktionsfähiges System der internationalen Arbeitsteilung, so werden angesichts der in den meisten Entwicklungs-

---

[1] Kurzfristig mag es möglich sein, durch eine Abkehr von der optimalen Faktorallokation das wirtschaftliche Wachstum zu beschleunigen. Dabei wird erwartet, daß die Wohlfahrtsverluste, die infolge des Abweichens von der optimalen Faktorallokation vorübergehend verursacht werden, per Saldo mehr als kompensiert werden.

[2] Für die Entwicklung einer Konzeption an einem konkreten Fall, nämlich Indonesien, vgl. J.B. Donges, B. Stecher, F. Wolter, Industrial Development Policies for Indonesia. (Kieler Studien, 126.) Tübingen 1974.

ländern vorherrschenden Faktorausstattung (jedenfalls bei relativ niedrigem Entwicklungsniveau) jene Industrien die größten Entwicklungschancen haben, deren Produktionsprozesse technisch einfach, aber relativ rohstoff- und/oder arbeitsintensiv ablaufen. Bei noch vergleichsweise niedrigem Pro-Kopf-Einkommen dürfte, wie internationale Querschnittsanalysen zeigen[1], die Einkommenselastizität der Nachfrage nach den von diesen Industrien erzeugten Gütern hoch sein, so daß diese Industrien auch Wachstumsindustrien sind (anders als etwa in zahlreichen Industrieländern, wo sie eher zu den schrumpfenden Branchen gehören). Mit steigendem Entwicklungsniveau kann dann auch die Förderung von Industrien gesamtwirtschaftlich gerechtfertigt sein, die Erzeugnisse herstellen, die technisch höherwertig sind und die in stärkerem Maße den Einsatz von Sachkapital und qualifizierten Arbeitskräften beanspruchen. Es handelt sich hierbei um Erzeugnisse, die in den Industrieländern forschungsintensiv entwikkelt werden und typischerweise einen Prozeß von der Neueinführung bis zur technischen Ausreifung durchlaufen, durch den sie dann standardisiert werden[2]. Sobald dieser Prozeß abgeschlossen ist, haben die inzwischen fortgeschritteneren Entwicklungsländer eine Chance, diese einst sehr kapital- und forschungsintensiven Produkte selbst herzustellen und zu exportieren. Denn mit der Standardisierung des in diesen Erzeugnissen inkorporierten technischen Wissens ist der relative Bedarf an Sach- und Ausbildungskapital auf ein Niveau zurückgegangen, der mit der in diesen Entwicklungsländern nunmehr vorhandenen Faktorausstattung kompatibel ist. Industriewaren, die auf diese Weise stärkeres Gewicht im Exportangebot von Entwicklungsländern gewinnen können und auch in der Vergangenheit bereits erlangt haben, sind Maschinen für die Metallverarbeitung, für die Textilindustrie und für die Landwirtschaft, Lastkraftwagen, Schiffe, feinmechanische und elektrotechnische Bauteile u.a.[3].

---

[1] Vgl. G. Fels, The Choice of Industry Mix in the Division of Labour between Developed and Developing Countries. "Weltwirtschaftliches Archiv", Bd. 108 (1972 I), S. 71 ff.

[2] Vgl. M.V. Posner, International Trade and Technical Change. "Oxford Economic Papers", N.S., Vol. 13 (1961), S. 323 ff. - R. Vernon, International Investment and International Trade in the Product Cycle. "The Quarterly Journal of Economics", Vol. 80 (1966), S. 190 ff. - S. Hirsch, Location of Industry and International Competitiveness, Oxford 1967. S. 16 ff. - Derselbe, Hypotheses Regarding Trade between Developing and Industrial Countries. In: Giersch (Ed.), The International Division of Labour, a.a.O., S. 65 ff.

[3] Vgl. Donges, Die Entwicklungsländer als Anbieter industrieller Erzeugnisse, a.a.O., S. 41 ff.

125. Nicht nur die richtige Wahl der zu fördernden Industrien ist wichtig, sondern auch der Umstand, daß die Importsubstitution insgesamt nicht über das gesamtwirtschaftlich vertretbare Maß hinausgeht. Was gesamtwirtschaftlich vertretbar ist, ergibt sich aus dem Postulat der Optimalität der Produktion. Konkret geht es darum, daß im Verlauf der Importsubstitution die entstehenden Unternehmen ihre Produktion auch tatsächlich bis zu jener Menge ausdehnen, bei der die totalen Durchschnittskosten ein Minimum sind. Ist wegen technisch bedingter Unteilbarkeiten der Aufbau von Überkapazitäten unvermeidlich, so ist dies gesamtwirtschaftlich nur dann nicht gravierend, wenn die begründbare Vermutung besteht, daß diese Überkapazitäten im weiteren Wachstumsprozeß wieder verschwinden.

Wichtige Anhaltspunkte für die Bestimmung des gesamtwirtschaftlich vertretbaren Ausmaßes der Importsubstitution ergeben sich aus der Größe des Landes und der Ausstattung mit natürlichen Ressourcen.

(a) Ist der Binnenmarkt klein, so sind nicht nur die Möglichkeiten gering, durch Importsubstitution die Industrialisierung zu beschleunigen; es sind auch die Möglichkeiten eng begrenzt, eine breit angelegte binnenmarktorientierte Industrialisierung (selbst befristet) effizient zu betreiben, weil ein - gemessen an der Bevölkerungszahl und dem Pro-Kopf-Einkommen - kleiner Inlandsmarkt kaum die Voraussetzung dafür bietet, optimale Betriebsgrößen zu schaffen.

(b) In Ländern mit einem großen Inlandsmarkt sind dagegen die Aussichten günstiger, über einen längeren Zeitraum die Wachstumsimpulse der Importsubstitution zu nutzen; es sind auch bessere Voraussetzungen gegeben, die Inlandsproduktion in diversifizierter Form aufzunehmen, ohne daß man sehr schnell auf den eingangs beschriebenen Nachfrage- und Zahlungsbilanzengpaß stößt (vgl. Ziff. 14 ff.). Dies gilt um so mehr, wenn das betreffende Entwicklungsland reichlich mit solchen natürlichen Rohstoffen, denen eine einkommenselastische Weltnachfrage gegenübersteht, ausgestattet ist; dann nämlich kann mit den Devisenerlösen auch der Importsog einer breiter angelegten Importsubstitution finanziert werden.

126. Die hier skizzierten allgemeinen Kriterien haben ganz bestimmte Implikationen für die Ausgestaltung des wirtschaftspolitischen Maßnahmenbündels. Wir wollen im folgenden darlegen, welche Aufgaben namentlich die Handels-, Währungs- und Faktorpreispolitik eines Entwicklungslandes, die die hauptsächlichen Elemente einer Importsubstitutionspolitik darstellen, dabei zu übernehmen haben. Zu diesem Zweck betrachten wir ein Entwicklungsland, das am Anfang sei-

ner Industrialisierung steht, in dem es also so gut wie noch keine industriellen Aktivitäten gibt; weiterhin bestehe zu Beginn außenwirtschaftliches Gleichgewicht bei dem gegebenen Wechselkurs.

Wie unsere eigenen Untersuchungen, so haben auch andere Arbeiten[1] ergeben, daß in einem Entwicklungsland, das sich in der frühen Phase seiner Importsubstitution befindet, für eine große Zahl von industriellen Aktivitäten externe Ersparnisse erwartet werden können. Dieser Umstand sowie die Beobachtung, daß Konsumenten ausländische Produkte gleichwertigen inländischen Gütern vorzuziehen tendieren und daß Unternehmer in Industrieländern ihre Exportpreise vorübergehend oder auch längerfristig auf Grenzkostenbasis kalkulieren[2], machen es notwendig, daß reifenden Industrien Schutz gewährt wird. Die entscheidende Frage ist natürlich die nach der Höhe des zu gewährenden Schutzes. Dieser muß so hoch sein, daß ausreichend große Anreize für die Aufnahme der Produktion gegeben werden, er darf jedoch nicht ein Ausmaß annehmen, bei dem der Zwang zu ökonomisch effizienter Produktion teilweise oder ganz entfällt. Dies bedeutet, daß der Schutz nicht exzessiv ausfallen darf und auf diejenige Zeit begrenzt werden sollte, während der bei den jungen Industrien höhere private Kosten anfallen als soziale Kosten verursacht werden. Das anfängliche Niveau dieses Schutzes sollte einheitlich sein, so daß sich nominale und effektive Protektion auf längere Sicht aneinander angleichen und protektionsbedingte Verzerrungen der Produktionsstruktur vermieden werden[3]. Die verantwortlichen Instanzen sollten bereits bei der Gewährung der Vergünstigungen auf den zeitlichen Übergangscharakter dieser Regelung verweisen, indem sie einen verbindlichen "Protektionsfahrplan" entwerfen, mit Hilfe dessen Unternehmen die Verminderung des Schutzes im Zeitablauf antizipieren können. Dies könnte etwa in der Weise geschehen, daß man die anfängliche Protektion von - sagen wir - 70 vH innerhalb von fünf Jahren schrittweise reduziert.

127. Das oben skizzierte Muster einer Protektionspolitik kann grundsätzlich (alternativ) auf zwei Wegen realisiert werden: Zum einen kann versucht werden, den gewünschten Grad der effektiven Protek-

---

[1] Vgl. Little, Scitovsky, Scott, a.a.O., S. 122 ff.

[2] Vgl. J.B. Donges, Conditions for Successful Import Substitution and Export Diversification in LDCs: A Summary Appraisal. In: Giersch (Ed.), The International Division of Labour, a.a.O., S. 346.

[3] Ein Abweichen vom einheitlichen Muster der Schutzzölle ist bei solchen industriellen Aktivitäten angezeigt, bei denen mit überdurchschnittlichen externen Ersparnissen zu rechnen ist.

tion durch Zölle, zum anderen durch eine partielle Abwertung der heimischen Währung zu erreichen[1]. Welchen der beiden Wege Entwicklungsländer beschreiten sollten, kann nicht generell entschieden werden. Gegen zollpolitische Maßnahmen spricht der hohe administrative Aufwand, der mit ihrer Anwendung verbunden ist. Jedoch ist auch die Handhabung eines multiplen Wechselkurssystems nicht ohne Schwierigkeiten zu bewerkstelligen, insbesondere, wenn man berücksichtigt, daß es ebenso wie das Zollsystem einem permanenten Wechsel unterworfen sein müßte, damit der Zwang für eine ökonomisch effiziente Produktion ständig erhalten bleibt. Die administrativen Voraussetzungen dürften sich für beide wirtschaftspolitischen Varianten also nicht sehr stark unterscheiden. Hinzu kommt, daß Zölle eine wichtige Einnahmequelle für Entwicklungsländer darstellen, jedenfalls solange das allgemeine Steuersystem noch rudimentär ist. Die Neigung, statt handelspolitischer Maßnahmen Wechselkursänderungen vorzunehmen, wird auch deshalb gering sein, weil in Entwicklungsländern nicht selten die Vorstellung besteht, eine Abwertung der Währung bedeute eine Schlechterstellung des Landes. Aus diesen Gründen ist es nicht unrealistisch, davon auszugehen, daß Entwicklungsländer in der Frühphase der Importsubstitution der Handelspolitik die wirtschaftspolitische Schlüsselrolle zuschreiben werden, nicht zuletzt auch deshalb, weil sie die Signalwirkung von Zöllen auf die Investitionsneigung heimischer Unternehmer für stärker halten als die von währungspolitischen Maßnahmen.

128. Wie die Analyse der Industrialisierungspolitik in Chile, Mexiko und Südkorea gezeigt hat, stellt die Verwirklichung einer rationalen Protektionspolitik nach dem geschilderten Muster die verantwortlichen Instanzen des betreffenden Landes vor einige Schwierigkeiten. Diese resultieren zum einen daraus, daß man überhaupt nicht weiß, bei welchen industriellen Aktivitäten man externe Ersparnisse erwarten kann, und zum anderen daraus, Kriterien zu finden, an die man die Höhe des Schutzes und später dann die Reduzierung der Erziehungszölle knüpft. Als besonders erschwerend dürfte sich der Umstand erweisen, daß nicht alle förderungswürdigen Industrieaktivitäten Produktivitätsgewinne in gleichem Ausmaß und Tempo werden

[1] Vgl. Little, Scitovsky, Scott, a.a.O., S. 171. - Die Äquivalenz beider Maßnahmen bezieht sich allein auf die Schutzwirkung. Unter einer anderen als der hier ins Auge gefaßten Zielsetzung, nämlich Investitionsanreize für junge Industrien zu schaffen, kann sich eine Maßnahme gegenüber der anderen als überlegen erweisen. Vgl. dazu J.E. Meade, The Theory of International Economic Policy. Vol. I: The Balance of Payments. London, New York, Toronto 1951, S. 309 ff.

realisieren können; deshalb muß damit gerechnet werden, daß einzelne Gruppen eine Beibehaltung der ursprünglichen Vergünstigung fordern werden. Hier gilt es abzuschätzen, ob durch Lernprozesse induzierte externe Ersparnisse noch zu erwarten sind oder nicht. Im letzteren Fall ließe sich die Beibehaltung der Protektion gesamtwirtschaftlich nicht rechtfertigen. Im erstgenannten Fall wäre es vermutlich sinnvoller, wenn die wirtschaftspolitischen Instanzen versuchten, die Forderung nach Fortdauer eines Schutzes vor Importen von seiten dieser "Nachzügler" mit Maßnahmen zu beantworten, die die privatwirtschaftlichen Kosten der Produktion zu verringern helfen; zu denken wäre hier insbesondere an die beschleunigte Durchführung staatlicher Infrastrukturinvestitionen[1].

129. Die Erfahrungen in Südkorea sind ein gutes Beispiel dafür, daß auch eine Handelspolitik, die weitgehend auf rationalen Kriterien basiert, durch Maßnahmen ergänzt werden muß, die geeignet sind, inflationäre Kräfte unter Kontrolle zu halten und/oder eine Überbewertung der heimischen Währung zu vermeiden, zu der es kommt, wenn beim jeweiligen (festen) Wechselkurs das Kosten- und Preisniveau im Inland stärker steigt als im Ausland. Denn sofern eine Industrialisierung via Importsubstitution einen überproportionalen Anstieg des Importbedarfs in einer Volkswirtschaft induziert und die Zahlungsbilanz bei festem Wechselkurs - unter sonst gleichbleibenden Bedingungen - zu fundamentalen Defizitungleichgewichten neigt, kann die Wettbewerbsfähigkeit der entstehenden Industrie beeinträchtigt werden. Die Verminderung der Wettbewerbsfähigkeit resultiert aus Preisauftriebstendenzen, die sich besonders leicht dann ergeben, wenn die verantwortlichen Instanzen Importe mit der Absicht zu beschränken versuchen, den Importbedarf an die (geringere) Importkapazität anzupassen und dadurch einen Teil der bisher im Ausland befriedigten Nachfrage auf den Binnenmarkt lenken, ohne daß das Angebot aus heimischer Produktion entsprechend expandiert[2].

---

[1] Derartige Maßnahmen sind als Korrekturmittel in all jenen Fällen zu verstehen, in denen der Erziehungszoll - in falscher Einschätzung der Entwicklung von externen Ersparnissen und privaten Kosten - zu früh abgebaut worden ist.

[2] Es ist einleuchtend, daß Preissteigerungen nicht notwendigerweise aus Importbeschränkungen zu resultieren brauchen. Wir haben uns bei dieser Betrachtung jedoch an dem in den meisten Entwicklungsländern zu beobachtenden Fall orientiert, daß die wirtschaftspolitischen Instanzen nicht oder nicht in ausreichendem Umfang komplementäre geldpolitische Maßnahmen ergriffen haben oder aus beschäftigungspolitischen Gründen ergreifen konnten. Vgl. dazu z.B. die Ausführungen bei: J.B. Donges,

130. Es läge nahe, die Überbewertung der heimischen Währung durch eine abrupte Abwertung zu beseitigen. Jedoch würde eine solche Maßnahme bedeuten, daß bei einer starken Diskrepanz zwischen dem Außenwert und dem Binnenwert der Währung die Wechselkurskorrektur sehr hoch ausfallen müßte - insbesondere dann, wenn man bei der Korrektur etwas vorhalten müßte, weil das Binnenpreisniveau relativ zu den Weltmarktpreisen weiter (wenn auch verlangsamt) ansteigt. Bei einer abrupten Verteuerung der Importe, wie sie eine solche Korrekturmaßnahme bedeutete, besteht in Entwicklungsländern indes die Gefahr, daß der Preisauftrieb zusätzlich genährt wird, wenn das betreffende Land in starkem Maße von strategisch wichtigen Importen abhängig ist (für Entwicklungsländer typisch) und somit die Möglichkeiten für ein Zurückdrängen der inländischen Absorption beschränkt sind. Denn sofern z. B. die Einfuhr von notwendigen Nahrungsmitteln fühlbar verteuert wird, kann es zu Reaktionen bei den Lohnempfängern kommen, die den Erfolg der Abwertung in Frage stellen könnten. Angesichts dieser Umstände scheiden abrupte Wechselkursänderungen als Maßnahme zur Korrektur divergierender Kosten- und Preisniveauentwicklungen zwischen dem Inland und dem Ausland aus.

Eine politisch leichter durchsetzbare und auch sinnvollere Form, dieses Problem zu lösen, ist der Übergang zu flexiblen Wechselkursen. Denn ein flexibles Wechselkurssystem läßt Kursänderungen zu, die sich eher unter der lohnpolitischen Reizschwelle halten als abrupte (große) Korrekturen. Kann sich das betreffende Land nicht zu einer vollkommenen Wechselkursflexibilität entschließen, so muß doch ein Wechselkurssystem gewählt werden, das den inländischen Unternehmern die Gewißheit gibt, daß die Wettbewerbsrelationen gegenüber dem Ausland nicht künstlich zu ihren Ungunsten verzerrt werden; dies kann ein Wechselkurssystem leisten, das wettbewerbsneutral in dem Sinne ist, daß es Wechselkursänderungen erlaubt, die zu keiner wechselkursbedingten Verschiebung der Wettbewerbsposition auf dem Weltmarkt ebenso wie auf dem Binnenmarkt führen[1].

Über das Inflationsproblem in Entwicklungsländern unter besonderer Berücksichtigung von Argentinien, Brasilien, Chile und Mexiko. (Annales Universitatis Saraviensis, H. 48.) Köln 1970. S. 33 ff.

[1] Die Bedeutung einer wettbewerbsneutralen Entwicklung des Wechselkurses diskutiert, auf den Fall einer Währungsaufwertung angewandt, H. Giersch, Entrepreneurial Risk under Flexible Exchange Rates. In: G.N. Halm (Ed.), Approaches to Greater Flexibility of Exchange Rates. (The Bürgenstock Papers.) Princeton, N.J., 1970. S. 145 ff.

131. Ein elastisches Wechselkurssystem garantiert aber noch nicht, daß sich ein Land Devisen für Importe in dem Umfang verschaffen kann, wie unter entwicklungspolitischen Aspekten für notwendig erachtet werden könnte. Denn da Importe zum großen Teil komplementär zu heimischen Produktionsfaktoren sind, können Deviseneinnahmen und Importvolumen den Spielraum für Beschäftigung und Wachstumstempo des Entwicklungslandes erheblich einengen. Der Devisenengpaß läßt sich ausweiten, und das Entwicklungstempo läßt sich erhöhen, wenn man auf eine Unterbewertung der eigenen Währung hinwirkt[1]. Eine Unterbewertung kommt in ihrer Wirkung einer Maßnahme gleich, die alle Importe mit einer gleich hohen Steuer belegt und alle Exporte im gleichen Ausmaß subventioniert; eine Unterbewertung begünstigt also Unternehmer zu Lasten der Konsumenten, indem sie eine Senkung des Reallohnniveaus unter das Produktivitätsniveau herbeiführt. Welche Wirkungen von der Unterbewertung auf die Leistungsbilanz, auf die Deviseneinnahmen und den Beschäftigungsgrad ausgehen, kann a priori nicht bestimmt werden; dies hängt von den Import- und Exportelastizitäten ab. Kurzfristig kann es durchaus zu einer Verschlechterung der Leistungsbilanz, zu einer Verminderung der dringend notwendigen Deviseneinnahmen und zu negativen Beschäftigungswirkungen kommen. Positive Auswirkungen auf die Beschäftigung und die Deviseneinnahmen ergeben sich jedoch längerfristig aus dem induzierten Export und aus vermehrter Importsubstitution; diese können um so eher wahrgenommen werden, je weniger die begünstigten Produktionsbereiche von Importen abhängen.

Neben langfristigen dynamischen Wohlfahrtsgewinnen, die man sich von der höheren inländischen Beschäftigung versprechen kann, sind es aber vor allem die längerfristigen Auswirkungen auf die Kapitalbilanz, die die Vorteile der Unterbewertungsstrategie ausmachen. Ebenso wie es für heimische Produzenten lohnender geworden ist, Importe zu substituieren und vermehrt zu exportieren, gewinnt das Land auch für ausländische Investoren an Attraktivität. Die Zunahme der Kapitalimporte führt zu einer Aufwertungstendenz der heimischen

---

[1] Eine bewußte Unterbewertung der heimischen Währung hat Cooper mit Blickrichtung auf die Ausweitung der Exporte und der damit verbundenen Devisenerlöse vorgeschlagen. R.N. Cooper, An Assessment of Currency Devaluation in Developing Countries. In: G. Ranis (Ed.), Government and Economic Development. New Haven, Conn., London 1971. S. 472 ff. - H. Giersch verdanke ich den Hinweis, daß die von Cooper befürwortete Unterbewertung entwicklungspolitisch nur dann sinnvoll ist, wenn sie - wie hier in Ziff. 131 beschrieben - einen monetären Kapitalzustrom in Verbindung mit einer passiven Leistungsbilanz induziert, also den Realtransfer von Ressourcen ermöglicht.

Währung, der wiederum eine Abwertungstendenz gegenübersteht, wenn das zusätzliche Devisenangebot zur Finanzierung zusätzlicher Importe eingesetzt wird. Sowohl der Kapitalzustrom aus dem Ausland als auch die vermehrten Exporterlöse führen also auf längere Sicht zu einer Aktivierung der Zahlungsbilanz, die vermehrten Import und somit eine raschere wirtschaftliche Entwicklung erlaubt. Der Zentralbank kommt dabei die Rolle zu, die Unterbewertung, die durch die Devisenüberschüsse tendenziell beseitigt wird, aufrechtzuerhalten. Je nachdem, ob der Devisenzustrom und damit das Importvolumen, das die wirtschaftspolitischen Instanzen zur Industrialisierung für erforderlich halten, erreicht wird oder nicht, behält sie den Wechselkurs der heimischen Währung bei oder ändert ihn.

132. Die gezielte Unterbewertung der Währung könnte auch dann angebracht sein, wenn im Exportangebot eines Entwicklungslandes, das mit seiner Industrialisierung gerade beginnt, Primärgüter dominieren, denen eine sehr einkommenselastische Nachfrage gegenübersteht. Erdöl, Holz, Kupfer, Gummi oder Zinn sind Beispiele hierfür. Denn die Weltmarktbedingungen für solche Primärgüter können dem betreffenden Land einen derart starken Devisenzustrom bescheren, daß das außenwirtschaftliche Gleichgewicht bei einem Wechselkurs erreicht wird, der die Inlandswährung relativ hoch bewertet. Der Kurs kann sogar so hoch werden, daß die Protektion in der entstehenden Industrie auf ein Niveau reduziert wird, bei dem - ceteris paribus - die inländische Investitionsneigung in Importsubstitutionsindustrien geringer wird, als wachstumspolitisch wünschenswert ist[1]. Unter diesen Umständen bedarf es währungspolitischer Maßnahmen, damit die potentiell vorhandene Wettbewerbsfähigkeit bestimmter Industrien genutzt werden kann. Dies kann etwa in der Weise geschehen, daß man (a) die heimische Währung abwertet und den Primärgüterexport besteuert oder (b) ein System multipler Wechselkurse einführt, bei dem nur der Kurs für Primärgüterexporte dem alten Gleichgewichtskurs entspricht[2].

133. Der nur geringe spillover-Erfolg Chiles und (mit Einschränkung) auch Mexikos illustriert in besonders eindrucksvoller Weise, daß es neben der Handels- und Währungspolitik faktorpreispolitischer

[1] Auf diesen als "Kuwait-Effekt" bezeichneten Extremfall verweist Cooper, a.a.O., S. 472 ff.

[2] Zur partiellen Unterbewertung der heimischen Währung gibt es auch eine handelspolitische Alternative, die darin besteht, der Importsubstitutionsindustrie - bei gegebenem Wechselkurs - einen Schutz zu gewähren, der über den der reinen Erziehungszölle hinausgeht.

Maßnahmen bedarf, damit das angestrebte Ziel, einen international wettbewerbsfähigen Produktionsapparat zu schaffen, erreicht werden kann. Folgt man dem oben erwähnten Postulat des Faktorproportionentheorems, wonach sich Länder gemäß ihrer komparativen Kostenstruktur spezialisieren sollten, so bedeutet dies für Entwicklungsländer, die am Anfang ihrer Industrialisierung stehen, daß sie dem reichlichen Angebot an ungelernten und wenig qualifizierten Arbeitskräften dadurch Rechnung tragen, daß im Produkt-Mix industrielle Güter dominieren, die relativ arbeitsintensiv und zugleich kapitalsparend erzeugt werden können und daß (bei gegebenem Produkt-Mix) im Rahmen technologischer Substitutionsmöglichkeiten relativ arbeitsintensive Herstellungsverfahren ganz allgemein den Vorzug erhalten. Hierzu ist es notwendig, daß die Faktorpreisrelationen den Faktorknappheitsrelationen entsprechen. Die Reallöhne dürfen nicht die Alternativkosten der Arbeit übersteigen, so daß Unternehmer (von daher) nicht veranlaßt werden, arbeitssparende Technologien zu verwenden. Gleiche Überlegungen gelten für den Faktor Kapital, dessen Preis so hoch sein muß wie es seiner relativen Knappheit entspricht, damit der in Entwicklungsländern ohnehin bestehenden Neigung, moderne, d.h. relativ kapitalintensive Produktionsverfahren anzuwenden, nicht zusätzlich Vorschub geleistet wird.

134. Weitere Ansatzpunkte für die Anwendung adäquater Technologien ergeben sich für die verantwortlichen Instanzen in den Entwicklungsländern daraus, daß

- staatliche Unternehmen angewiesen werden können, nicht modernste und kapitalintensive Technologien zu importieren, wenn alternative Produktionsverfahren zu beziehen sind, die mehr Arbeitskräfte absorbieren, ohne daß dabei die Arbeitsproduktivität auf ein so niedriges Niveau sinkt, daß der Kapitalkoeffizient höher wird als bei einer vergleichsweise kapitalintensiven Fertigung;
- bei der Genehmigung ausländischer Direktinvestitionen jenen Vorhaben Priorität eingeräumt werden kann, die relativ arbeitsintensiv sind[1];
- die Höhe von Investitionshilfen, falls diese für notwendig gehalten werden, nach dem Grad der Arbeitsintensität gestaffelt werden kann, indem man z.B. Subventionen nach der Lohnsumme oder der Anzahl

---

[1] Hierbei ist - wie in vielen Entwicklungsländern zu beobachten - vorausgesetzt, daß es ein größeres Angebot an Direktinvestitionen gibt, als man für die wirtschaftliche Entwicklung braucht.

der geschaffenen Arbeitsplätze (statt nach dem Investitionsvolumen) bemißt[1];

- die Einfuhr von second-hand-Anlagen, die in der Regel weniger kapitalintensiv und billiger als jüngere Maschinengenerationen sind, und die Verwendung von im eigenen Land entwickelten Produktionsverfahren, sofern diese den reichlich vorhandenen Produktionsfaktor Arbeit besonders stark beanspruchen, zoll-, steuer- und/oder kreditpolitisch begünstigt werden können.

3. Erfolgsbedingungen des spillover

135. Orientiert ein Entwicklungsland seine Importsubstitutionspolitik an rationalen Kriterien - wie wir sie im vorangegangenen Abschnitt skizziert haben -, so ist damit zwar eine wesentliche Erfolgsbedingung für die Wiedereinschaltung in die internationale Arbeitsteilung erfüllt, nicht aber unbedingt sichergestellt, daß die Importsubstitution automatisch den spillover in die Exportexpansion herbeiführt. Diese Einschränkung scheint geboten, nachdem die Erfahrung auch jener Entwicklungsländer, die eine vergleichsweise erfolgreiche Importsubstitutionspolitik betrieben haben (etwa Südkorea und Taiwan), zeigt, daß die Unternehmer in diesen Ländern nur langsam Exportbewußtsein entwickeln. Waren aber in den "Musterfällen" zusätzliche wirtschaftspolitische Impulse für den spillover notwendig, so bedarf es der wirtschaftspolitischen Unterstützung ganz sicher in jenen anderen Entwicklungsländern, die - wie Chile und Mexiko - im Verlauf ihrer binnenmarktorientierten Industrialisierung einen Produktionsapparat ohne Berücksichtigung der Kriterien internationaler Spezialisierung errichtet haben. Insbesondere auf diese zweite Ländergruppe sind die folgenden Überlegungen abgestellt.

136. Welches sind die Bedingungen dafür, daß ein Entwicklungsland sich mit den Produkten, die es während der Importsubstitutionsphase im Inland zu produzieren begonnen hat, wieder verstärkt in die internationale Arbeitsteilung einschalten kann? Hierbei ist zu unterscheiden zwischen der Wahl der Güter, deren Export angestrebt wird, und den wirtschaftspolitischen Maßnahmen, durch die eine verstärkte Exportorientierung erreicht werden soll. Werden, wie im Fall eines unserer Länderbeispiele, nämlich Südkorea, jene Industrien während der Importsubstitutionsphase gefördert, die den gegebenen oder mittelfristig erreichbaren komparativen Vorteilen entsprechen, dann kann

---

[1] J.P. Agarwal, Zur Novellierung des Entwicklungshilfesteuergesetzes. Drei Vorschläge zur Reform. Kiel 1973.

erwartet werden, daß die Erzeugnisse dieser Industrien nach einer gewissen Reifezeit gute Chancen haben, Marktanteile auch im Ausland zu erzielen. Das Exportgeschäft ist jedoch mit erheblich größeren Risiken behaftet als der Absatz auf dem Inlandsmarkt; dies hat seinen Grund u. a. darin, daß Unternehmer in Entwicklungsländern wenig zuverlässige Informationen über Absatzbedingungen auf Auslandsmärkten (selbst denen der Nachbarländer) besitzen, daß sie nicht vertraut sind mit den Verbrauchergewohnheiten und -ansprüchen auf potentiellen Absatzmärkten, daß der Preis-, Qualitäts- und Lieferzeitwettbewerb auf den internationalen Märkten ohne Zweifel weitaus intensiver ist als im Inland während der Importsubstitutionsphase. Erschwerend kommt hinzu, daß der Aufbau eines Vertriebs- und Kundendienstnetzes im Ausland mit erheblichen Kosten verbunden ist und die in potentiellen Bestimmungsländern errichteten Importbarrieren die Markterschließung behindern, wenn nicht sogar - wie im Falle von Einfuhrkontingentierungen - unterbinden können. Diese Umstände lassen es angezeigt erscheinen, den Übergang von einer vorwiegend binnenmarktorientierten zu einer verstärkt auf den Export ausgerichteten Industrialisierung durch eine gezielte Exportförderungspolitik zu unterstützen. Daß die Wirtschaftspolitik nachhelfend eingreift, ist - wie bereits angedeutet - besonders in jenen Entwicklungsländern notwendig, die keine rationale Importsubstitution betrieben haben, so daß die angestrebte Umorientierung auf Exportexpansion nicht nur an den erwähnten Risiken scheitern könnte, sondern auch daran, daß eine verzerrte Preisstruktur und ein allgemein überhöhtes Kostenniveau bei gegebenem Wechselkurs einen sichtbaren internationalen Konkurrenzrückstand hervorgerufen haben.

137. Gerade in dieser Ländergruppe fällt der Handelspolitik für den erfolgreichen spillover eine wesentliche Aufgabe zu. Im wesentlichen geht es darum, die Zollstruktur, die in der Phase exzessiver Importsubstitution in aller Regel stark diversifiziert worden war, wieder zu glätten, damit Eskalations- und De-Eskalationswirkungen, wie sie sich in unterschiedlichen effektiven Raten der Zollprotektion niederschlagen, behoben werden; dies läßt sich durch eine Harmonisierung der nominalen Zollraten bewirken, was in einzelnen Fällen bedeuten kann, daß Nominalzölle erhöht werden müssen (etwa bei Inputgütern). Die Harmonisierung sollte mit einem allmählichen Abbau der effektiven Protektion verbunden werden, damit der Preis- und Qualitätswettbewerb von außen intensiviert wird, wodurch sich der Zwang, alle Möglichkeiten zu Produktivitätssteigerungen auszunutzen, verstärkt.

138. Wird der exzessive Schutz, den die betreffende Industrie bisher gegenüber der Auslandskonkurrenz genossen hat, abgebaut, so wird es für inländische Unternehmer zwar immer weniger lukrativ, sich

auf dem heimischen Markt um den Mehrabsatz ihrer Erzeugnisse zu bemühen. Jedoch ist trotz gedämpfter Gewinnerwartungen die Produktion für den Inlandsmarkt bei gegebenem Wechselkurs immer noch attraktiver als der Absatz auf Exportmärkten. Der Grund dafür liegt in dem Umstand, daß die Produktionskosten von Exporteuren höher als die von ausländischen Wettbewerbern sind, weil die verbleibende Protektion importierte und heimische Inputgüter verteuert, im Exportgeschäft jedoch zu Weltmarktpreisen (die gleichsam Freihandelspreise widerspiegeln) kalkuliert werden muß, also kaum Überwälzungsmöglichkeiten (wie etwa auf dem geschützten Inlandsmarkt) bestehen. Dies aber bedeutet, daß die Erlös-Kosten-Relation bei Importsubstitutionsindustrien günstiger als bei Exportindustrien ist. Exportunternehmen sind damit gegenüber Importsubstitutionsunternehmen diskriminiert, weil sie gleichsam ein größeres Maß an Wettbewerbsfähigkeit erzielen müssen, als eigentlich notwendig ist, um unter normalen Bedingungen wettbewerbsfähig zu sein[1].

Unsere empirischen Untersuchungen über Chile, Mexiko und Südkorea sowie andere Arbeiten für eine Reihe von Entwicklungsländern[2] haben ergeben, daß die Benachteiligung industrieller Erzeugnisse als Folge der Importprotektion ganz erheblich sein kann (vgl. Tabelle A 22). Dies aber bedeutet nichts anderes, als daß Erzeugnisse, die bei einem Freihandelswechselkurs exportiert werden könnten, nicht exportiert werden, weil die protektionsbedingte Überbewertung der heimischen Währung diese Güter für den Auslandsmarkt künstlich verteuert. Die Folge ist eine Art "Ineffizienzsyndrom" bei Unternehmern in Entwicklungsländern, dessen Überwindung zur wesentlichen Erfolgsbedingung für einen spillover auf breiter Basis wird. Diese Überlegungen gelten übrigens auch für einen spillover im Anschluß an eine Phase rational betriebener Importsubstitution.

---

[1] Dieser Diskriminierungseffekt gegenüber Exportunternehmen wird in der entwicklungspolitischen Diskussion als Maß für die Ineffizienz der Exportproduktion angesehen und von Unternehmen, die im Exportgeschäft unerfahren und ihre Exportmöglichkeiten eher pessimistisch einzuschätzen geneigt sind, häufig als Argument dafür vorgebracht, daß sie sich mehr oder weniger notgedrungen auf den Binnenmarkt konzentrieren müßten. Mit ähnlichen Argumenten wurde bei Unternehmerbefragungen in Indonesien die geringe Exportintensität der Produktion auch solcher Unternehmen begründet, die über potentiell große Exportchancen verfügen. Vgl. Donges, Stecher, Wolter, a.a.O.

[2] Balassa and Ass., a.a.O. - J.B. Donges, Shaping Spain's Export Industry. "World Development", Vol. 1 (1973), No. 9, S. 19 ff.

139. Die Gewährung kompensierender Exportsubvention ist deshalb eine notwendige Bedingung dafür, daß die Exportfähigkeit gereifter Industrien in tatsächlichen Export umgesetzt werden kann. Für die wirtschaftspolitischen Instanzen kommt es darauf an, einen für alle Industrien gleich hohen effektiven Protektionsgrad zu schaffen, so daß Exportunternehmen auch die gleichen Chancen wie Importsubstitutionsindustrien erhalten. Ein erster (zeitlich begrenzter) Schritt in dieser Richtung könnte darin bestehen, daß man Exportindustrien genauso wie Importsubstitutionsindustrien Zölle für bestimmte importierte Rohstoffe und intermediäre Güter rückerstattet bzw. den zollfreien Import dieser Güter gestattet. Mit Hilfe derartiger Maßnahmen wäre zwar erreicht, daß Exportunternehmer nicht länger durch die noch bestehende Protektion ihrer Inputgüter benachteiligt werden, es wäre aber noch nicht die aus der Überbewertung resultierende Benachteiligung (die eine Folge der Zollprotektion ist) beseitigt; die effektive Nettoprotektion wäre für Exportunternehmen vielmehr negativ[1]. Eine Gleichstellung von Export- und Importsubstitutionsindustrien kann dadurch erreicht werden, daß man Exportunternehmen Subventionen in gleichem Umfang gewährt, in dem Importsubstitutionsindustrien effektiven Zollschutz genießen[2]. Die Palette möglicher Maßnahmen ist breit. Ins Auge gefaßt werden könnten beispielsweise Steuergutscheine, die - verglichen mit anderen (direkten) Subventionen - den Vorteil haben, daß die Gefahr handelspolitischer Gegenmaßnahmen von seiten der Importländer gering ist[3].

140. Wegen der bereits an anderer Stelle erwähnten besonderen Risiken des Exportgeschäfts kann nicht erwartet werden, daß ein Unternehmer sich schon dann um den Absatz auf Exportmärkten bemühen wird, wenn das Weniger an effektiver Importprotektion durch ein

---

[1] Unterstellt ist bei dieser Betrachtung, daß Exportunternehmen selbst keinen Nutzen aus der Überbewertung ziehen. Natürlich kann sich ein ausgleichender Protektionseffekt ergeben, wenn der Anteil importierter Inputgüter, die bei Überbewertung zu niedrigen Preisen (ausgedrückt in heimischer Währung) bezogen werden können, an den gesamten Inputs bei Exportunternehmen höher ist als bei Importsubstitutionsindustrien.

[2] Man könnte versuchen, das Protektionsgleichgewicht auch durch die währungspolitische Maßnahme einer Teilabwertung zu erreichen. Ob sie Exportsubventionen überlegen ist, kann nur im Einzelfall entschieden werden. Vgl. dazu Meade, The Theory of International Economic Policy, Vol. I, a.a.O., S. 309 ff. - P. Streeten, The Case for Export Subsidies. "The Journal of Development Studies", Vol. 5 (1969), S. 270 ff.

[3] Eine Diskussion weiterer Vorteile sowie Fragen der Operationalität einer solchen Maßnahme findet sich bei Donges, Stecher, Wolter, a.a.O., S. 109.

Mehr an Exportsubvention ausgeglichen wird. Deshalb werden die verantwortlichen Instanzen mit Hilfe gezielter Maßnahmen exportfähige Unternehmer bei dem Versuch unterstützen müssen, Marktanteile im Ausland zu erringen. Dies kann durch staatliche Informationspolitik, Veranstaltung von Messen, Aufbau von Absatzorganisationen mit staatlicher Beteiligung, Exportfinanzierungshilfen, Bereitstellung von Ausfallbürgschaften, Marktforschung im Ausland u.a. geschehen. Worauf es also ankommt, ist, die heimischen exportfähig gewordenen Unternehmer davon zu überzeugen, daß die Bedienung der Auslandsmärkte nicht nur Ausweichmöglichkeit für den die Inlandsabsorption übersteigenden Teil der Produktion und damit "Überlaufventil" ist, sondern als strategische Variable betrachtet werden kann. Die Aussicht, heimische Unternehmer exportbewußt zu machen, wird in den Entwicklungsländern am größten sein, in denen bereits während der Importsubstitutionsphase auf den Übergangscharakter dieser Industrialisierungsform verwiesen worden ist. Als im Hinblick auf die angestrebte Exportausweitung besonders erfolgsversprechend könnte sich zu Beginn des spillover der Versuch erweisen, heimische Industriewaren in Länder zu exportieren, die ein ähnliches (niedriges) Pro-Kopf-Einkommen haben, statt diese Waren gleich auf Industrieländermärkten anzubieten. Denn in anderen Entwicklungsländern dürften die Verbrauchsgewohnheiten denen ähnlich sein, die junge Industrien während der Importsubstitutionsphase auf dem eigenen Binnenmarkt vorgefunden und an die sie sich angepaßt haben. Dies wird es den betreffenden Unternehmen erleichtern, Erfahrungen im Exportgeschäft zu sammeln, die Aufnahmefähigkeit eines weithin unbekannten Marktes zu testen, Handelskontakte zu knüpfen und damit die Grundlagen für ein erfolgreiches Vordringen auf fremden Märkten auch mit anderen Produkten zu schaffen.

141. Ob das erworbene Exportpotential von dem betreffenden Entwicklungsland auch mittel- und langfristig ausgeschöpft werden kann, hängt neben den oben angesprochenen (vorübergehenden) Kompensations- und Förderungsmaßnahmen sowie der Exportbereitschaft heimischer Unternehmer auch davon ab, ob es den wirtschaftspolitischen Entscheidungsträgern des Landes über die Übergangsphase des spillover hinaus gelingt, die Wettbewerbsfähigkeit der entstandenen jungen Industrien zu erhalten. Damit die bisher auf dem Binnenmarkt konzentrierten Unternehmer ihre Dispositionen auf das Ziel ausrichten, Marktanteile auch im Ausland zu erobern und zu sichern, brauchen sie - ähnlich wie in der Importsubstitutionsphase (vgl. Ziff. 129) - die Gewißheit, daß die Wechselkursentwicklung mit der noch relativ stark steigenden inländischen Preisentwicklung Schritt hält und daß das Wettbewerbsverhältnis zum Ausland nicht künstlich verschlechtert

wird. Dies vermag eine flexible (wettbewerbsneutrale) Wechselkurspolitik zu leisten. Der von einigen Entwicklungsländern, namentlich Brasilien[1], Kolumbien und den Philippinen, eingeschlagene Weg eines kontrollierten "Crawling Peg" könnte hierbei zum Muster einer elastischen Wechselkursstrategie werden.

142. Eine Politik flexibler Wechselkurse ist - in Verbindung mit den geschilderten handelspolitischen Maßnahmen - besser geeignet, die mit dem spillover angestrebte Exportdiversifizierung bei Industriewaren zu unterstützen, als etwa eine Politik abrupter Wechselkursänderungen: Denn da der Außenwert der Währung kontinuierlich an die Entwicklung der Binnenkaufkraft angepaßt wird, kann eher erwartet werden, daß die preissteigernden Wirkungen der Abwertung nicht abrupt auftreten und dadurch zusätzlich latente Preisauftriebstendenzen hervorrufen. In einem Land, dessen Unternehmer sich nach einer mehr oder weniger langen Importsubstitutionsphase erst an eine stärker werdende Auslandskonkurrenz gewöhnen müssen, trägt eine flexible Wechselkurspolitik damit dazu bei, daß sowohl das Investitionsklima verbessert als auch längerfristige Investitionsentscheidungen erleichtert werden. Denn da die Kursentwicklung eher prognostiziert werden kann, vermindert sich das Risiko rascher Verschlechterungen in der Wettbewerbsposition auf den eigenen und fremden Märkten. Damit dürften auch Exportaktivitäten stimuliert werden, da die betreffenden Unternehmen nicht länger zu befürchten brauchen, jüngst erschlossene Absatzmärkte im Ausland wieder zu verlieren, weil die Parität nicht oder nicht rechtzeitig geändert wird.

143. Angesichts der hohen Importabhängigkeit bei intermediären Gütern und Kapitalgütern, die während des spillover gegeben ist, kann damit gerechnet werden, daß durch die hier geschilderten Maßnahmen wenigstens ein Teil der Verzerrungen der relativen Faktorpreise beseitigt wird. Jedoch bedarf es zusätzlicher wirtschaftspolitischer Maßnahmen, wenn erreicht werden soll, daß sich die Faktorpreisrelationen des betreffenden Entwicklungslandes ganz an die bestehenden Faktorknappheitsrelationen anpassen. Im spillover besteht die Aufgabe der Faktorpreispolitik darin, sicherzustellen, daß der

---

[1] Vgl. J.B. Donges, Brazil's Trotting Peg. A New Approach to Greater Exchange Rate Flexibility in Less Developed Countries. Washington, D.C., 1971. - W.G. Tyler, Exchange Rate Flexibility Under Conditions of Endemic Inflation: A Case Study of the Recent Brazilian Experience. In: Leading Issues in International Economic Policy: Essays in Honor of G.N. Halm, Lexington, Mass., London 1973. S. 19 ff.

während der Importsubstitutionsphase geschaffene Produktionsapparat bestehende komparative Vorteile auch ausnutzen kann. Was die Maßnahmen anlangt, die geeignet sind, die Faktorpreisrelationen zu entzerren und ihre Entwicklung langfristig mit der der relativen Faktorausstattung in Einklang zu halten, so bieten sich zwei Ansatzpunkte: eine Hochzinspolitik, die dem Umstand Rechnung trägt, daß Kapital in Entwicklungsländern der relativ knappe Faktor ist und die bei steigendem Realeinkommen gleichzeitig zusätzliche Ersparnisse mobilisiert, sowie eine Lohnpolitik, die dafür sorgt, daß die Entwicklung der Löhne die heimische Produktivitätsentwicklung nicht übersteigt. Sobald die relativen Faktorpreise entzerrt sind, wird die Neigung der Unternehmer, arbeitsintensive Produktionsverfahren (soweit dies aus technologischen Gründen möglich ist) anzuwenden, zunehmen.

144. Mit Hilfe der hier skizzierten Elemente einer Industrialisierungspolitik werden sich möglicherweise nicht alle, aber - wie wir meinen - doch die gravierendsten Fehlentwicklungen vermeiden lassen, die den bisherigen Industrialisierungsprozeß in den meisten Entwicklungsländern begleitet haben: eine falsche Spezialisierungsstruktur mit der Folge mangelnder Wettbewerbsfähigkeit des heimischen Industriesektors gegenüber der Importkonkurrenz auf den Binnenmärkten und, bei beabsichtigtem spillover, auf den Weltmärkten.

Worauf es unseres Erachtens entwicklungspolitisch ankommt, ist die Einsicht unter den verantwortlichen Instanzen, daß die Importsubstitution in der Anfangsphase der Industrialisierung zwar notwendig ist, daß sich ein beschleunigtes industrielles Wachstum auf Dauer durch diese Industrialisierungsform jedoch nicht erreichen läßt. Orientiert sich ein Entwicklungsland bei seiner Importsubstitutionspolitik an Kriterien der gesamtwirtschaftlichen Effizienz, dann wird auch der Übergang zur Exportexpansion möglich, durch den allein das betreffende Land längerfristig vor einer entwicklungspolitischen Sackgasse bewahrt werden kann:

- Da das weltwirtschaftliche Wachstum industriebestimmt bleiben wird, könnte durch eine intensivere Teilnahme am internationalen Handel mit Industriewaren Nutzen auch für das Wachstumstempo des Produktionspotentials gezogen werden.

- Die Verschwendung von Ressourcen, wie sie sich allenthalben in der Unterauslastung der Sachkapazitäten niederschlägt, könnte überwunden werden, da die Enge des Binnenmarktes nicht mehr limitierend zu wirken brauchte.

- Die Möglichkeiten, das schnell wachsende Arbeitskräftepotential zu nutzen, ließen sich erweitern, weil die Vorteile einer Teilnahme am internationalen Handel vor allem bei arbeitsintensiv erzeugten Produkten verwirklicht werden könnten.

- Zahlungsbilanzschwierigkeiten ließen sich mit geringeren volkswirtschaftlichen Kosten bewältigen, weil die Anpassungslast nicht mehr ausschließlich auf komplementären Importen und damit auf dem inländischen Beschäftigungsgrad zu liegen brauchte.

Anhang I: Zum Konzept des Arbeitskräftebedarfs

Während im Stäglin-Ansatz[1] die Ermittlung des Arbeitskräftebedarfs in Abhängigkeit von einer Endnachfrageänderung durch Multiplikation einer sogenannten Beschäftigteninversen[2] mit der Matrix der Endnachfrage erfolgt,

$$(1) \quad r_L = l_D \, [I-A]^{-1} \, y$$

sind wir einen anderen Weg gegangen (Symbole sind einander angepaßt):

$$(2) \quad r_L^* = l \, [I-A]^{-1} \, y$$

In unserem Ausdruck (2) ist l ein Zeilenvektor (von der Größe 1 x n) und y - wie auch in (1) - ein Spaltenvektor (von der Größe n x 1). Während r_L in (1) einen Spaltenvektor (wiederum der Größe n x 1) darstellt, ist r_L^* in (2) ein Skalar.

Formalisiert läßt sich der Stäglin-Ansatz wie folgt darstellen.
Es sei:

$$R = [I-A]^{-1}$$

$$r_L = l_D \, R \, y$$

$$= \begin{pmatrix} l_1 & \cdots & o \\ \vdots & l_2 & \vdots \\ o & \cdots & l_n \end{pmatrix} \begin{pmatrix} r_{11} & \cdots & r_{1n} \\ & & \\ r_{n1} & \cdots & r_{nn} \end{pmatrix} \begin{pmatrix} y_1 \\ \vdots \\ y_n \end{pmatrix}$$

---

[1] Stäglin, a.a.O., S. 289 ff.

[2] Die Beschäftigungsinverse ist eine Matrix, die angibt, wieviel Erwerbstätige im Sektor i beschäftigt werden müssen, um dem Sektor j die Erzeugung einer endnachfrageinduzierten Produktionseinheit zu ermöglichen. Diese Matrix ergibt sich aus der Multiplikation einer Diagonalmatrix (in der die sektoralen Arbeitskoeffizienten die Diagonale darstellen) mit der invertierten Leontief-Matrix.

$$= \begin{pmatrix} l_1 \, r_{11} \; l_1 \, r_{12} \dots l_1 \, r_{1n} \\ \vdots \\ l_n \, r_{n1} \dots\dots\dots l_n \, r_{nn} \end{pmatrix} \begin{pmatrix} y_1 \\ \vdots \\ y_n \end{pmatrix} = \begin{pmatrix} \sum\limits_i l_i \, r_{1i} \, y_i \\ \vdots \\ \sum\limits_i l_n \, r_{ni} \, y_i \end{pmatrix}$$

Demgegenüber ergibt sich für die von uns gewählte Methode:

$$r^*_L = l \, R \, y$$

$$= (l_1, l_2 \dots l_n) \begin{pmatrix} r_{11} \dots\dots r_{1n} \\ \vdots \\ r_{n1} \dots\dots r_{nn} \end{pmatrix} \begin{pmatrix} y_1 \\ \vdots \\ y_n \end{pmatrix}$$

$$r^*_L = (\sum_i l_i \, r_{i1}, \sum_i l_i \, r_{i2}, \dots, \sum_i l_i \, r_{in}) \begin{pmatrix} y_1 \\ \vdots \\ y_n \end{pmatrix}$$

$$= \sum_j \left(\sum_i l_i \, r_{ij} \right) y_j$$

$$= \sum_{ji}\sum l_i \, r_{ij} \, y_j$$

Ihren ökonomischen Implikationen und ihrem Ergebnis nach sind beide Methoden gleich. Dies läßt sich daran zeigen, daß die Summe der Elemente des Ergebnis-Spaltenvektors (Stäglin) l R y gleich dem Skalar $\sum\sum_{ji} l_i \, r_{ij} \, y_j$ ist. Diese Summe ist gleich: $\sum\sum_{ji} l_j \, r_{ji} \, y_i$; da die Reihenfolge der Summationen vertauscht werden darf, gilt

$$\sum\sum_{ji} l_j \, r_{ji} \, y_i = \sum\sum_{ij} l_j \, r_{ji} \, y_i$$

Jetzt können die Indices umbenannt werden, also schreiben wir i für j und umgekehrt. Dann läßt sich die Gleichung fortsetzen:

$$\sum\sum_{ji} l_j \, r_{ji} \, y_i = \sum\sum_{ij} l_j \, r_{ji} \, y_i = \sum\sum_{ji} l_i \, r_{ij} \, y_j$$

Damit ist die Gleichheit gezeigt, denn dies ist l R y.

Anhang II: Tabellen

Tabelle A 1 - Sektorenzuordnung: Chile 1962

Sektor der transformierten Input-Output-Tabelle	Sektor der ursprünglichen Input-Output-Tabelle
1. Landwirtschaft, Fischerei Forstwirtschaft	1. Agricultura, Ganadería, Silvicultura y Caza 2. Pesca
2. Bergbau	3. Minería del Carbón 4. Minería del Hierro 5. Minería del Cobre 6. Minería del Salitre 7. Extracción de Piedra, Arcilla y Arena 8. Resto de la Minería
3. Nahrungsmittel	9. Alimentos
4. Getränke	10. Bebidas
5. Tabakwaren	11. Tabacos
6. Textilwaren	12. Textiles
7. Bekleidung und Schuhe	13. Calzado y Vestuario
8. Holz- und Korkprodukte	14. Madera y Corcho
9. Möbel	15. Muebles y Accesorios
10. Papier und Papierwaren	16. Papel y Productos de Papel
11. Druckerei- und Verlagserzeugnisse	17. Imprentas
12. Leder und Lederwaren	18. Cuero y Productos de Cuero
13. Gummiprodukte	19. Productos de Caucho
14. Chemische Erzeugnisse	20. Substancias y Productos Químicos
15. Erdöl- und Kohleprodukte	21. Productos Derivados del Petróleo y Carbón
16. Erzeugnisse aus nichtmetallischen Mineralien	22. Minerales no Metálicos
17. Eisen und NE-Metalle	23. Industrias Metálicas Básicas
18. Metallwaren	24. Fabricación de Productos Metálicos
19. Maschinen (nicht elektrisch)	25. Construcción de Maquinaria
20. Elektromaschinen	26. Construcción de Maquinaria Eléctrica
21. Fahrzeuge	27. Construcción de Material de Transportes
22. Sonstige Fertigwaren	28. Industrias Manufactureras Diversas
23. Übrige Wirtschaft	29. Construcción 30.-32. Electricidad, Gas, Agua y Servicios Sanitarios 33.-37. Comercio 38. Propiedad de Vivienda 39.-45. Transportes, Almacenaje y Comunicaciones 46.-54. Servicios

Quelle: Vgl. Tabelle A 4.

Tabelle A 2 - Sektorenzuordnung: Mexiko 1960

Sektor der transformierten Input-Output-Tabelle	Sektor der ursprünglichen Input-Output-Tabelle
1. Landwirtschaft, Fischerei, Forstwirtschaft	1. Agricultura 2. Ganadería 3. Silvicultura 4. Pesca
2. Bergbau	5. Explotación de Minas Metálicas 6. Explotación de Minerales no Metálicos
3. Erdöl- und Kohleprodukte	7. Extracción y Refinación de Petróleo y Carbón
4. Nahrungsmittel	8. Matanza Ganado, Conservación Carnes 9. Molienda Trigo y Nixtamal 10. Manufactura de otros Productos Alimenticios
5. Getränke	11. Elaboración de Bebidas
6. Tabakwaren	12. Manufacturas de Productos de Tabaco
7. Textilwaren	13. Hilado, Tejido y Acabado de Textiles de Fibras Blandas 14. Otras Industrias Textiles
8. Bekleidung und Schuhe	15. Fabricación de Calzado, Prendas de Vestir
9. Holzprodukte und Möbel	16. Industrias de la Madera y del Corcho
10. Papier und Papierwaren	17. Fabricación de Papel
11. Druckerei- und Verlagserzeugnisse	18. Imprenta
12. Leder und Lederwaren	19. Industrias del Cuero
13. Gummiprodukte	20. Fabricación de Productos de Hule
14. Chemische Erzeugnisse	21. Productos Químicos Básicos 22. Fibras Sintéticas 23. Fertilizantes 24. Jabones 25. Productos Farmacéuticos 26. Perfumes, Cosméticos 27. Otras Químicas
15. Erzeugnisse aus nichtmetallischen Mineralien	28. Productos Minerales no Metálicos
16. Eisen und NE-Metalle	29. Metálicas Básicas
17. Metallwaren	30. Productos Metálicos
18. Maschinen (nicht elektrisch)	31. Construcción de Maquinaria
19. Elektromaschinen	32. Maquinaria y Aparatos Eléctricos
20. Fahrzeuge	33. Equipo y Material de Transporte 34. Vehículos Automóviles
21. Sonstige Fertigwaren	35. Industrias Manufactureras Diversas
22. Übrige Wirtschaft	36.-45. Construcción, Electricidad, Cinematografía, Transportes, Comunicaciones, Comercio, Alquileres de inmuebles, Servicios de Crédito y otros Servicios

Quelle: Vgl. Tabelle A 5.

Tabelle A 3 - Sektorenzuordnung: Südkorea 1960 und 1968

Sektor der transformierten Input-Output-Tabelle	Sektor der ursprünglichen Input-Output-Tabelle
1. Landwirtschaft, Fischerei Forstwirtschaft	1. Rice, barley, wheat 2. Other agriculture 3. Forestry 4. Fishery
2. Bergbau	5. Coal 6. Other minerals
3. Nahrungsmittel	7. Processed foods
4. Getränke und Tabakwaren	8. Beverages 9. Tobacco
5. Textilwaren	10. Fibre spinning 11. Textile fabrics
6. Bekleidung und Schuhe	12. Finished textile products
7. Holzprodukte und Möbel	13. Lumber and plywood 14. Wood products and furniture
8. Papier und Papierwaren	15. Paper products
9. Druckerei- und Verlagserzeugnisse	16. Printing and publishing
10. Leder und Lederwaren	17. Leather and leather products
11. Gummiprodukte	18. Rubber products
12. Chemische Erzeugnisse	19. Basic chemicals 20. Other chemical products 21. Chemical fertilizer
13. Erdöl- und Kohleprodukte	22. Petroleum products 23. Coal products
14. Erzeugnisse aus nichtmetallischen Mineralien	24. Glass, clay and stone products
15. Eisen und NE-Metalle, Metallwaren	25. Iron and steel 26. Steel products 27. Non-ferrous metals 28. Finished metal products
16. Maschinen (nicht elektrisch)	29. Non-electrical machinery
17. Elektromaschinen	30. Electrical machinery
18. Fahrzeuge	31. Transport equipment
19. Sonstige Fertigwaren	32. Miscellaneous manufacturing
20. Übrige Wirtschaft	33. Building and maintenance 34. Other construction 35. Electricity 36. Banking, insurance, real estate 37. Water and sanitary services 38. Communication 39. Transportation and storage 40. Trade 41. Other services 42. Scrap 43. Unclassifiable

Quelle: Vgl. Tabellen A 6 und A 7.

Tabelle A 4 - Aggregierte Input-Output-Tabelle[a], Chile 1962 - 23 Sektoren

Input \ Output	1	2	3	4	5	6	7	8	9	10	11
1 Landwirtschaft[b]	56 191	244	336 394	77 485	4 308	15 537	1 548	9 675	81	8 468	2
2 Bergbau	9 500	3 240	3 346	659	-	815	86	118	-	535	2 031
3 Nahrungsmittel	11 662	113	140 009	5 873	4	313	1 622	-	-	588	-
4 Getränke	-	-	352	6 900	-	-	-	-	-	-	-
5 Tabakwaren	-	-	-	-	-	-	-	-	-	-	-
6 Textilwaren	891	168	6 166	-	-	58 089	121 617	52	6 987	36	19
7 Bekleidung und Schuhe	56	702	779	94	-	4	8 147	-	-	-	-
8 Holz- und Korkprodukte	173	2 772	4 523	1 169	2	10	1 809	44 963	16 097	27	-
9 Möbel	-	70	-	-	-	-	-	-	52	-	-
10 Papier und Papierwaren	-	67	4 379	332	827	234	1 717	18	84	12 513	10 700
11 Druckerei- und Verlagserzeugnisse	10	942	1 417	606	13	63	32	-	-	6	-
12 Leder und Lederwaren	-	30	77	-	-	4	30 017	41	410	-	10
13 Gummiprodukte	1 311	238	-	-	-	118	2 283	-	-	2	20
14 Chemische Erzeugnisse	14 438	13 979	4 078	2 131	127	6 150	1 284	1 133	5 418	1 136	1 607
15 Erdöl- und Kohleprodukte	16 443	14 527	6 257	826	188	4 085	548	1 204	428	3 612	189
16 Erzeugnisse aus nichtmetallischen Mineralien	-	2 935	645	7 327	-	2	80	65	2 838	92	-
17 Eisen und NE-Metalle	-	10 496	617	55	255	15	339	206	13 403	106	85
18 Metallwaren	-	4 806	8 651	3 623	-	39	2 731	458	4 104	58	20
19 Maschinen (nicht elektrisch)	5 974	4 838	921	98	40	1 239	118	69	32	2 436	80
20 Elektromaschinen	70	1 502	315	100	43	546	110	78	35	283	111
21 Fahrzeuge	7 615	2 718	257	290	57	68	134	305	33	79	21
22 Sonstige Fertigwaren	10	3 016	2 990	1	-	167	4 155	34	1 495	-	117
23 Übrige Wirtschaft	251 690	69 624	156 565	135 985	6 080	41 032	160 818	32 398	33 346	12 391	16 946

[a]Wegen Fehlern im Ursprungsmaterial wurde nur der intermediäre Bereich wiedergegeben. - [b]Einschließlich Fischerei

Quelle: Aggregation auf der Basis: Presidencia de la República de Chile, Oficina de Planificación Nacional, Matriz de

(1 000 Escudos, Marktpreise)

12	13	14	15	16	17	18	19	20	21	22	23	Brutto-produk-tionswert
743	97	879	6	924	209	47	131	2	29	2 784	23 922	950 135
10	281	838	21 159	12 429	23 252	215	3	65	117	144	53 499	671 757
12 698	1	755	52	-	-	-	-	1	-	57	80 435	963 292
-	-	-	-	-	-	-	-	-	-	-	57 414	339 708
-	-	-	-	-	-	-	-	-	-	-	-	59 552
1 453	825	263	-	1	120	599	488	874	1 008	1 356	5 874	308 906
-	-	163	61	55	24	65	-	-	54	6	4 116	577 944
26	1	652	4	148	143	871	237	347	196	986	35 573	136 847
-	-	-	26	-	-	1	-	707	797	-	4 343	154 539
109	56	3 494	34	3 145	18	355	28	303	13	510	14 616	79 423
-	1	322	-	12	1	23	-	144	-	78	36 604	67 308
5 129	77	84	-	-	-	9	3	36	36	-	442	55 620
-	669	4	34	183	3	64	175	281	1 005	215	17 534	42 237
1 695	1 014	23 372	401	2 390	378	1 199	1 084	1 635	2 501	1 252	37 332	225 387
480	304	4 414	92	4 283	3 371	1 467	540	396	1 863	344	67 360	191 810
110	154	1 926	290	8 690	363	3 949	194	369	248	166	85 513	148 509
90	289	1 338	293	958	21 775	27 602	12 197	7 246	15 071	6 810	37 020	166 559
716	94	1 039	1 440	288	285	4 335	3 962	1 902	2 664	350	29 540	149 358
43	78	207	195	972	471	526	11 710	386	233	37	4 488	110 730
46	85	227	455	625	509	420	899	2 705	434	318	10 826	111 511
5	62	205	50	243	264	88	118	18	9 398	25	57 783	171 185
660	48	65	80	51	26	353	265	532	682	2 164	15 299	90 287
8 928	2 447	72 046	54 717	19 891	23 970	29 094	24 638	28 967	20 783	19 693	349 014	3 566 360

und Forstwirtschaft.

Transacciones intersectorales de bienes y servicios nacionales. (54 sectores.) [Santiago 1962.]

Tabelle A 5 - Aggregierte Input-Output-Tabelle, Mexiko 1960 - 22 Sektoren (Mill.

Output / Input	1	2	3	4	5	6	7	8	9	10	11
1 Landwirtschaft[a]	2 028	14	1	7 680	160	209	937	6	452	69	-
2 Bergbau	1	1 007	128	23	1	1	2	2	-	1	7
3 Erdöl- und Kohleprodukte	621	154	2 944	366	76	3	116	60	26	46	25
4 Nahrungsmittel	1 660	12	10	4 044	546	2	24	8	2	30	1
5 Getränke	-	-	1	1	104	-	-	1	-	-	-
6 Tabakwaren	-	-	-	-	-	-	-	-	-	-	-
7 Textilwaren	502	3	9	52	4	3	777	731	8	12	8
8 Bekleidung und Schuhe	15	7	5	18	5	1	2	188	-	3	1
9 Holzprodukte und Möbel	109	19	3	10	23	-	4	6	180	21	-
10 Papier und Papierwaren	11	9	25	202	2	21	28	22	2	542	193
11 Druckerei- und Verlagserzeugnisse	3	7	46	129	38	13	18	17	-	7	93
12 Leder und Lederwaren	5	2	1	9	1	1	1	790	4	1	1
13 Gummiprodukte	97	8	6	10	5	1	8	105	4	2	-
14 Chemische Erzeugnisse	644	91	48	56	38	24	375	74	19	78	31
15 Erzeugnisse aus nichtmetallischen Mineralien	3	12	7	19	232	1	1	3	4	9	-
16 Eisen und NE-Metalle	48	68	25	103	25	16	8	43	7	21	11
17 Metallwaren	70	13	17	88	150	3	17	36	14	9	2
18 Maschinen (nicht elektrisch)	70	17	13	14	7	2	14	3	5	4	1
19 Elektromaschinen	26	7	5	6	3	1	6	1	1	1	1
20 Fahrzeuge	56	10	11	14	5	2	11	3	3	4	-
21 Sonstige Fertigwaren	2	3	2	19	2	1	2	9	-	2	4
22 Übrige Wirtschaft	1 572	456	465	2 638	816	126	936	808	158	417	248
Gesamter intermediärer Input	7 543	1 919	3 772	15 501	2 243	431	3 287	2 916	889	1 279	627
Importierter Input	548	61	704	272	198	97	330	152	48	144	248
Wertschöpfung	24 075	2 331	5 110	8 072	1 894	747	2 724	2 361	896	757	715
Gesamter Input	32 166	4 311	9 586	23 845	4 335	1 275	6 341	5 429	1 833	2 180	1 590

[a]Einschließlich Fischerei und Forstwirtschaft.

Quelle: Aggregation auf der Basis: Bank of Mexico, Department of Economics, Cuadro de Insumo-Producto de México

Pesos, Marktpreise)

12	13	14	15	16	17	18	19	20	21	22	Gesamte intermediäre Nachfrage	Gesamtnachfrage	Bruttoproduktionswert
148	-	550	1	2	-	-	-	1	27	25	12 310	19 856	32 166
-	3	90	109	455	41	4	27	5	66	244	2 217	2 094	4 311
9	10	116	218	275	38	11	52	25	47	1 619	6 857	2 729	9 586
21	4	62	5	20	5	-	5	11	4	230	6 706	17 139	23 845
-	-	64	-	1	-	-	-	1	-	5	178	4 157	4 335
-	-	-	-	-	-	-	-	-	-	1	1	1 274	1 275
3	35	41	9	12	10	-	4	29	22	107	2 381	3 960	6 341
1	1	12	2	10	2	-	3	5	1	97	379	5 050	5 429
1	-	12	1	3	8	3	18	23	11	631	1 086	747	1 833
2	4	124	78	26	16	3	16	8	41	358	1 733	447	2 180
2	5	101	13	14	10	2	10	6	7	470	1 011	579	1 590
72	-	5	1	3	1	-	1	1	2	25	927	260	1 187
2	47	7	6	7	4	4	2	105	5	424	859	450	1 309
97	93	871	43	27	73	4	52	64	117	478	3 397	4 075	7 472
4	1	55	180	63	8	2	20	14	7	1 468	2 113	415	2 528
7	10	56	33	873	607	111	254	202	75	1 487	4 090	600	4 690
7	3	56	13	20	227	7	32	28	23	579	1 414	1 114	2 528
1	1	8	12	13	1	13	2	-	1	352	554	309	863
1	1	5	5	6	1	12	307	23	3	414	836	1 402	2 238
2	1	8	11	11	1	-	2	131	25	254	565	2 929	3 494
1	1	11	2	7	9	-	8	3	45	86	219	1 160	1 379
312	197	1 144	435	644	267	55	209	335	110	12 387	24 735	82 462	107 197
693	417	3 398	1 177	2 492	1 329	231	1 024	1 020	639	21 741	74 568	153 208	227 776
117	298	1 366	156	366	168	74	309	1 271	112	2 058	9 097	5 923	15 020
377	594	2 708	1 195	1 832	1 031	558	905	1 203	628	83 398	144 111		
1 187	1 309	7 472	2 528	4 690	2 528	863	2 238	3 494	1 379	107 197	227 776		

(45 sectors), México 1967.

Tabelle A 6 - Aggregierte Input-Output-Tabelle, Südkorea 1960 - 20

Input \ Output	1	2	3	4	5	6
1 Landwirtschaft[a]	7 151,20	274,11	10 806,46	2 482,17	2 943,09	415,80
2 Bergbau	31,32	71,46	264,59	101,73	130,62	10,95
3 Nahrungsmittel	3 889,76	-	1 469,25	232,51	10,27	0,02
4 Tabakwaren und Getränke	-	-	0,73	825,57	-	-
5 Textilwaren	7,22	0,08	79,95	43,32	9 120,43	3 938,47
6 Bekleidung	455,32	115,57	217,39	44,09	4,48	10,14
7 Holzprodukte und Möbel	415,10	32,19	218,03	64,77	24,66	1,13
8 Papier und Papierwaren	2,30	1,08	40,78	185,39	16,52	14,56
9 Druckerei- und Verlagserzeugnisse	23,94	13,54	38,80	90,59	22,76	27,43
10 Leder und Lederwaren	-	0,02	6,97	0,83	8,22	17,36
11 Gummiprodukte	18,01	18,04	68,68	9,58	12,79	14,41
12 Chemische Erzeugnisse	5 155,17	174,81	172,27	148,08	203,93	0,20
13 Erdöl- und Kohleprodukte	299,59	27,88	180,95	14,81	143,82	15,41
14 Erzeugnisse aus nichtmetallischen Mineralien	23,93	3,80	8,48	69,12	16,78	0,43
15 Eisen und NE-Metalle, Metallwaren	366,56	200,99	110,07	107,92	58,61	9,65
16 Maschinen (nicht elektrisch)	2,99	29,62	16,89	3,47	101,00	5,02
17 Elektromaschinen	0,28	14,54	1,91	6,04	6,80	0,20
18 Fahrzeuge	6,28	43,49	1,02	5,06	4,95	-
19 Sonstige Fertigwaren	10,06	6,30	101,47	26,51	9,14	45,79
20 Übrige Wirtschaft	3 133,07	667,96	2 412,46	1 689,76	1 676,39	423,45
Intermediärer Input	20 992,10	1 695,48	16 217,15	6 151,32	14 515,26	4 950,42
Wertschöpfung	74 010,90	5 394,31	6 463,18	6 344,84	5 184,81	1 860,36
Gesamter Input	95 003,00	7 089,79	22 680,33	12 496,16	19 700,07	6 810,78

[a]Einschließlich Fischerei und Forstwirtschaft.

Quelle: Aggregation auf der Basis: Bank of Korea, Interindustry Relations, Tables for 1960 (43 sectors),

(Mill. Won, Marktpreise)

8	9	10	11	12	13	14	15	16
444,9	3,8	0,7	3 682,1	3 912,0	43,8	154,6	80,9	13,8
185,2	39,5	21,6	81,5	2 117,7	16 000,4	6 375,3	3 166,0	70,6
65,5	1,6	1 571,9	0,3	298,4	0,8	5,2	10,7	0,4
-	0,5	-	-	146,8	-	1,2	-	-
349,9	41,6	223,6	2 721,6	96,2	30,0	110,7	53,7	11,2
98,7	83,0	69,2	65,0	56,8	45,5	112,2	117,0	16,1
6 868,4	12,3	90,2	6,7	287,3	9,5	198,2	176,9	156,3
5 523,7	9 151,7	76,4	32,5	1 163,4	50,3	2 470,9	43,8	48,4
30,1	2 894,8	12,4	15,7	635,3	31,8	96,7	55,1	14,0
19,6	2,6	3 007,6	11,9	42,5	4,8	4,1	10,3	4,6
28,3	134,3	247,8	297,2	155,4	139,4	78,7	117,1	39,8
926,4	1 386,8	515,0	3 565,4	17 793,5	1 692,1	1 355,5	829,4	178,4
171,0	331,4	76,0	267,4	1 323,8	17 914,0	2 245,1	193,4	141,5
64,3	36,2	35,2	49,2	995,0	36,2	4 150,9	56,4	156,0
741,7	255,4	353,1	121,7	1 261,4	452,0	1 470,4	26 273,1	5 885,6
83,4	104,5	39,3	33,9	292,8	312,9	273,8	611,8	4 060,2
32,2	50,1	12,0	23,0	133,4	162,9	88,4	135,7	73,1
7,8	63,6	13,4	9,6	47,2	159,6	78,6	63,3	23,2
9,3	714,9	548,1	75,0	133,0	54,0	52,3	38,6	44,0
5 160,3	5 327,3	1 962,6	2 469,7	12 762,9	11 597,9	9 248,5	19 143,0	3 469,6
20 810,7	20 635,9	8 875,7	13 529,4	43 654,8	48 737,9	28 571,3	50 926,0	14 406,8
7 952,0	10 544,7	4 199,8	3 800,2	25 032,5	19 888,1	15 670,6	14 277,0	7 248,5
29 071,2	31 854,0	13 169,9	17 530,7	69 757,7	69 224,6	45 019,7	65 935,0	21 996,5

Sektoren (Mill. Won, Marktpreise)

7	8	9	10	11	12	13	14	15
2 647,09	430,78	15,40	2,96	994,53	517,92	-	75,48	29,21
1,31	16,41	4,68	17,31	16,58	77,63	1 913,53	469,17	249,98
17,39	3,32	26,78	342,04	0,22	30,46	-	0,01	0,85
-	-	0,83	-	-	8,87	-	-	-
20,23	5,05	22,07	36,94	504,97	16,48	-	6,58	0,13
16,79	0,37	1,56	0,16	8,76	4,62	0,16	12,21	24,52
643,02	2,71	3,41	5,85	1,02	66,02	0,03	15,63	47,79
2,52	3,28	1 563,19	18,79	3,75	26,24	0,27	4,40	0,77
6,39	6,74	140,75	15,95	4,08	69,99	3,81	95,13	8,34
0,20	-	0,70	405,99	0,02	21,59	-	0,11	3,36
1,51	-	2,61	92,99	191,75	6,94	17,91	4,49	3,76
136,42	30,39	139,64	54,68	369,71	1 267,79	0,52	81,53	104,26
30,05	5,40	30,73	6,24	92,27	96,81	151,69	289,42	320,57
126,93	1,29	1,61	0,91	5,37	97,69	13,49	250,58	26,28
156,01	9,91	17,80	41,49	22,99	113,77	9,55	87,57	2 588,39
6,18	0,67	1,64	0,17	6,35	2,74	19,60	5,41	11,60
1,70	1,07	1,38	0,34	3,42	4,50	0,02	1,11	1,40
0,16	-	0,09	0,02	0,04	0,82	-	0,19	2,75
18,09	6,73	40,20	79,69	15,66	21,12	0,66	2,69	8,04
798,97	483,74	488,90	195,18	733,07	1 207,53	973,38	777,59	1 995,27
4 630,96	1 007,86	2 503,97	1 317,70	2 974,46	3 659,53	3 104,62	2 179,30	5 427,24
1 193,28	512,65	1 407,27	754,12	731,01	1 486,42	818,71	1 631,04	1 584,87
5 824,24	1 520,51	3 911,24	2 071,82	3 705,47	5 145,15	3 923,33	3 810,34	7 012,11

Seoul 1964.

16	17	18	19	20	Gesamte intermediäre Nachfrage	Gesamtnachfrage	Importe	Bruttoproduktionswert
3,60	9,73	13,14	33,81	1 847,53	30 694,01	73 919,19	9 610,10	95 003,00
15,45	3,42	6,98	23,66	1 316,60	4 743,38	2 601,68	255,27	7 089,79
-	0,02	0,31	32,62	556,59	6 612,42	16 776,58	708,65	22 680,33
-	0,02	-	1,45	1 504,54	2 342,01	10 635,16	481,01	12 496,16
0,21	10,34	7,99	122,68	573,83	14 516,97	9 909,09	4 725,99	19 700,07
0,67	0,51	2,86	2,03	518,67	1 440,88	5 840,56	470,66	6 810,78
46,58	8,35	90,78	39,33	2 955,65	4 682,04	1 270,65	128,45	5 824,24
0,29	1,79	3,97	20,08	266,11	2 176,08	209,35	864,92	1 520,51
4,55	5,30	10,45	24,84	1 360,09	1 973,47	2 070,15	132,38	3 911,24
3,09	0,59	2,29	18,57	37,68	527,59	1 553,28	9,05	2 071,82
3,27	13,76	27,02	10,51	679,51	1 197,54	2 521,48	13,55	3 705,47
16,41	46,10	76,82	399,60	1 166,35	9 744,68	3 896,20	8 494,93	5 145,95
14,65	14,35	48,23	19,21	3 931,76	5 733,84	2 183,02	3 993,53	3 923,33
4,56	29,59	22,18	31,70	2 892,32	3 627,04	683,46	500,16	3 810,34
576,87	126,06	466,02	322,58	2 371,34	7 764,15	1 502,13	2 254,17	7 012,11
124,56	5,65	24,41	2,43	440,99	811,39	3 092,89	1 756,89	2 147,39
12,76	74,68	21,38	0,90	1 097,40	1 251,83	1 379,18	1 777,59	853,42
1,04	7,79	207,63	0,05	1 127,31	1 408,69	1 604,73	370,18	2 643,24
3,34	20,87	30,35	176,37	962,87	1 585,95	5 722,32	4 455,01	2 853,26
540,15	276,12	441,52	493,20	24 899,79	44 307,50	103 913,80	2 166,58	146 054,72
1 372,05	655,04	1 504,33	1 775,62	50 506,93	147 141,46	251 284,90	43 168,07	355 258,29
775,34	198,38	1 138,91	1 077,64	95 548,79	208 116,83			
2 147,39	853,42	2 643,24	2 853,26	146 054,72	355 258,29			

Tabelle A 7 - Aggregierte Input-Output-Tabelle, Südkorea 1968 - 20 Sektoren

1 Landwirtschaft[a]	94 937, 7	2 585, 5	78 558, 2	21 942, 5	5 402, 8	4 186, 2	1 121, 9
2 Bergbau	512, 5	96, 3	1 438, 9	271, 3	451, 6	68, 0	256, 1
3 Nahrungsmittel	16 890, 7	-	21 270, 5	3 840, 8	788, 5	18, 1	173, 8
4 Tabakwaren und Getränke	-	-	2, 4	7 645, 1	0, 8	-	-
5 Textilwaren	80, 5	12, 3	94, 5	36, 4	52 455, 7	47 412, 6	107, 4
6 Bekleidung	3 065, 6	270, 9	716, 3	155, 6	191, 5	2 117, 4	32, 7
7 Holzprodukte und Möbel	895, 7	224, 6	284, 1	512, 9	195, 0	68, 2	28 870, 0
8 Papier und Papierwaren	114, 4	14, 4	816, 0	1 995, 8	288, 9	633, 0	27, 8
9 Druckerei- und Verlagserzeugnisse	13, 6	67, 8	310, 3	324, 7	111, 3	282, 3	23, 5
10 Leder und Lederwaren	2, 6	2, 3	19, 5	105, 1	27, 7	687, 5	21, 9
11 Gummiprodukte	147, 4	215, 2	241, 3	116, 3	295, 2	238, 6	145, 7
12 Chemische Erzeugnisse	19 813, 6	1 558, 9	4 902, 6	2 095, 8	21 637, 6	3 492, 9	1 626, 9
13 Erdöl- und Kohleprodukte	2 488, 7	900, 2	474, 1	405, 9	548, 7	469, 5	67, 4
14 Erzeugnisse aus nichtmetallischen Mineralien	249, 1	176, 4	326, 9	2 075, 5	120, 8	37, 0	246, 5
15 Eisen- und NE-Metalle, Metallwaren	1 356, 3	3 031, 5	563, 3	722, 2	250, 4	144, 3	674, 1
16 Maschinen (nicht elektrisch)	135, 1	767, 5	422, 3	264, 5	513, 2	932, 9	212, 5
17 Elektromaschinen	29, 3	471, 7	115, 3	107, 5	182, 6	100, 0	33, 2
18 Fahrzeuge	293, 8	294, 0	75, 2	56, 5	64, 0	20, 0	22, 5
19 Sonstige Fertigwaren	283, 2	69, 3	419, 7	2 171, 3	73, 0	297, 5	26, 1
20 Übrige Wirtschaft	25 501, 5	7 728, 8	18 466, 9	10 517, 2	9 763, 7	16 964, 1	8 665, 1
Intermediärer Input	166 811, 3	18 487, 6	129 518, 3	55 362, 9	93 363, 0	78 170, 1	42 355, 4
Wertschöpfung	455 327, 6	24 171, 6	42 426, 7	43 726, 4	34 248, 7	30 034, 9	10 223, 3
Gesamter Input	622 886, 7	44 276, 9	173 848, 6	99 866, 3	128 679, 5	109 314, 8	53 206, 5

[a]Einschließlich Fischerei und Forstwirtschaft.

Quelle: Aggregation nach: Bank of Korea, Interindustry Relations, Tables for 1968 (43 sectors), Seoul 1970.

17	18	19	20	Gesamte intermediäre Nachfrage	Gesamtnachfrage	Importe	Bruttoproduktionswert	Statistische Abweichungen
24,8	248,5	409,4	30 779,1	248 532,8	420 170,5	44 740,7	622 886,7	- 1 075,9
365,8	52,4	252,1	7 641,3	39 464,1	9 748,2	4 896,1	44 276,9	- 39,3
27,6	0,5	1 209,7	1 083,1	47 258,1	137 034,6	10 189,1	173 848,6	- 255,0
18,2	-	2,4	1 605,5	9 422,9	90 782,3	239,0	99 866,3	- 99,9
214,6	26,9	470,1	2 721,7	107 271,2	61 688,9	38 862,4	128 679,5	- 1 418,2
65,7	157,6	106,3	2 941,4	10 484,5	100 165,2	1 226,6	109 314,8	- 108,3
323,4	1 524,4	408,3	19 820,7	60 932,7	25 910,3	33 743,2	53 206,5	+ 106,7
453,3	117,3	779,6	5 874,1	29 675,7	2 570,8	3 009,9	29 071,2	- 165,4
293,3	65,8	110,3	10 579,3	15 968,1	17 162,5	1 266,6	31 854,0	- 10,0
5,6	46,6	155,2	241,0	4 423,0	8 980,6	190,9	13 169,9	- 42,8
62,3	1 299,8	123,5	4 156,3	8 279,6	9 540,2	275,1	17 530,7	- 14,0
1 799,6	1 184,0	7 678,4	11 564,7	105 597,5	30 694,9	66 389,0	69 757,7	- 145,7
488,1	553,1	187,3	29 772,6	60 602,9	26 964,8	18 280,9	69 224,6	- 62,2
984,7	682,6	142,0	39 541,2	50 998,1	- 2 423,0	3 665,0	45 019,7	+ 109,6
8 865,1	12 645,5	1 765,7	30 442,5	94 606,0	8 380,8	36 914,7	65 935,0	- 137,1
2 390,2	3 062,7	781,8	13 956,8	29 252,2	97 579,2	105 046,8	21 996,5	+ 211,9
4 767,2	1 442,7	117,0	18 119,1	26 196,4	26 875,9	10 091,0	43 115,8	+ 134,5
56,9	17 612,4	20,5	10 270,1	29 252,2	77 119,4	40 472,8	66 698,1	+ 799,3
377,7	192,2	562,6	7 550,9	13 692,7	28 565,1	7 503,6	34 748,0	- 6,2
7 986,6	9 500,5	9 253,2	135 747,4	331 236,8	832 820,9	38 170,6	1 129 143,3	+ 3 256,2
29 570,7	50 414,5	24 535,4	384 408,8	1 323 147,5	2 010 332,1	465 174,0	2 869 343,8	+ 1 038,2
12 846,8	15 245,5	9 616,9	714 499,7	1 500 981,5				
43 115,8	66 698,1	34 748,0	1 129 143,3	2 869 343,8				

Tabelle A 8 - Wertschöpfung, Bruttoproduktion, Exporte und Importe der

ISIC	Sektor	Chile (Mill. Escudos)							
		Wertschöpfung[a, b]		Bruttoproduktion[b, c]		Exporte		Importe	
		1958	1968	1958	1968	1958	1968	1958	1968
20	Nahrungsmittel	97,2	1 468,7	492,1	7 450,0	1,1	90,4	27,1	467,9
21	Getränke	24,2	418,9	147,0	2 456,0	3,0	6,4	-	2,0
22	Tabakwaren	28,8	293,7	25,2	405,1	-	-	-	18,8
23	Textilwaren	71,1	1 149,0	162,3	2 462,4	11,2	-	1,1	79,2
24	Bekleidung und Schuhe	41,8	336,9	270,5	3 114,0	-	-	1,6	18,7
25	Holz- und Korkprodukte	16,8	190,1	59,8	904,4	-	1,6	3,3	3,2
26	Möbel	8,6	51,8	66,1	1 021,5	-	-	-	3,6
27	Papier und Papierwaren	10,0	276,5	36,7	686,0	-	78,8	1,7	39,6
28	Druckerei- und Verlagserzeugnisse	19,8	293,7	35,2	475,5	-	16,6	0,6	66,9
29	Leder und Lederwaren	6,7	95,0	35,2	344,0	0,3	-	-	-
30	Gummiprodukte	6,7	207,3	16,7	436,7	-	-	0,9	61,7
31	Chemische Erzeugnisse	42,1	812,1	126,4	1 229,4	-	45,1	12,9	658,6
32	Erdöl- und Kohleprodukte	16,9	77,8	67,5	1 929,5	-	-	10,3	128,2
33	Erzeugnisse aus nichtmetallischen Mineralien	28,1	397,4	65,8	1 023,2	-	1,9	2,4	59,6
34	Eisen und NE-Metalle	58,4	656,6	73,0	1 320,7	167,5	5 538,9	11,2	169,2
35	Metallwaren	21,7	518,4	51,2	1 200,4	-	10,3	22,7	147,2
36	Maschinen (nicht elektrisch)	9,2	293,7	50,8	1 134,2	-	11,4	49,3	1 167,8
37	Elektromaschinen	8,8	276,5	50,8	1 142,6	-	7,8	13,6	465,1
38	Fahrzeuge	12,6	527,0	58,8	1 375,4	-	30,9	37,3	903,5
39	Sonstige Fertigwaren	6,5	207,3	44,1	715,2	-	16,7	7,3	113,3
2-3	Verarbeitende Industrie insgesamt	536,0	8 548,4	1 935,2	30 826,2	183,1	5 856,8	203,3	4 574,1
	Konsumgüter	240,9	3 148,8	1 131,1	16 170,4	4,4	115,0	32,6	581,1
	kurzlebige	147,2	2 181,3	664,3	10 311,0	4,1	96,8	27,1	488,7
	dauerhafte	93,7	967,5	466,8	5 859,4	0,3	18,2	5,5	92,4
	Intermediäre Güter	146,8	2 522,7	409,6	6 744,0	11,2	123,9	26,9	967,3
	Investitionsgüter	138,8	2 669,6	350,4	7 196,5	167,5	5 601,2	136,5	2 912,4

[a]Den sektoralen Wertschöpfungszahlen für 1968 liegt die Struktur von 1966 zugrunde. - [b]Zu Marktpreisen. - [c]Die Großhandelspreisindex deflationiert. - [d]ISIC 20 enthält Kaffee und Zucker; und ISIC 34 enthält SITC 67 und 68.

Quelle: Dirección de Estadística y Censos, Comercio Exterior, Santiago, versch. Jgg. - Banco Central de Chile, book, versch. Jgg. - UN, CEPAL, Nacional Financiera, S.A., La Política Industrial en el Desarrollo

verarbeitenden Industrie in Chile, Mexiko und Südkorea 1958 und 1968 (Mill., Landeswährung)

Mexiko (Mill. Pesos)								Südkorea (Mill. Won)							
Wertschöpfung[b]		Bruttoproduktion[b]		Exporte[d]		Importe		Wertschöpfung[b]		Bruttoproduktion[b]		Exporte		Importe	
1958	1968	1958	1968	1958	1968	1958	1968	1958	1968	1958	1968	1958	1968	1958	1968
7 003,2	16 992,7	20 618,7	47 005,2	2 121,9	3 292,1	189,9	326,0	1 517,8	21 996,6	5 725,4	62 231,6	122,8	11 871,4	887,9	22 840,9
646,7	1 569,7	1 102,3	2 512,4	6,3	43,4	26,0	48,3	1 657,1	46 681,3	4 075,0	86 127,0	-	292,2	205,3	391,3
1 635,4	3 968,2	3 748,4	8 545,3	-	3,9	58,9	14,3								
2 318,1	5 896,5	5 502,9	12 333,6	410,9	425,3	110,9	103,5	4 314,7	46 069,5	13 327,9	127 650,4	46,8	17 237,1	635,5	28 919,1
2 061,0	5 845,8	4 505,7	14 731,5	41,3	86,0	22,1	22,0	632,5	13 024,6	1 804,9	36 453,0	-	31 593,3	143,3	280,1
577,3	1 732,1	1 468,0	3 091,1	53,5	121,0	49,7	83,9	758,7	14 581,1	2 732,0	45 272,7	-	18 776,3	31,4	188,6
644,1	2 226,0	1 671,8	5 189,3	4,6	52,0	291,4	649,4	296,3	8 666,1	854,1	24 186,5	-	161,0	784,1	2 290,3
637,7	1 664,4	1 348,8	3 798,8	44,3	162,4	54,0	229,1	795,4	9 398,2	1 730,5	18 561,9	-	-	40,3	1 246,8
320,1	771,3	1 061,4	2 417,4	7,6	45,0	17,0	34,8	96,5	782,1	395,0	2 106,5	-	12,9	0,5	172,6
375,4	1 360,0	1 014,5	2 255,6	1,3	13,1	49,8	70,1	630,8	6 575,8	1 975,7	18 716,5	-	717,0	9,6	345,7
1 872,0	9 536,6	5 275,4	18 536,5	248,4	856,5	2 325,4	3 374,9	865,4	38 146,3	2 504,0	81 117,4	0,5	877,2	3 464,5	36 593,0
								296,1	17 325,0	1 258,8	55 625,7	-	-	1 655,1	4 067,7
880,7	3 305,2	1 951,2	7 176,1	59,2	160,0	167,5	226,5	1 342,5	18 706,6	2 689,0	39 265,3	-	241,5	381,1	2 598,5
1 416,8	5 074,5	3 456,3	11 614,9	1 088,9	1 851,0	804,4	937,3	1 050,9	18 834,4	3 142,3	58 549,4	8,6	3 497,4	1 019,5	33 676,4
808,7	2 895,8	1 863,0	6 260,8	-	162,4	374,2	882,0								
432,0	2 632,0	718,2	3 222,1	36,5	247,3	3 398,4	4 358,9	456,4	6 755,8	981,3	14 696,1	-	1 171,3	910,4	76 640,9
696,8	4 235,5	1 862,4	8 355,8	9,2	124,9	863,9	3 045,3	208,0	10 472,8	485,6	29 675,4	0,2	5 329,6	529,2	26 994,4
887,1	4 668,5	2 845,2	13 485,7	80,9	118,0	1 804,5	4 680,7	516,7	14 611,2	1 095,9	46 118,7	-	385,7	394,4	43 427,0
493,7	1 637,4	1 246,2	3 376,6	36,2	123,0	471,9	917,4	329,1	8 817,2	736,6	22 722,4	7,4	11 837,1	272,6	1 615,0
23 706,8	76 012,2	61 260,4	173 908,7	4 251,0	7 887,3	11 079,9	20 004,4	15 764,9	301 444,6	45 514,0	769 076,5	186,3	104 001,0	11 364,7	282 288,3
12 881,4	32 544,2	33 853,3	82 101,7	2 274,9	3 753,8	417,6	758,4	5 458,0	106 463,9	16 462,8	250 752,7	122,8	62 546,1	1 308,7	25 120,3
9 285,3	22 530,6	25 469,4	58 062,9	2 128,2	3 339,4	274,8	388,6	3 174,9	68 677,9	9 800,4	148 358,6	122,8	12 163,6	1 093,2	23 232,2
3 596,1	10 013,6	8 383,9	24 038,8	146,7	414,4	142,8	369,8	2 283,1	37 786,0	6 662,4	102 394,1	-	50 382,5	215,5	1 888,1
5 209,6	19 019,1	13 464,6	38 315,0	665,2	1 346,9	2 777,5	4 197,9	6 403,3	116 782,7	19 920,6	307 296,5	47,3	18 992,3	6 548,8	72 215,8
5 122,1	22 811,5	12 696,3	50 115,4	1 274,7	2 663,6	7 412,9	14 130,7	3 574,5	69 380,8	8 394,1	188 304,9	8,8	10 625,5	3 234,6	183 337,2

Bruttoproduktionszahlen für 1958 und 1968 wurden wie folgt ermittelt: Die Werte der Input- Output-Tabelle (1962) wurden mit Hilfe des Produktionsindex berechnet und dann mit dem

"Boletín Mensual", versch. Jgg. - The Korean Reconstruction Bank, Final Report, Census of Mining and Manufacturing 1958. Seoul 1959. - The Bank of Korea, Economic Statistics Year-
Económico de México, a.a.O. - UN, Yearbook of International Trade Statistics, versch. Jgg.

Tabelle A 9 - Importgehalt[a] und Importsubstitution[b] in der Verarbeitenden Industrie Chiles, Mexikos und Südkoreas 1958-1968

ISIC	Sektor	Chile				Mexiko				Südkorea			
		Importgehalt[a] 1958	Importgehalt[a] 1968	Importsubstitution 1958-1968 als vH des Produktionswachstums	Rang der Sektoren	Importgehalt[a] 1958	Importgehalt[a] 1968	Importsubstitution 1958-1968 als vH des Produktionswachstums	Rang der Sektoren	Importgehalt[a] 1958	Importgehalt[a] 1968	Importsubstitution 1958-1968 als vH des Produktionswachstums	Rang der Sektoren
		vH	vH			vH	vH			vH	vH		
20	Nahrungsmittel	0, 052	0, 059	- 0, 8	10	0, 009	0, 007	0, 0	15	0, 134	0, 268	- 20, 2	15
21	Getränke	0, 000	0, 001	- 0, 1	8	0, 007	0, 006	0, 0	15				
22	Tabakwaren	0, 000	0, 044	- 4, 9	15	0, 051	0, 006	3, 2	2	0, 048	0, 005	3, 5	8
23	Textilwaren	0, 007	0, 031	- 26, 5	19	0, 017	0, 008	0, 1	12	0, 046	0, 185	- 19, 0	13
24	Bekleidung und Schuhe	0, 006	0, 006	0, 0	6	0, 005	0, 001	0, 0	15	0, 074	0, 008	7, 0	7
25	Holz- und Korkprodukte	0, 052	0, 004	5, 2	3								
26	Möbel	0, 000	0, 004	- 0, 4	9	0, 033	0, 026	1, 4	5	0, 011	0, 004	0, 7	9
27	Papier und Papierwaren	0, 044	0, 055	- 1, 2	11	0, 148	0, 111	1, 1	9	0, 479	0, 087	44, 5	2
28	Druckerei- und Verlagserzeugnisse	0, 017	0, 123	- 13, 1	18	0, 038	0, 057	- 0, 8	18	0, 023	0, 063	- 4, 7	11
29	Leder und Lederwaren	0, 000	0, 000	0, 0	6	0, 016	0, 014	0, 1	12	0, 001	0, 076	- 10, 0	12
30	Gummiprodukte	0, 051	0, 124	- 8, 7	16	0, 047	0, 030	1, 4	5	0, 005	0, 018	- 1, 5	10
31	Chemische Erzeugnisse	0, 093	0, 349	- 43, 8	20	0, 306	0, 154	0, 1	12	0, 580	0, 311	40, 3	3
32	Erdöl- und Kohleprodukte	0, 132	0, 062	7, 7	2	-	-	-	-	0, 568	0, 068	54, 9	1
33	Erzeugnisse aus nichtmetallischen Mineralien	0, 035	0, 055	- 2, 3	13	0, 079	0, 031	0, 9	11	0, 124	0, 062	7, 1	6
34	Eisen und NE-Metalle	0, 133	0, 114	2, 3	4	0, 189	0, 075	1, 4	5				
35	Metallwaren	0, 307	0, 109	23, 2	1	0, 167	0, 123	1, 0	10	0, 245	0, 365	- 20, 0	14
36	Maschinen (nicht elektrisch)	0, 493	0, 507	- 3, 0	14	0, 826	0, 619	8, 3	1	0, 481	0, 839	- 238, 5	17
37	Elektromaschinen	0, 211	0, 289	- 11, 5	17	0, 317	0, 215	1, 6	4	0, 521	0, 476	8, 7	5
38	Fahrzeuge	0, 388	0, 397	- 1, 6	12	0, 388	0, 258	1, 2	8	0, 265	0, 485	- 43, 8	16
39	Sonstige Fertigwaren	0, 142	0, 137	0, 6	5	0, 275	0, 214	2, 9	3	0, 270	0, 066	22, 6	4

[a]Anteil der Importe am heimischen Angebot. - [b]Berechnet nach dem Chenery-Konzept.

Quelle: Eigene Berechnungen nach Tabelle A 8.

Tabelle A 10 - Importgehalt[a] und Importsubstitution[b] in der Verarbeitenden Industrie Chiles, Mexikos und Südkoreas 1958-1968

ISIC	Sektor	Chile				Mexiko				Südkorea			
		Importgehalt[a] 1958	Importgehalt[a] 1968	Importsubstitution 1958-1968 als vH des Produktionswachstums	Rang der Sektoren	Importgehalt[a] 1958	Importgehalt[a] 1968	Importsubstitution 1958-1968 als vH des Produktionswachstums	Rang der Sektoren	Importgehalt[a] 1958	Importgehalt[a] 1968	Importsubstitution 1958-1968 als vH des Produktionswachstums	Rang der Sektoren
		vH	vH			vH	vH			vH	vH		
20	Nahrungsmittel	0,052	0,059	- 33,4	19	0,019	0,013	1,1	15	0,183	0,146	13,3	10
21	Getränke	0,000	0,001	- 0,1	9	0,014	0,011	0,5	17	0,082	0,010	8,9	11
22	Tabakwaren	0,000	0,044	- 4,9	15	0,051	0,006	8,1	10				
23	Textilwaren	0,007	0,031	- 2,7	13	0,041	0,024	3,1	12	0,114	0,296	- 29,1	16
24	Bekleidung und Schuhe	0,006	0,006	0,0	7	0,010	0,005	0,7	18	0,132	0,023	35,2	7
25	Holz- und Korkprodukte	0,052	0,004	5,2	3	0,092	0,081	2,3	13	0,163	0,306	- 25,8	15
26	Möbel	0,000	0,004	- 0,4	10								
27	Papier und Papierwaren	0,044	0,055	- 1,2	11	0,264	0,194	12,8	7	0,532	0,270	44,7	5
28	Druckerei- und Verlagserzeugnisse	0,017	0,123	- 13,1	18	0,108	0,100	1,4	14	0,146	0,147	- 0,2	13
29	Leder und Lederwaren	0,000	0,000	0,0	7	0,031	0,025	1,1	15	0,101	0,042	47,4	3
30	Gummiprodukte	0,051	0,124	- 8,7	16	0,139	0,121	3,7	11	0,060	0,180	- 15,3	14
31	Chemische Erzeugnisse	0,093	0,349	- 43,8	20	0,359	0,193	28,2	3	0,688	0,547	27,6	9
32	Erdöl- und Kohleprodukte	0,132	0,062	7,7	2	-	-	-	-	0,663	0,244	70,6	2
33	Erzeugnisse aus nichtmetallischen Mineralien	0,035	0,055	2,3	4	0,146	0,067	11,6	8	0,241	0,267	4,4	12
34	Eisen und NE-Metalle	0,133	0,144	2,3	4	0,385	0,228	28,9	2	0,503	0,706	82,3	1
35	Metallwaren	0,307	0,109	23,2	1	0,232	0,166	11,3	9				
36	Maschinen (nicht elektrisch	0,493	0,507	- 3,0	14	0,829	0,625	70,0	1	0,519	0,831	-295,7	17
37	Elektromaschinen	0,211	0,289	- 11,5	17	0,372	0,253	20,5	5	0,591	0,468	34,1	8
38	Fahrzeuge	0,388	0,397	- 1,6	12	0,402	0,268	23,2	4	0,335	0,486	43,5	6
39	Sonstige Fertigwaren	0,142	0,137	0,6	6	0,290	0,227	12,9	6	0,382	0,119	47,2	4

[a] Anteil der neu abgegrenzten Importe am heimischen Angebot, vgl. S. 42. - [b] Berechnet nach dem Morley-Smith-Konzept.

Quelle: Eigene Berechnungen nach Tabellen A 4 - A 8.

Tabelle A 11 - Regressionsanalyse: Importgehalt als Funktion des Pro-Kopf-Einkommens und der Bevölkerung für das Jahr 1965 (Anzahl der Länder: 25)

ISIC	Sektor	Konstante	Koeffizienten[a] von:				R^2	Funktionstyp[b]
			x_1	x_2	$\ell n x_1$	$\ell n x_2$		
20	Nahrungsmittel	1,345		- 0,001	- 0,137		0,43	I,4
21	Getränke	0,207	0,00004			- 0,041	0,42	I,3
22	Tabakwaren	- 2,076	0,00005*			- 0,673	0,24	IV,3
23	Textilwaren	5,782	0,001	- 0,004*	- 1,038	- 0,489	0,51	IV,2
24	Bekleidung und Schuhe	7,448	0,002	- 0,011	- 1,521	- 0,436*	0,62	IV,2
25	Holz- und Korkprodukte	2,349	0,001*	- 0,008	- 0,840*	- 0,287*	0,43	IV,2
26	Möbel	4,501	0,002	- 0,010	- 1,194	- 0,265*	0,54	IV,2
27	Papier und Papierwaren	1,712			- 0,174	- 0,071	0,46	I,1
28	Druckerei- und Verlagserzeugnisse	7,868	0,001	- 0,002*	- 1,415	- 0,612	0,68	IV,2
29	Leder und Lederwaren	- 3,990		- 0,009	0,375*		0,36	IV,4
30	Gummiprodukte	4,029	0,0003*	- 0,002*	- 0,573*	- 0,736	0,69	IV,2
31	Chemische Erzeugnisse	2,898			- 0,384	- 0,432	0,81	IV,1
32	Erdöl- und Kohleprodukte	1,262			- 0,189	- 0,266	0,40	IV,1
33	Erzeugnisse aus nichtmetallischen Mineralien	1,364			- 0,277	- 0,386	0,46	IV,1
34	Eisen und NE-Metalle	2,453			- 0,343	- 0,300	0,59	IV,1
35	Metallwaren	3,848			- 0,557	- 0,562	0,72	IV,1
36	Maschinen (nicht elektrisch)	3,617			- 0,478	- 0,365	0,77	IV,1
37	Elektromaschinen	4,373			- 0,570	- 0,547	0,77	IV,1
38	Fahrzeuge	3,543			- 0,451	- 0,525	0,75	IV,1
39	Sonstige Fertigwaren	1,901			- 0,259	- 0,372	0,68	IV,1
25+26		- 3,990		- 0,008	0,230*		0,38	IV,4
21+22		- 1,955	0,0007			- 0,517	0,45	IV,3

*Nicht signifikant bei 5 vH Irrtumswahrscheinlichkeit. - [a]x_1 = Pro-Kopf-Einkommen; x_2 = Bevölkerung. - [b]Die Funktionen lauten im einzelnen:

I,1 : $Y = \alpha + \gamma_1 \ell n\, x_1 + \gamma_2 \ell n\, x_2$

I,2 : $Y = \alpha + \beta_1 x_1 + \beta_2 x_2 + \gamma_1 \ell n\, x_1 + \gamma_2 \ell n\, x_2$

I,3 : $Y = \alpha + \beta_1 x_1 + \gamma_2 \ell n\, x_2$

I,4 : $Y = \alpha + \beta_2 x_2 + \gamma_1 \ell n\, x_1$

IV,1 : $\ell n\, Y = \alpha + \gamma_1 \ell n\, x_1 + \gamma_2 \ell n\, x_2$

IV,2 : $\ell n\, Y = \alpha + \beta_1 x_1 + \beta_1 x_1 + \beta_2 x_2 + \gamma_1 \ell n\, x_1 + \gamma_2 \ell n x_2$

IV,3 : $\ell n\, Y = \alpha + \beta_1 x_1 + \gamma_2 \ell n\, x_2$

IV,4 : $\ell n\, Y = \alpha + \beta_2 x_2 + \gamma_1 \ell n\, x_1$

Quelle: Eigene Berechnungen.

Tabelle A 12 - Regionalstruktur der Exporte Chiles, Mexikos

Bestimmungsregion	Nahrungsmittel und Getränke (SITC Gruppe 0+1)				Industrierohstoffe (2+4)			
	1962		1968		1962		1968	
	Mill. US-$	vH[a]	Mill. US-$	vH[a]	Mill. US-$	vH[a]	Mill. US-$	vH[a]
	Chile							
Vereinigte Staaten	6,15	1,2	16,74	1,8	40,64	7,6	19,37	2,1
Kanada	0,35	0,1	0,33	0,0	0,71	0,1	0,20	0,0
Lateinamerika	10,39	2,0	9,92	1,1	12,92	2,4	19,65	2,1
EWG	10,13	1,9	12,09	1,3	21,06	4,0	22,82	2,4
EFTA	4,55	0,9	6,34	0,7	11,59	2,2	3,14	0,3
Übriges Westeuropa	0,59	0,1	0,86	0,1	5,21	1,0	4,49	0,5
Osteuropa	0,29	0,1	-	-	0,19	0,0	-	-
Südafrika	-	-	-	-	-	-	-	-
Übriges Afrika	-	-	-	-	-	-	-	-
Japan	-	-	0,15	0,0	33,37	6,3	65,24	7,0
Mittlerer Osten	-	-	-	-	-	-	0,20	0,0
Übriges Asien	-	-	-	-	0,64	0,1	-	-
China/Nordkorea	-	-	-	-	-	-	0,40	0,0
Australien/Neuseeland	-	-	1,03	0,1	0,11	0,0	0,82	0,1
Restliche Welt	0,08	0,0	0,08	0,0	0,17	0,0	0,02	0,0
	Mexiko							
Vereinigte Staaten	258,02	32,1	370,62	33,4	148,76	18,5	134,60	12,1
Kanada	1,61	0,2	0,82	0,1	5,42	0,7	4,82	0,4
Lateinamerika	1,74	0,2	20,04	1,8	5,24	0,7	9,01	0,8
EWG	8,40	1,1	14,87	1,3	32,69	4,1	26,35	2,4
EFTA	5,39	0,7	38,50	3,5	7,88	1,0	14,39	1,3
Übriges Westeuropa	1,93	0,2	5,19	0,5	1,60	0,2	0,81	0,1
Osteuropa	4,76	0,6	1,64	0,2	1,40	0,2	1,27	0,1
Südafrika	-	-	-	-	-	-	-	-
Übriges Afrika	1,72	0,2	-	-	-	-	0,43	0,0
Japan	0,12	0,0	7,14	0,6	67,56	8,4	57,22	5,2
Mittlerer Osten	-	-	-	-	1,17	0,2	0,19	0,0
Übriges Asien	-	-	-	-	4,71	0,6	6,02	0,5
China/Nordkorea	-	-	-	-	-	-	-	-
Australien/Neuseeland	-	-	-	-	2,72	0,3	2,13	0,2
Restliche Welt	0,53	0,1	1,24	0,1	3,59	0,5	5,74	0,5
	Südkorea							
Vereinigte Staaten	1,41	2,6	8,10	2,5	4,58	8,4	11,21	3,5
Kanada	-	-	-	-	-	-	-	-
Lateinamerika	-	-	-	-	-	-	-	-
EWG	-	-	4,70	1,5	3,18	5,8	4,12	1,3
EFTA	0,12	0,2	2,10	0,7	1,12	2,0	2,94	0,9
Übriges Westeuropa	-	-	-	-	-	-	-	-
Osteuropa	-	-	-	-	-	-	-	-
Südafrika	-	-	0,20	-	-	-	-	-
Übriges Afrika	-	-	0,51	-	-	-	-	-
Japan	14,95	27,3	23,11	7,2	8,32	15,2	33,72	10,5
Mittlerer Osten	-	-	-	-	-	-	-	-
Übriges Asien	5,15	9,4	4,72	1,5	1,91	3,5	5,94	1,9
China/Nordkorea	-	-	-	-	-	-	-	-
Australien/Neuseeland	-	-	0,71	0,2	0,11	0,2	0,12	-
Restliche Welt	0,36	0,7	2,83	0,9	0,16	0,3	-	-

[a] In vH der Gesamtexporte (0-9).

Quelle: UN, Commodity Trade Statistics, New York, versch. Jgg.

und Südkoreas 1962 und 1968

Mineralische Brennstoffe (3)				Chemische Erzeugnisse (5)				Maschinen und Fahrzeuge (7)				Übrige Fertigwaren (6+8)			
1962		1968		1962		1968		1962		1968		1962		1968	
Mill. US-$	vH[a]	Mill. US-$	vH[a]	Mill. US-$	vH[a]	Mill. US-$	vH[a]	Mill. US-$	vH[a]	Mill. US-$	vH[a]	Mill. US-$	vH[a]	Mill. US-$	vH[a]
-	-	-	-	3,18	0,6	-	-	0,16	0,0	0,79	0,1	143,36	26,9	172,86	18,5
-	-	-	-	-	-	-	-	-	-	-	-	-	-	-	-
-	-	0,90	0,1	2,87	0,5	1,49	0,2	1,64	0,3	5,37	0,6	24,47	4,6	54,80	5,9
-	-	-	-	1,47	0,3	1,47	0,2	-	-	-	-	111,52	21,0	262,11	28,0
-	-	-	-	0,97	0,2	0,39	0,0	-	-	-	-	79,39	14,9	172,40	18,4
-	-	-	-	-	-	0,19	0,0	-	-	-	-	-	-	18,23	2,0
-	-	-	-	-	-	-	-	-	-	-	-	1,16	0,2	-	-
-	-	-	-	-	-	-	-	-	-	-	-	-	-	-	-
-	-	-	-	-	-	-	-	-	-	-	-	-	-	-	-
-	-	-	-	-	-	0,12	0,0	-	-	-	-	0,55	0,1	57,71	6,2
-	-	-	-	-	-	-	-	-	-	-	-	-	-	-	-
-	-	-	-	0,24	0,1	-	-	-	-	-	-	-	-	0,51	0,1
-	-	-	-	-	-	-	-	-	-	-	-	-	-	-	-
-	-	-	-	-	-	-	-	-	-	-	-	-	-	0,48	0,1
-	-	0,01	0,0	0,13	0,0	2,01	0,2	0,05	0,0	0,04	0,0	0,25	0,1	0,10	0,0
37,81	4,7	24,76	2,2	17,44	2,2	31,56	2,8	3,15	0,4	23,87	2,2	98,27	12,2	130,65	11,8
-	-	-	-	0,16	0,0	0,76	0,1	-	-	-	-	1,99	0,3	1,47	0,1
0,19	0,0	0,33	0,0	7,93	1,0	23,66	2,1	4,25	0,5	10,86	1,0	19,52	2,4	36,73	3,3
-	-	-	-	4,01	0,5	8,55	0,8	0,79	0,1	0,31	0,0	20,08	2,5	33,99	3,1
0,30	0,0	0,18	0,0	0,75	0,1	1,15	0,1	0,12	0,0	0,20	0,0	5,31	0,7	35,75	3,2
0,16	0,0	0,17	0,0	-	-	0,35	0,0	-	-	-	-	1,04	0,1	1,44	0,1
-	-	-	-	-	-	0,49	0,0	-	-	-	-	-	-	-	-
-	-	-	-	-	-	-	-	-	-	-	-	-	-	-	-
0,25	0,0	0,31	0,0	-	-	0,14	0,0	-	-	-	-	-	-	0,15	0,0
-	-	-	-	0,45	0,1	0,74	0,1	-	-	-	-	0,24	0,0	5,81	0,5
-	-	-	-	-	-	0,24	0,0	-	-	-	-	-	-	0,16	0,0
-	-	-	-	0,91	0,1	0,15	0,0	-	-	-	-	8,97	1,1	-	-
-	-	-	-	-	-	-	-	-	-	-	-	0,14	0,0	-	-
-	-	-	-	-	-	0,13	0,0	-	-	-	-	-	-	0,11	0,0
0,19	0,0	0,08	0,0	0,34	0,0	0,60	0,1	0,65	0,1	1,19	0,1	0,37	0,0	1,04	0,1
-	-	-	-	-	-	-	-	-	-	5,56	1,7	5,80	10,6	112,39	35,1
-	-	-	-	-	-	-	-	-	-	0,65	0,2	-	-	7,06	2,2
-	-	-	-	-	-	-	-	-	-	-	-	0,18	0,3	0,35	0,1
-	-	-	-	-	-	0,10	-	0,76	1,4	0,86	0,3	0,11	0,2	5,85	1,8
-	-	-	-	0,64	1,2	-	-	-	-	0,12	-	-	-	11,53	3,6
-	-	-	-	-	-	0,05	-	-	-	0,03	-	-	-	0,72	0,2
-	-	-	-	-	-	-	-	-	-	-	-	-	-	-	-
-	-	-	-	-	-	-	-	-	-	-	-	-	-	0,72	0,2
-	-	-	-	-	-	-	-	-	-	-	-	-	-	6,54	2,0
2,74	4,4	1,76	0,5	-	-	-	-	0,30	0,6	1,49	0,5	0,73	1,3	24,40	7,6
-	-	-	-	-	-	-	-	-	-	-	-	-	-	-	-
-	-	-	-	0,18	0,3	2,03	0,6	0,24	0,4	5,20	1,6	0,95	1,7	24,99	7,8
-	-	-	-	-	-	-	-	-	-	-	-	-	-	-	-
-	-	-	-	-	-	-	-	-	-	-	-	-	-	-	-
0,02	0,0	-	-	0,17	0,3	0,17	-	0,31	0,6	0,30	0,1	0,79	1,4	4,05	1,3

Tabelle A 13 - Faktorintensitäten in der Verarbeitenden Industrie Chiles 1957 und 1967 (Indizes der Wertschöpfung je Beschäftigten)

ISIC	Sektor	1957			1967		
		Insgesamt	Löhne und Gehälter	Übrige	Insgesamt	Löhne und Gehälter	Übrige
20	Nahrungsmittel	104	95	107	103	93	106
21	Getränke	183	105	212	170	103	192
22	Tabakwaren	934	229	1 190	765	206	951
23	Textilwaren	75	87	71	77	89	74
24	Bekleidung und Schuhe	57	71	52	59	70	55
25	Holz- und Korkprodukte	58	63	55	46	58	42
26	Möbel	69	80	65	48	59	44
27	Papier und Papierwaren	117	125	114	174	155	181
28	Druckerei- und Verlagserzeugnisse	97	151	77	87	143	69
29	Leder und Lederwaren	80	102	73	70	98	60
30	Gummiprodukte	130	113	137	149	123	160
31	Chemische Erzeugnisse	138	134	140	125	122	126
32	Erdöl- und Kohleprodukte	590	176	740	147	207	127
33	Erzeugnisse aus nichtmetallischen Mineralien	88	111	80	78	99	71
34	Eisen und NE-Metalle	205	169	218	223	189	234
35	Metallwaren	67	95	56	74	88	69
36	Maschinen (nicht elektrisch)	71	100	61	69	88	63
37	Elektromaschinen	110	120	110	138	118	144
38	Fahrzeuge	71	104	59	96	99	95
39	Sonstige Fertigwaren	72	80	69	81	80	82
2-3	Verarbeitende Industrie insgesamt	100	100	100	100	100	100

Quelle: República de Chile, Ministerio de Economía, III Censo Nacional de Manufacturas, 1960; Industrias manufacturas año 1967. - Eigene Berechnungen.

Tabelle A 14 - Faktorintensitäten in der Verarbeitenden Industrie Mexikos 1960 und 1965 (Indizes der Wertschöpfung je Beschäftigten)

ISIC	Sektor	1960			1965		
		Insgesamt	Löhne und Gehälter	Übrige	Insgesamt	Löhne und Gehälter	Übrige
20	Nahrungsmittel	150	128	162	114	68	139
21	Getränke	109	92	118	147	135	154
22	Tabakwaren	307	99	421	370	157	482
23	Textilwaren	48	66	38	77	99	65
24	Bekleidung und Schuhe	123	137	116	111	58	139
25	Holz- und Korkprodukte	60	39	72	50	55	47
26	Möbel						
27	Papier und Papierwaren	90	102	84	135	148	128
28	Druckerei- und Verlagserzeugnisse	60	84	47	82	116	64
29	Leder und Lederwaren	154	170	145	154	77	195
30	Gummiprodukte	149	103	174	140	148	136
31	Chemische Erzeugnisse	95	98	94	102	163	69
32	Erdöl- und Kohleprodukte	-	-	-	-	-	-
33	Erzeugnisse aus nichtmetallischen Mineralien	70	77	65	78	98	68
34	Eisen und NE-Metalle	147	138	151	157	183	143
35	Metallwaren	56	71	47	49	99	23
36	Maschinen (nicht elektrisch)	113	72	136	129	111	139
37	Elektromaschinen	70	90	59	90	101	84
38	Fahrzeuge	94	108	86	88	107	78
39	Sonstige Fertigwaren	75	93	65	118	77	139
2-3	Verarbeitende Industrie insgesamt	100	100	100	100	100	100

Quelle: Estados Unidos Mexicanos, Secretaría de Industria y Comercio, Dirección General de Estadística, VIII Censo Industrial 1966. Datos de 1965. Resumen General. 1967. - UN, CEPAL, Nacional Financiera, S.A., La Política Industrial en el Desarrollo Económico de México, a.a.O. - Eigene Berechnungen.

Tabelle A 15 - Faktorintensitäten in der Verarbeitenden Industrie Südkoreas 1958 und 1968 (Indizes der Wertschöpfung je Beschäftigten)

ISIC	Sektor	1958			1968		
		Insgesamt	Löhne und Gehälter	Übrige	Insgesamt	Löhne und Gehälter	Übrige
20	Nahrungsmittel	98	83	106	88	74	93
21 22	Getränke Tabakwaren	187	107	233	336	123	409
23	Textilwaren	82	85	81	61	83	54
24	Bekleidung und Schuhe	92	109	83	61	84	54
25 26	Holz- und Korkprodukte Möbel	85	31	116	84	89	82
27	Papier und Papierwaren	94	91	95	116	108	119
28	Druckerei- und Verlagserzeugnisse	100	146	73	89	159	66
29	Leder und Lederwaren	183	176	186	77	90	73
30	Gummiprodukte	97	95	98	63	92	53
31	Chemische Erzeugnisse	131	99	149	204	183	211
32	Erdöl- und Kohleprodukte	77	100	63	287	109	348
33	Erzeugnisse aus nichtmetallischen Mineralien	116	103	124	92	87	93
34 35	Eisen und NE-Metalle Metallwaren	111	129	101	81	104	74
36	Maschinen (nicht elektrisch)	99	118	87	69	103	58
37	Elektromaschinen	155	132	169	94	114	86
38	Fahrzeuge	92	129	71	99	126	89
39	Sonstige Fertigwaren	86	88	84	57	72	51
2-3	Verarbeitende Industrie insgesamt	100	100	100	100	100	100

Quelle: The Korean Reconstruction Bank, Final Report, Census of Mining and Manufacturing 1958. Seoul 1959. - The Bank of Korea, Economic Statistics Yearbook 1970, Seoul 1970. - Eigene Berechnungen.

Tabelle A 16 - Exportintensität[a] der Verarbeitenden Industrie in Chile, Mexiko und Südkorea 1958-1968

ISIC	Sektor	Chile				Mexiko				Südkorea			
		Exportintensität		Veränderung des Intensitätsgrades in vH	Rang der Sektoren	Exportintensität		Veränderung des Intensitätsgrades in vH	Rang der Sektoren	Exportintensität		Veränderung des Intensitätsgrades in vH	Rang der Sektoren
		1958	1968			1958	1968			1958	1968		
20	Nahrungsmittel	0,050	0,048	+ 4,0	7	-0,103	-0,067	- 35,0	15	0,118	0,150	- 27,1	11
21	Getränke	-0,021	-0,002	+ 90,5	3	0,005	0,001	+ 80,0	4	0,048	0,001	+ 97,9	5
22	Tabakwaren	0,001	0,044	- 4 300,0	20	0,051	0,004	+ 92,2	2				
23	Textilwaren	-0,066	0,031	- 146,9	17	-0,058	-0,027	- 53,4	16	0,042	0,084	- 100,0	15
24	Bekleidung und Schuhe	0,006	0,006	-	8	-0,004	-0,004	-	13	0,074	-6,092	+ 8 332,4	1
25	Holz- und Korkprodukte	0,052	0,002	+ 96,1	2	-0,003	-0,012	- 300,0	18	0,011	-0,697	+ 6 436,4	2
26	Möbel	0,001	0,004	- 400,0	18								
27	Papier und Papierwaren	0,044	-0,061	+ 238,6	1	0,146	0,103	+ 29,5	10	0,479	0,081	+ 83,1	7
28	Druckerei- und Verlagserzeugnisse	0,017	0,096	- 464,7	19	0,007	0,017	- 142,9	17	0,023	0,063	- 173,9	16
29	Leder und Lederwaren	-0,009	0,001	- 111,1	15	0,009	-0,004	+ 144,4	1	0,001	0,070	- 6 900,0	17
30	Gummiprodukte	0,051	0,124	- 143,1	16	0,046	0,025	+ 45,7	6	0,005	-0,020	+ 500,0	3
31	Chemische Erzeugnisse	0,222	0,333	- 50,0	13	0,282	0,120	+ 57,4	5	0,580	0,306	+ 47,2	9
32	Erdöl- und Kohleprodukte	0,132	0,062	+ 53,0	5					0,568	0,068	+ 88,0	6
33	Erzeugnisse aus nichtmetallischen Mineralien	0,035	0,053	- 51,4	14	0,053	0,009	+ 83,0	3	0,124	0,057	+ 54,0	8
34	Eisen und NE-Metalle	-1,877	-1,326	- 29,4	11	-0,090	-0,085	- 5,6	14	0,243	0,340	- 39,9	12
35	Metallwaren	0,307	0,102	+ 66,8	4	0,167	0,103	+ 38,3	7				
36	Maschinen (nicht elektrisch)	0,493	0,505	- 2,4	10	0,824	0,607	+ 26,3	12	0,481	0,837	- 74,0	13
37	Elektromaschinen	0,211	0,286	- 35,5	12	0,315	0,206	+ 34,6	8	0,521	0,422	+ 19,0	10
38	Fahrzeuge	0,388	0,388	-	8	0,377	0,253	+ 32,9	9	0,265	0,483	- 82,3	14
39	Sonstige Fertigwaren	0,142	0,119	+ 16,2	6	0,259	0,190	+ 26,6	11	0,265	-0,818	+ 408,7	4
2-3	Verarbeitende Industrie insgesamt	0,010	0,043	- 330,0		0,100	0,066	+ 34,0		0,196	0,188	+ 4,1	
	Konsumgüter	0,017	0,028	- 64,7	2	-0,058	-0,038	- 34,5	4	0,067	-0,175	+ 361,2	2
	leichtlebige	0,034	0,275	- 708,8	4	-0,078	-0,054	- 30,8	3	0,090	0,069	+ 23,3	4
	dauerhafte	0,011	0,013	- 18,2	1	-0,002	-0,002	- 100,0	5	0,031	-0,900	+ 3 003,2	1
	Intermediäre Güter	0,037	0,111	- 200,0	3	0,136	0,069	+ 49,3	1	0,246	0,148	+ 39,8	3
	Investitionsgüter	-0,097	0,597	- 715,5	5	0,326	0,188	+ 42,3	2	0,278	0,478	- 71,9	5

[a]Berechnet nach: Importe minus Exporte, dividiert durch Bruttoproduktion plus Importe minus Exporte. Die Exportintensität ist um so größer, je kleiner der Quotient ist.

Quelle: Eigene Berechnungen nach Tabelle A 8.

Tabelle A 17 - Importsubstitution und Exportdiversifizierung[a] der Verarbeitenden Industrie in Chile, Mexiko und Südkorea 1958-1968 (Mill., Landeswährung)

ISIC	Sektor	Chile[b]	Mexiko	Südkorea
20	Nahrungsmittel	89,3	1 476,9	15 244,7
21	Getränke	3,4	45,2	439,6 (21-22)
22	Tabakwaren	0,0	3,9	
23	Textilwaren	- 11,2	53,1	54 226,3
24	Bekleidung und Schuhe	0,0	53,8	32 748,2
25	Holz- und Korkprodukte	1,6	92,4 (25-26)	45 242,8 (25-26)
26	Möbel	0,0		
27	Papier und Papierwaren	78,8	153,6	2 516,8
28	Druckerei- und Verlagserzeugnisse	16,6	158,9	1 003,4
29	Leder und Lederwaren	- 0,3	51,3	440,9
30	Gummiprodukte	0,0	26,5	1 455,5
31	Chemische Erzeugnisse	45,1	771,3	24 120,0
32	Erdöl- und Kohleprodukte	0,1	-	3 505,1
33	Erzeugnisse aus nichtmetallischen Mineralien	1,9	151,4	2 922,4
34	Eisen und NE-Metalle	5 372,1	1 107,3	16 344,4 (34-35)
35	Metallwaren	10,3	214,9	
36	Maschinen (nicht elektrisch)	11,4	225,9	4 303,8
37	Elektromaschinen	7,8	146,5	7 156,9
38	Fahrzeuge	30,9	50,3	1 257,1
39	Sonstige Fertigwaren	16,7	97,0	12 698,0

[a]Exportdiversifizierung nach dem Morley-Smith-Konzept. - [b]In Escudos.

Quelle: Eigene Berechnungen nach Tabellen A 4 - A 8.

Tabelle A 18 - Wachstumsdeterminanten[a] der Bruttoproduktion und der Wertschöpfung in der Verarbeitenden Industrie Chiles 1958-1968 (Mill. Escudos)

siehe Seite 186

Tabelle A 18 - Wachstumsdeterminanten[a] der Bruttoproduktion und der Wertschöpfung

ISIC	Sektor	$\frac{x_1}{z_1}$	$\frac{x_2}{z_2}$	$\frac{x_2}{z_2} - \frac{x_1}{z_1}$	$\frac{x_1}{z_1}$ (ΔD)	$\frac{x_1}{z_1}$ (Δex)	$(\frac{x_2}{z_2} - \frac{x_1}{z_1})\, z_2$	Δx 1968/58
		(1)	(2)	(3)	(4)	(5)	(6)	(7)
20	Nahrungsmittel	0,948	0,941	-0,007	6 929,3	84,7	-55,4	6 957,9
21	Getränke	1,000	0,999	-0,001	2 101,6	3,4	-2,5	2 309,0
22	Tabakwaren	1,000	0,956	-0,044	361,9	-	-18,7	379,9
23	Textilwaren	0,993	0,969	-0,024	2 372,7	-11,1	-61,0	2 300,1
24	Bekleidung und Schuhe	0,994	0,994	0,000	2 843,4	-	-	2 843,5
25	Holz- und Korkprodukte	0,948	0,996	0,048	799,1	1,5	43,6	844,6
26	Möbel	1,000	0,996	-0,004	959,0	-	-4,1	955,4
27	Papier und Papierwaren	0,956	0,945	-0,009	581,6	75,3	-6,5	649,3
28	Druckerei- und Verlagserzeugnisse	0,983	0,877	-0,106	481,7	16,3	-57,5	440,3
29	Leder und Lederwaren	1,000	1,000	0,000	309,1	-0,3	-	308,8
30	Gummiprodukte	0,949	0,876	-0,073	456,2	-	-36,4	420,0
31	Chemische Erzeugnisse	0,907	0,651	-0,256	1 545,2	40,9	-483,3	1 103,0
32	Erdöl- und Kohleprodukte	0,868	0,938	0,070	1 718,6	-	144,0	1 862,0
33	Erzeugnisse aus nichtmetallischen Mineralien	0,965	0,945	-0,020	977,3	1,8	-21,7	957,4
34	Eisen und NE-Metalle	0,867	0,886	0,019	-3 438,1	4 657,0	28,3	1 247,7
35	Metallwaren	0,693	0,891	0,198	875,7	7,1	266,8	1 149,2
36	Maschinen (nicht elektrisch)	0,507	0,493	-0,014	1 110,6	5,8	-32,2	1 083,4
37	Elektromaschinen	0,789	0,711	-0,078	1 211,5	6,2	-125,4	1 091,8
38	Fahrzeuge	0,612	0,604	-0,008	1 317,0	18,9	-18,2	1 316,6
39	Sonstige Fertigwaren	0,858	0,863	0,005	652,4	14,3	4,1	671,1
2-3	Verarbeitende Industrie insgesamt	0,905	0,588	-0,317	24 967,2	5 134,7	-11 221,9	28 891,0
	Konsumgüter	0,980	0,965	-0,015	14 710,2	108,4	-531,0	14 572,5
	kurzlebige	0,961	0,955	-0,006	9 629,0	89,1	-100,5	9 646,7
	dauerhafte	0,988	0,984	-0,004	5 396,1	17,7	-43,2	5 392,6
	Intermediäre Güter	0,938	0,875	-0,063	6 718,1	105,7	-30,8	6 334,4
	Investitionsgüter	0,720	0,977	0,257	3 015,6	3 912,3	2 598,0	6 846,1

[a] Zu den Symbolen vgl. S. 62. Außerdem: μ = Quotient aus Wertschöpfung (v) zu Bruttoproduktion (x) zu

Quelle: Eigene Berechnungen nach Tabelle A 8.

in der Verarbeitenden Industrie Chiles 1958-1968 (Mill. Escudos)

μ_1	μ_2	$\mu_2 - \mu_1$	$\mu_1 [\frac{x_1}{z_1} (\Delta D)]$	$\mu_1 (\frac{x_1}{z_1} \Delta ex)$	$\mu_1 [(\frac{x_2}{z_2} - \frac{x_1}{z_1}) z_2]$	$(\mu_2 - \mu_1) x_2$	Δv 1968/58
(8)	(9)	(10)	(11)	(12)	(13)	(14)	(15)
0,198	0,858	0,660	1 372,0	16,7	-11,0	4 917,0	1 371,5
0,165	0,197	0,032	346,8	0,6	-0,4	73,6	394,7
1,143	0,171	-0,972	413,7	-	-21,4	-393,8	264,9
0,438	0,725	0,287	1 039,2	-4,7	-26,7	706,7	1 077,9
0,155	0,467	0,312	440,7	-	-	971,6	295,1
0,281	0,108	-0,173	224,5	0,4	12,3	-156,5	173,3
0,130	0,210	0,080	124,7	-	-0,5	81,7	43,2
0,272	0,403	0,131	158,2	20,5	-1,8	89,9	266,5
0,563	0,618	0,055	271,2	9,2	-32,4	26,2	273,9
0,190	0,276	0,086	58,7	-0,1	-	29,6	88,3
0,401	0,475	0,074	182,9	-	-14,6	32,3	200,6
0,333	0,661	0,328	514,6	13,6	-160,9	403,2	770,0
0,250	0,040	-0,210	429,7	-	36,0	-405,2	60,9
0,427	0,388	-0,039	417,3	0,8	-9,3	-39,9	369,3
0,800	0,497	-0,303	2 750,5	3 725,6	22,6	-400,2	598,2
0,424	0,432	0,008	371,3	3,0	113,1	9,6	496,7
0,181	0,259	0,078	201,0	1,1	-5,8	88,5	284,5
0,173	0,242	0,069	209,6	1,1	-21,7	78,8	267,7
0,214	0,383	0,169	281,8	4,0	-3,9	232,4	514,4
0,147	0,290	0,143	95,9	2,1	0,6	102,3	200,8
0,277	0,277	0,000	6 915,9	1 422,3	-3 108,5	-	8 011,6
0,151	0,195	0,044	2 221,2	16,4	-80,2	711,5	2 907,9
0,222	0,212	-0,010	2 137,6	19,8	-22,3	-103,1	2 034,1
0,201	0,165	-0,036	1 084,6	3,6	-8,7	-210,9	873,8
0,358	0,374	0,016	2 405,1	37,8	-11,0	107,9	2 375,9
0,396	0,400	0,004	1 194,2	1 549,3	1 028,8	28,8	2 738,1

Marktpreisen.

Tabelle A 19 - Wachstumsdeterminanten der Bruttoproduktion und der Wertschöpfung

ISIC	Sektor	$\frac{x_1}{z_1}$	$\frac{x_2}{z_2}$	$\frac{x_2}{z_2} - \frac{x_1}{z_1}$	$\frac{x_1}{z_1}$ (ΔD)	$\frac{x_1}{z_1}$ (Δex)	$(\frac{x_2}{z_2} - \frac{x_1}{z_1})\ z_2$	Δx 1968/58
		(1)	(2)	(3)	(4)	(5)	(6)	(7)
20	Nahrungsmittel	0,991	0,993	0,002	25 098,9	1 159,7	94,6	26 386,5
21	Getränke	0,993	0,994	0,001	4 808,5	36,8	8,6	4 796,9
22	Tabakwaren	0,949	0,994	0,045	1 292,2	3,7	113,7	1 410,1
23	Textilwaren	0,980	0,992	0,012	6 672,7	14,1	149,2	6 830,7
24	Bekleidung und Schuhe	0,995	0,999	0,004	10 130,1	44,5	59,0	10 225,8
25 26	Holz- und Korkprodukte Möbel	0,967	0,974	0,007	1 537,4	65,3	22,2	1 623,1
27	Papier und Papierwaren	0,852	0,889	0,037	3 261,5	40,4	216,0	3 517,5
28	Druckerei- und Verlagserzeugnisse	0,962	0,943	-0,019	2 411,7	113,6	-76,5	2 450,0
29	Leder und Lederwaren	0,984	0,986	0,002	1 353,5	36,8	4,9	1 356,0
30	Gummiprodukte	0,953	0,970	0,017	1 299,0	11,2	39,5	1 241,1
31	Chemische Erzeugnisse	0,694	0,846	0,152	11 123,4	422,0	3 330,5	13 261,1
32	Erdöl- und Kohleprodukte	-	-	-	-	-	-	-
33	Erzeugnisse aus nichtmetallischen Mineralien	0,921	0,969	0,048	4 773,6	92,8	355,3	5 224,9
34	Eisen und NE-Metalle	0,811	0,925	0,114	6 106,3	618,1	1 431,0	8 158,6
35	Metallwaren	0,833	0,877	0,044	5 116,8	135,3	314,3	4 397,8
36	Maschinen (nicht elektrisch)	0,174	0,381	0,207	7 489,7	36,7	1 748,5	2 503,9
37	Elektromaschinen	0,683	0,785	0,102	5 327,4	79,0	1 085,5	6 493,4
38	Fahrzeuge	0,612	0,742	0,130	8 251,5	22,7	2 361,6	10 640,5
39	Sonstige Fertigwaren	0,725	0,786	0,061	1 752,1	62,9	261,9	2 130,4
2-3	Verarbeitende Industrie insgesamt	0,847	0,896	0,049	92 332,4	4 690,0	9 507,0	112 648,3
	Konsumgüter	0,988	0,991	0,003	46 544,9	1 461,2	248,6	48 248,4
	kurzlebige	0,998	0,993	-0,005	31 433,1	1 208,8	-292,3	32 593,5
	dauerhafte	0,993	0,985	-0,008	8 321,4	265,8	-195,3	15 654,9
	Intermediäre Güter	0,829	0,901	0,072	21 213,4	565,1	3 060,9	24 850,4
	Investitionsgüter	0,631	0,779	0,148	27 041,7	876,4	9 524,3	37 419,1

Quelle: Eigene Berechnungen nach Tabelle A 8.

in der Verarbeitenden Industrie Mexikos 1958-1968 (Mill. Pesos)

μ_1	μ_2	$\mu_2 - \mu_1$	$\mu_1 [\frac{x_1}{z_1} (\Delta D)]$	$\mu_1 (\frac{x_1}{z_1} \Delta ex)$	$\mu_1 [(\frac{x_2}{z_2} - \frac{x_1}{z_1}) z_2]$	$(\mu_2 - \mu_1) x_2$	Δv 1968/58
(8)	(9)	(10)	(11)	(12)	(13)	(14)	(15)
0,340	0,362	0,022	8 533,6	394,3	32,2	1 034,1	9 989,5
0,436	0,464	0,028	2 096,5	16,0	3,8	239,3	2 332,8
0,587	0,625	0,038	758,5	2,2	66,7	95,5	923,0
0,421	0,478	0,057	2 809,2	5,9	62,8	703,0	3 578,4
0,457	0,397	-0,060	4 629,5	20,3	27,0	-883,9	3 784,8
} 0,393	} 0,560	} 0,167	} 604,2	} 25,7	} 8,7	} 516,2	} 1 154,8
0,385	0,429	0,044	1 255,7	15,6	83,2	228,7	1 581,9
0,473	0,438	-0,035	1 140,7	53,7	-36,2	-133,0	1 026,7
0,302	0,319	0,017	408,8	11,1	1,5	41,1	451,2
0,370	0,603	0,223	408,6	4,1	14,6	503,0	984,6
0,355	0,514	0,159	3 948,8	149,8	1 182,3	2 947,3	7 664,6
-	-	-	-	-	-	-	-
0,451	0,461	0,010	2 152,9	41,9	160,2	3 308,2	2 424,5
0,410	0,437	0,027	2 503,6	253,4	586,7	313,6	3 657,7
0,434	0,463	0,029	2 220,7	58,7	136,4	175,8	2 087,1
0,602	0,817	0,215	4 508,8	22,1	1 052,6	692,8	2 200,0
0,374	0,507	0,133	1 992,4	22,5	406,9	1 111,3	3 538,7
0,312	0,346	0,036	2 574,5	7,1	736,8	485,5	3 781,4
0,396	0,485	0,089	693,8	24,9	103,7	300,5	1 143,7
0,387	0,487	0,100	35 732,6	1 815,0	3 672,2	17 390,9	52 325,3
0,381	0,396	0,015	17 733,6	556,7	94,7	1 231,5	19 662,8
0,365	0,388	0,023	11 473,1	441,2	-106,7	1 335,4	13 245,3
0,429	0,417	-0,012	3 569,9	114,0	-83,8	-288,5	6 417,5
0,387	0,496	0,109	8 209,6	218,7	1 184,6	4 176,3	13 809,5
0,403	0,455	0,042	10 897,8	353,2	3 838,3	2 104,8	17 689,4

Tabelle A 20 - Wachstumsdeterminanten der Bruttoproduktion und der Wertschöpfung

ISIC	Sektor	$\frac{x_1}{z_1}$	$\frac{x_2}{z_2}$	$\frac{x_2}{z_2} - \frac{x_1}{z_1}$	$\frac{x_1}{z_1}$ (ΔD)	$\frac{x_1}{z_1}$ (Δex)	$(\frac{x_2}{z_2} - \frac{x_1}{z_1})\ z_2$	Δ x 1968/58
		(1)	(2)	(3)	(4)	(5)	(6)	(7)
20	Nahrungsmittel	0,865	0,731	-0,134	57 704,7	10 162,5	-11 389,7	56 506,2
21+22	Getränke und Tabakwaren	0,952	0,995	0,043	78 012,4	278,2	3 720,3	82 052,0
23	Textilwaren	0,954	0,815	-0,139	12 415,8	16 399,5	-21 763,2	114 322,5
24	Bekleidung	0,926	0,992	0,066	2 955,4	29 255,4	137,6	34 648,1
25+26	Holz- und Korkprodukte und Möbel	0,988	0,995	0,007	23 634,6	18 551,0	318,2	42 540,8
27	Papier und Papierwaren	0,521	0,913	0,392	12 857,0	83,9	10 378,9	23 332,4
28	Druckerei- und Verlagserzeugnisse	0,977	0,937	-0,040	17 623,0	-	-192,3	16 831,4
29	Leder und Lederwaren	0,998	0,924	-0,074	1 867,0	12,6	-168,7	1 711,5
30	Gummiprodukte	0,995	0,981	-0,014	16 377,6	713,4	-266,8	16 740,8
31	Chemische Erzeugnisse	0,419	0,989	0,570	46 452,5	367,3	254 852,9	78 613,4
32	Erdöl- und Kohleprodukte	0,431	0,932	0,501	24 515,1	-	29 906,4	54 366,9
33	Erzeugnisse aus nichtmetallischen Mineralien	0,875	0,938	0,063	33 733,2	211,3	2 637,4	36 576,3
34+35	Eisen, NE-Metalle und Metallwaren	0,755	0,635	-0,120	63 854,3	2 634,0	-11 067,1	55 407,1
36	Maschinen (nicht elektrisch)	0,520	0,164	-0,356	45 899,4	609,1	-32 516,0	13 708,8
37	Elektromaschinen	0,478	0,524	0,046	24 055,6	2 547,5	2 606,8	29 189,8
38	Fahrzeuge	0,735	0,515	-0,220	63 709,6	283,5	-19 700,1	45 022,8
39	Sonstige Fertigwaren	0,729	0,934	0,205	8 382,4	8 623,9	4 889,2	21 985,8
2-3	Verarbeitende Industrie insgesamt	0,800	0,732	-0,068	712 593,4	82 995,6	-71 492,8	723 562,6
	Konsumgüter	0,926	0,910	-0,016	181 198,0	57 804,0	-4 414,0	234 289,9
	kurzlebige	0,899	0,865	-0,034	133 642,1	10 824,7	-5 834,1	138 558,2
	dauerhafte	0,968	0,982	0,014	45 517,1	48 770,3	1 460,0	95 731,7
	Intermediäre Güter	0,752	0,810	0,058	251 241,6	14 246,6	22 012,7	287 375,9
	Investitionsgüter	0,721	0,507	-0,214	244 705,0	7 654,6	-207 931,4	179 910,8

Quelle: Eigene Berechnungen nach Tabelle A 8.

in der Verarbeitenden Industrie Südkoreas 1958-1968 (Mill. Won)

μ_1	μ_2	$\mu_2 - \mu_1$	$\mu_1 [\frac{x_1}{z_1} (\Delta D)]$	$\mu_1 (\frac{x_1}{z_1} \Delta ex)$	$\mu_1 [(\frac{x_2}{z_2} - \frac{x_1}{z_1}) z_2]$	$(\mu_2 - \mu_1) x_2$	Δv 1968/58
(8)	(9)	(10)	(11)	(12)	(13)	(14)	(15)
0,027	0,354	0,327	403,8	312,5	-636,3	20 349,7	20 478,8
0,041	0,542	0,501	1 838,4	11,9	-	43 149,6	45 024,2
0,032	0,361	0,329	174,0	547,3	-901,8	41 997,0	41 754,8
0,035	0,357	0,322	-453,2	1 096,9	-	11 737,9	12 392,1
0,028	0,322	0,294	-18,6	525,2	-5,1	13 310,2	13 822,4
0,035	0,358	0,323	544,7	5,2	-2,8	7 812,2	8 369,8
0,046	0,506	0,460	628,6	-	-55,6	8 538,5	8 602,8
0,024	0,371	0,347	-40,4	0,3	4,2	731,0	685,6
0,032	0,351	0,319	-45,5	22,9	-11,6	5 970,6	5 945,0
0,035	0,470	0,435	2 714,4	19 327,7	457,3	35 286,1	37 280,9
0,024	0,312	0,288	1 090,8	-	-97,4	16 020,2	17 028,9
0,050	0,476	0,426	707,5	11,9	-100,5	16 727,0	17 364,1
0,033	0,322	0,289	1 798,3	111,4	-1 013,5	16 920,8	17 783,5
0,047	0,460	0,413	3 416,4	50,5	-3 232,9	6 069,5	6 299,4
0,043	0,353	0,310	1 782,4	206,7	-921,1	9 199,4	10 264,8
0,047	0,317	0,270	3 528,9	17,5	-1 893,9	12 452,0	14 094,5
0,045	0,388	0,343	211,3	513,2	-32,9	7 793,8	8 488,1
0,035	0,392	0,357	10 955,7	2 657,9	-8 978,7	274 560,3	285 690,1
0,033	0,425	0,392	1 555,4	2 043,5	-746,5	98 295,1	101 005,9
0,032	0,463	0,431	1 913,2	381,1	-680,9	93 943,6	65 503,0
0,034	0,369	0,335	-438,6	1 707,9	-53,9	34 302,0	35 502,9
0,032	0,380	0,348	4 795,5	586,8	-1 918,8	1 070 899,2	110 379,4
0,043	0,368	0,325	11 328,1	439,2	-7 271,2	61 199,1	65 806,3

Tabelle A 21 - Determinanten der Importkapazität in Chile, Mexiko und Südkorea 1958-1968 (Mill. US-$)

	Chile					Mexiko					Südkorea				
	Exporterlöse	Nettokapitalzufluß[a]	Deviseneinnahmen	terms of trade 1963=100	Importkapazität	Exporterlöse	Nettokapitalzufluß[a]	Deviseneinnahmen	terms of trade 1963=100	Importkapazität	Exporterlöse	Nettokapitalzufluß[a]	Deviseneinnahmen	terms of trade 1963=100	Importkapazität
1958	389,0	40,3	429,3	85	364,9	735,2	317,4	1 052,6	95	1 000,0	17,1	364,7	381,8	83	316,9
1959	495,2	3,6	498,8	91	453,9	751,0	283,9	1 034,9	94	972,8	20,0	256,9	276,9	98	271,4
1960	488,5	15,3	503,8	107	539,1	766,1	330,4	1 096,5	103	1 129,4	33,3	274,0	307,3	117	359,5
1961	506,4	43,9	550,3	107	588,8	827,7	253,9	1 081,6	102	1 103,2	41,2	261,4	302,6	117	354,0
1962	532,1	- 4,8	527,3	102	537,8	912,4	283,8	1 196,2	95	1 136,4	55,8	284,3	340,1	103	350,3
1963	540,8	54,0	594,8	100	594,8	968,9	397,0	1 365,9	100	1 365,9	86,8	361,2	448,0	100	448,0
1964	623,0	54,0	677,0	102	690,5	1 030,8	402,0	1 432,8	96	1 375,5	119,1	241,3	360,4	101	364,0
1965	685,6	- 8,0	677,6	115	779,2	1 120,2	388,0	1 508,2	95	1 432,8	175,4	245,2	420,6	103	433,2
1966	878,7	30,0	908,7	141	1 281,3	1 199,3	228,0	1 427,3	96	1 370,2	249,9	549,1	799,0	115	918,9
1967	910,4	- 119,0	791,4	134	1 060,5	1 145,0	708,0	1 853,0	96	1 778,9	320,2	685,3	1 005,5	117	1 176,4
1968	936,1	8,0	944,1	147	1 387,8	1 254,3	977,0	2 231,3	100	2 231,3	455,0	840,1	1 295,1	123	1 593,0
Durchschnitt 1958/68	635,1	10,7	645,7	112	752,6	973,7	415,4	1 389,1	97	1 354,2	143,1	396,7	539,8	107	598,7
Jahresdurchschnittliche Veränderungsrate (vH)	9,2	- 14,9	8,2		14,3	5,5	11,9	7,8		8,4	38,8	8,7	13,0		17,5

[a]Einschließlich "net errors and omissions".

Quelle: IMF, Balance of Payments Yearbook, versch. Jgg. - UN,. "Monthly Bulletin of Statistics", versch. Jgg. - UN, ECLA, "Statistical Bulletin for Latin America", versch. Jgg. - UN, ECAFE, Statistical Yearbook for Asia and the Far East, versch. Jgg.

Tabelle A 22 - Effektive Protektion[a] und Exportdiskriminierung in der Verarbeitenden Industrie ausgewählter Entwicklungsländer (vH)

ISIC	Sektor	Brasilien 1967		Chile 1961		Malaysia 1965		Mexiko 1960		Philippinen 1965	
		Effektive Protektion	Exportdiskriminierung	Effektive Protektion	Exportdiskriminierung	Effektive Protektion	Exportdiskriminierung	Effektive Protektion	Exportdiskriminierung	Effektive Protektion	Exportdiskriminierung
20	Nahrungsmittel	40	52	2 884	∞	20	54	6	71	- 24	327
21	Getränke	173	632	609	∞	40	109	40	83	39	40
22	Tabakwaren	124	151	141	2 720	10	∞	52	87	74	75
23	Textilwaren	102	427	672	∞	212	5 825	82	162	- 932	100
24	Bekleidung und Schuhe	142	195	386	∞	61	∞	3	20	- 124	∞
25	Holz- und Korkprodukte	25	29	21	233	24	44	35	31	400	283
26	Möbel	124	211	209	∞	67	108	-	-	23	24
27	Papier und Papierwaren	59	84	41	4 720	18	73	75	166	72	127
28	Druckerei- und Verlagserzeugnisse	67	94	82	226	-	-	8	29	-	-
29	Leder und Lederwaren	85	133	714	∞	52	205	27	64	- 461	∞
30	Gummiprodukte	116	145	109	∞	- 9	3	48	89	35	135
31	Chemische Erzeugnisse	-	-	89	∞	-	-	32	97	32	63
32	Erdöl- und Kohleprodukte	-	-	45	194	-	-	-	-	34	99
33	Erzeugnisse aus nichtmetallischen Mineralien	39	37	227	∞	16	79	5	0, 8	65	92
34	Eisen und NE-Metalle	36	48	198	∞	- 3	0	60	105	-	-
35	Metallwaren	-	-	43	264	22	26	42	108	230	676
36	Maschinen (nicht elektrisch)	32	40	85	3 125			43	74	110	409
37	Elektromaschinen	97	176	111	790	- 2	6	43	126	147	∞
38	Fahrzeuge	75	118	101	568			99	∞	209	∞
39	Sonstige Fertigwaren	72	104	164	1 230	-	-	64	115	- 381	904

[a] Berechnet nach der Corden-Methode.

Quelle: Balassa and Ass., a.a.O.

Literaturverzeichnis

Monographien, Aufsätze, Berichte

Adelman, I. (Ed.), Practical Approaches to Development Planning. Korea's 2. Five-Year-Plan. Baltimore, Md., 1969.

Agarwal, J.P., Zur Novellierung des Entwicklungshilfe-Steuergesetzes. Drei Vorschläge zur Reform. (Institut für Weltwirtschaft.) Kiel 1973.

Baer, W., Industrialization and Economic Development in Brazil. Homewood, Ill., 1965.

--, I. Kerstenetzky, Import Substitution and Industrialization in Brazil. "The American Economic Review", Menasha, Wisc., Vol. 54 (1964), Papers and Proceedings, S. 411-425.

Balassa, B., Growth Strategies in Semi-Industrial Countries. "The Quarterly Journal of Economics", Cambridge, Mass., Vol. 84 (1970), S. 24-47.

--, Industrial Policies in Taiwan and Korea. "Weltwirtschaftliches Archiv", Tübingen, Bd. 106 (1971 I), S. 55-77.

--, Tariff Protection in Industrial Countries: An Evaluation. "The Journal of Political Economy", Chicago, Ill., Vol. 73 (1965), S. 573-594.

--, Trade Policies in Developing Countries. "The American Economic Review", Menasha, Wisc., Vol. 61 (1971), Papers and Proceedings, S. 178-187.

--, and Ass., The Structure of Protection in Developing Countries. Baltimore, Md., London 1971.

Behrman, J.E., Foreign Trade Regimes and Economic Development. (Chile University of Pennsylvania, Department of Economics.) Philadelphia, January 1974. (Unveröff. Manuskript.)

Berg, E.J., Wage Structure in Less Developed Countries. In: A.D. Smith (Ed.), Wage Policy Issues in Economic Development. London 1969.

Bhagwati, J.N., The Pure Theory of International Trade: A Survey. "The Economic Journal", London, Vol. 74 (1964), S. 1-84.

--, P. Desai, India-Planning for Industrialization. Industrialization and Trade Policies since 1951. (Publ. on behalf of the Development Centre of the OECD.) London, New York, Bombay 1970.

Bhagwati, J.N., V.K. Ramaswami, Domestic Distortions, Tariffs and the Theory of Optimum Subsidy. "The Journal of Political Economy", Chicago, Ill., Vol. 71 (1963), S. 44-50.

Bruno, M., The Optimal Selection of Export-Promoting and Import-Substituting Projects. In: Planning the External Sector: Techniques, Problems and Policies. Report on the First Inter-regional Seminar on Development Planning. Ankara, Turkey, 6-17 September 1965. (UN Publ. 67. II. B. 5.) New York 1967. S. 88-135.

Bruton, H.J., Economic Development and Labor Use. "World Development", Oxford, Vol. 1 (1973), No. 12, S. 1-28.

--, Employment, Productivity and Import Substitution. (Center for Development Economics, Williams College, Research Memorandum, No. 44.) Williamstown, Mass., 1972. (Unveröff. Manuskript.)

--, The Import-Substitution Strategy of Economic Development: A Survey. "The Pakistan Development Review", Karachi, Vol. 10 (1970), S. 123-146.

Bueno, G., The Structure of Protection in Mexico. In: B. Balassa and Ass., The Structure of Protection in Developing Countries. Baltimore, Md., London 1971. S. 169-202.

Cairncross, A.K., Factors in Economic Development. London 1962.

Chang, A.C., Fundamental Methods of Mathematical Economics. New York 1967.

Chenery, H.B., Patterns of Industrial Growth. "The American Economic Review", Menasha, Wisc., Vol. 50 (1960), S. 624-654.

--, P.G. Clark, Interindustry Economics. New York, London 1959.

--, H. Hughes, Industrialization and Trade Trends: Some Issues for the 1970s. In: H. Hughes (Ed.), Prospects for Partnership. Industrialization and Trade Policies in the 1970s. Baltimore, Md., London 1973. S. 3-39.

--, L. Taylor, Development Patterns. Among Countries and Over Time. "The Review of Economics and Statistics", Cambridge, Mass., Vol. 50 (1968), S. 391-416.

Chun Kim, H., Koreas Exporterfolge 1960-1969. "Finanzierung und Entwicklung", Hamburg, Jg. 8 (1971), Nr. 1, S. 14-21.

Clark, P.B., Planning Import Substitution. Amsterdam, London 1970.

Cooper, R.N., An Assessment of Currency Devaluation in Developing Countries. In: G. Ranis (Ed.), Government and Economic Development. New Haven, Conn., London 1971. S. 472-513.

Corden, W.M., The Structure of a Tariff System and the Effective Protective Rate. "The Journal of Political Economy", Chicago, Ill., Vol. 74 (1966), S. 221-237.

--, The Theory of Protection. Oxford 1971.

Desai, P., Alternative Measures of Import Substitution. "Oxford Economic Papers", Oxford, N.S., Vol. 21 (1969), S. 312-324.

Díaz-Alejandro, C.F., Essays on the Economic History of the Argentine Republic. New Haven, Conn., London 1970.

--, On the Import Intensity of Import Substitution. "Kyklos", Basel, Vol. 18 (1965), S. 495-511.

--, Turning from Import Substitution to Export Promotion in Colombia. (Rehovot Conference on Economic Growth in Developing Countries.) Jerusalem, September 1973. (Unveröff. Manuskript.)

Donges, J.B., Brazil's Trotting Peg. A New Approach to Greater Exchange Rate Flexibility in Less Developed Countries. (American Enterprise Institute for Public Policy Research.) Washington, D.C., 1971.

--, Conditions for Successful Import Substitution and Export Diversification in LDCs: A Summary Appraisal. In: H. Giersch (Ed.), The International Division of Labour. Problems and Perspectives. International Symposium. Tübingen 1974. S. 336-356.

--, Die Entwicklungsländer als Anbieter industrieller Erzeugnisse. "Die Weltwirtschaft", Tübingen, 1971, H. 1, S. 41-61.

--, From an Autarchic Towards a Cautiously Outward-Looking Industrialization Policy: The Case of Spain. "Weltwirtschaftliches Archiv", Tübingen, Bd. 107 (1971 II), S. 33-75.

--, Shaping Spain's Export Industry. "World Development", Oxford, Vol. 1 (1973), No. 9, S. 19-37. - Wiederabgedr. als Kieler Sonderdrucke, 8.

--, Über das Inflationsproblem in Entwicklungsländern unter besonderer Berücksichtigung von Argentinien, Brasilien, Chile und Mexiko. (Annales Universitatis Saraviensis, H. 48.) Köln 1970.

Donges, J.B., B. Stecher, F. Wolter, Industrial Development Policies for Indonesia. (Kieler Studien, 126.) Tübingen 1974.

Egner, E., Wachstumswirkungen der Rohstoffländer auf die Regionalstrukturen der westlichen Industrieländer. In: Der Einfluß der Europäischen Wirtschaftsgemeinschaft und der überseeischen Industrialisierung auf die westdeutsche Industrie. (Forschungs- und Sitzungsbericht der Akademie für Raumforschung und Landesplanung, Bd. 23.) Hannover 1963. S. 107-128.

Felix, D., Monetarists, Structuralists, and Import Substituting Industrialization: A Critical Appraisal. In: W. Baer, I. Kerstenetzky (Eds.), Inflation and Growth in Latin America. Homewood, Ill., 1964. S. 370-401.

Fels, G., The Choice of Industry Mix in the Division of Labour between Developed and Developing Countries. "Weltwirtschaftliches Archiv", Tübingen, Bd. 108 (1972 I), S. 71-121.

--, The Export Needs of Developing Countries and the Adjustment Process in Industrial Countries. In: H. Giersch (Ed.), The International Division of Labour. Problems and Perspectives. International Symposium. Tübingen 1974. S. 176-201.

--, K.-W. Schatz, F. Wolter, Der Zusammenhang zwischen Produktionsstruktur und Entwicklungsniveau. Versuch einer Strukturprognose für die westdeutsche Wirtschaft. "Weltwirtschaftliches Archiv", Tübingen, Bd. 106 (1971 I), S. 240-278.

Frank Jr., C.R., K.S. Kim, L.E. Westphal, Foreign Trade Regimes and Economic Development: South Korea. (National Bureau of Economic Research, unveröff. Manuskript.)

Giersch, H., Allgemeine Wirtschaftspolitik. Bd. 1: Grundlagen. (Die Wirtschaftswissenschaften.) Wiesbaden 1960.

--, Entrepreneurial Risk under Flexible Exchange Rates. In: G.N. Halm (Ed.), Approaches to Greater Flexibility of Exchange Rates. (The Bürgenstock Papers.) Princeton, N.J., 1970. S. 145-149.

Giersch, H. (Ed.), The International Division of Labour. Problems and Perspectives. International Symposium. Tübingen 1974.

Glassburner, B., J. Riedel, Economic Development Lessons from Hong Kong. A Reply. "The Economic Record", Melbourne, Vol. 49 (1973), S. 637-643.

Greckel, F.E., Import Substitution in Underdeveloped Nations and Regions: The Mexican Experience. Ph.D. Dissertation, Indiana University 1969.

Haberler, G., International Trade and Economic Development. New York 1968.

--, Some Problems in the Pure Theory of International Trade. "The Economic Journal", London, Vol. 60 (1950), S. 223-240.

Hagen, E.E., An Economic Justification of Protectionism. "The Quarterly Journal of Economics", Cambridge, Mass., Vol. 72 (1958), S. 496-514.

Healey, D.T., Development Policy: New Thinking about an Interpretation. "The Journal of Economic Literature", Menasha, Wisc., Vol. 10 (1972), S. 757-797.

Helleiner, G.K., Manufactured Exports from Less Developed Countries and Multinational Firms. "The Economic Journal", London, Vol. 83 (1973), S. 21-47.

Hesse, H., Promotion of Manufactured Exports as Development Strategy of Semi-Industrialized Countries: The Brazilian Case. "Weltwirtschaftliches Archiv", Tübingen, Bd. 108 (1972), S. 235-256.

--, Strukturwandlungen im Welthandel 1950-1960/61. Tübingen 1967.

Hirsch, S., Location of Industry and International Competitiveness. Oxford 1967.

--, Hypotheses Regarding Trade between Developing and Industrial Countries. In: H. Giersch (Ed.), The International Division of Labour. Problems and Perspectives. International Symposium. Tübingen 1974. S. 65-82.

Hirschman, A.O., The Political Economy of Import Substituting Industrialization in Latin America. "The Quarterly Journal of Economics", Cambridge, Mass., Vol. 82 (1968), S. 1-32.

--, The Strategy of Economic Development. (Yale Studies in Economics, 10.) New Haven, Conn., 1958.

Hoffmann, L., Importsubstitution und wirtschaftliches Wachstum in Entwicklungsländern unter besonderer Berücksichtigung von Argentinien, Brasilien, Chile und Kolumbien. (Schriften zur Angewandten Wirtschaftsforschung, 25.) Tübingen 1970.

Hoffmann, L., T.N. Tan, Pattern of Growth and Structural Change in West Malaysia's Manufacturing Industry 1959-1968. "Kajian Ekonomi Malaysia", [Kuala Lumpur], Vol. 8 (1971), No. 2, S. 44-69.

Hoffmann, W.G., Stadien und Typen der Industrialisierung. Ein Beitrag zur quantitativen Analyse historischer Wirtschaftsprozesse. (Probleme der Weltwirtschaft, 54.) Jena 1931.

Hong, W., Industrialization and Trade in Manufactures: The East Asian Experience. In: P.B. Kenen, R. Lawrence (Eds.), The Open Economy. Essays on International Trade and Finance. (Columbia Studies in Economics, 1.) New York, London 1968. S. 213-239.

Instituto Latinoamericano de Planificación Económica y Social, Consideraciones sobre Ocupación Industrial. (Cuadernos del ILPES, Serie II: Anticipos de Investigación, Núm. 8.) Santiago de Chile 1969.

Jeanneret, T., The Structure of Protection in Chile. In: B. Balassa and Ass., The Structure of Protection in Developing Countries. Baltimore, Md., London 1971. S. 137-168.

Johnson, H.G., Optimal Trade Intervention in the Presence of Domestic Distortions. In: R.E. Baldwin et al. (Eds.), Trade, Growth, and the Balance of Payments. Essays in Honor of Gottfried Haberler. Chicago, Amsterdam 1965. S. 3-34.

--, Tariffs and Economic Development: Some Theoretical Issues. In: D. Wall (Ed.), Chicago Essays in Economic Development. Chicago, London 1972. S. 271-299.

--, The Theory of Tariff Structure, With Special Reference to World Trade and Development. In: Derselbe, P.B. Kenen (Eds.), Trade and Development. (Etudes et Travaux de l'Institut Universitaire de Hautes Etudes Internationales No 4.) Genève 1965. S. 9-29.

Keesing, D.B., Outward-Looking Policies and Economic Development. "The Economic Journal", London, Vol. 77 (1967), S. 303-320.

Kemp, M.C., The Mill-Bastable Infant Industry Dogma. "The Journal of Political Economy", Chicago, Ill., Vol. 68 (1960), S. 65-67.

Kenen, P.B., R. Lawrence (Eds.), The Open Economy. Essays on International Trade and Finance. (Columbia Studies in Economics, 1.) New York, London 1968.

Khan, A.R., Import Substitution, Export Expansion and Consumption Liberalization: A Preliminary Report. "The Pakistan Development Review", Karachi, Vol. 3 (1963), S. 208-231.

Kindleberger, C.P., Foreign Trade and the National Economy. New Haven, Conn., London 1962.

Korea Trade Promotion Corporation (KOTRA), A Study of the Comparative International Competitive Strength of Export Industries. Seoul 1969.

Korean Reconstruction Bank, The-, Final Report, Census of Mining and Manufacturing 1958. Seoul 1959.

Korea's Fluctuating Exchange Rate System. Korea Exchange Bank, "Monthly Review", Seoul, Vol. 2 (1968), No. 2, S. 1-4.

Krueger, A.O., Some Economic Costs of Exchange Control: The Turkish Case. "The Journal of Political Economy", Chicago, Ill., Vol. 74 (1966), S. 466-480.

Kuznets, S., Economic Growth of Nations. Total Output and Production Structure. Cambridge, Mass., 1971.

--, Quantitative Aspects of the Economic Growth of Nations: II. Industrial Distribution of National Product and Labor Force. "Economic Development and Cultural Change", Chicago, Ill., Vol. 5 (1956/1957), Suppl., S. 3-111.

Lary, H.B., Imports of Manufactures from Less Developed Countries. (National Bureau of Economic Research, Studies in International Economic Relations, 4.) New York, London 1968.

Leibenstein, H., Allocative Efficiency Versus X-Efficiency. "The American Economic Review", Menasha, Wisc., Vol. 56 (1966), S. 392-415.

Leontief, W., The Use of Indifference Curves in the Analysis of Foreign Trade. "The Quarterly Journal of Economics", Cambridge, Mass., Vol. 47 (1933), S. 493-503, Schaub. 4. - Wiederabgedr. in: Derselbe, Essays in Economics. New York 1966. S. 116-125.

Lewis Jr., S.R., Pakistan: Industrialization and Trade Policies. (Publ. for the Development Centre of the OECD.) London, New York, Karachi 1970.

Lewis Jr., S.R., R. Soligo, Growth and Structural Change in Pakistan's Manufacturing Industry, 1954-1964. A Comment. "The Pakistan Development Review", Karachi, Vol. 5 (1965), S. 659-662.

Lewis, W.A., Economic Development with Unlimited Supplies of Labour. "The Manchester School of Economic and Social Studies", Manchester, Vol. 22 (1954), S. 139-191.

Linder, S.B., An Essay on Trade and Transformation. Uppsala 1961.

Little, I., T. Scitovsky, M. Scott, Industry and Trade in Some Developing Countries: A Comparative Study. London, New York, Toronto 1970.

Lockwood, W.W., The Economic Development of Japan, Growth and Structural Change 1868-1938. Princeton 1954.

Lotz, D., Singapur: Ein Beispiel für exportorientiertes Industriewachstum. "Die Weltwirtschaft", Tübingen, 1973, H. 1, S. 162-194.

Maddison, A., Economic Progress and Policy in Developing Countries. London 1970.

Maizels, A., Industrial Growth and World Trade. An Empirical Study of Trends in Production, Consumption and Trade in Manufactures from 1899-1959, with a Discussion of Probable Future Trends. (The National Institute of Economic and Social Research, Economic and Social Studies, 21.) Cambridge 1963.

Mamalakis, M., C.W. Reynolds, Essays in the Chilean Economy. Homewood, Ill., 1965.

Manoilescu, M., The Theory of Protection and International Trade. London 1931.

Meade, J.E., External Economies and Diseconomies in a Competitive Situation. "The Economic Journal", London, Vol. 62 (1952), S. 54-67.

--, The Theory of Economic Externalities. The Control of Environmental Pollution and Similar Social Costs. Leiden, Genève 1973.

--, The Theory of International Economic Policy. London, New York, Toronto:
Vol. I: The Balance of Payments. 1951.
Vol. II: Trade and Welfare. 1955.

M e d i u m I n d u s t r y B a n k, The-, An Introduction to Small Industries in Korea. Seoul 1966.

M e i e r, G. M., Leading Issues in Development Economics. Selected Materials and Commentary. New York 1964.

M i s h a n, E. J., The Postwar Literature on Externalities: An Interpretative Essay. "The Journal of Economic Literature", Menasha, Wisc., Vol. 9 (1971), S. 1-28.

M o r l e y, S. A., G. W. S m i t h, On the Measurement of Import Substitution. "The American Economic Review", Menasha, Wisc., Vol. 60 (1970), S. 728-735.

M ü l l e r - O h l s e n, L., Importsubstitution und Exportdiversifizierung im Industrialisierungsprozeß Mexikos. Strategien, Ergebnisse, Perspektiven. (Kieler Studien, 129.) Tübingen 1974.

--, Mexiko: Umbruch in der Entwicklungsstrategie. "Die Weltwirtschaft", Tübingen, 1973, H. 1, S. 31-60.

M y i n t, H., The Economics of the Developing Countries. London 1965.

--, The Inward and Outward-Looking Countries of Southeast Asia. "The Malayan Economic Review", Singapore, Vol. 12 (1967), No. 1, S. 1-13.

N a r v e k a r, P. R., The Role of Competitiveness in Japan's Export Performance, 1954-1958. IMF, "Staff Papers", Washington, D.C., Vol. 8 (1960), No. 1, S. 85-100.

N o r t o n, R. D., The South Korean Economy in the 1960s. (International Bank for Reconstruction and Development, Development Research Center.) Washington 1971.

P o s n e r, M. V., International Trade and Technical Change. "Oxford Economic Papers", Oxford, N. S., Vol. 13 (1961), S. 323-341.

P o w e r, J. H., Import Substitution as an Industrialization Strategy. "The Philippine Economic Journal", Manila, Vol. 5 (1966), No. 2, S. 167-204.

P r e b i s c h, R., The Economic Development of Latin America and Its Principal Problems. (UN Publ. E/CN. 12/89/Rev. 1.27.4.) Lake Success, New York 1950.

--, Towards a New Trade Policy for Development. In: Proceedings of the United Nations Conference on Trade and Development, Geneva, 23 March-16 June 1964. Vol. II: Policy Statements. New York 1964. S. 5-64.

R a n i s , G. , Production Functions, Market Imperfections and Economic Development. "The Economic Journal", London, Vol. 72 (1962), S. 344-354.

--, J.C.H. F e i , A Theory of Economic Development. "The American Economic Review", Menasha, Wisc., Vol. 51 (1961), S. 181-194.

R a p p , W.V., A Theory of Changing Trade Patterns: Tested for Japan, 1890-1962. Dissertation, Yale University 1967.

R a s m u s s e n , P.N., Studies in Inter-Sectoral Relations. Dissertation, Kopenhagen 1956.

R e p u b l i c o f K o r e a , Ministry of Reconstruction, Development of the Korean Economy. Seoul 1958.

R e y n o l d s , C.W., Essays in the Chilean Economy. Homewood, Ill., 1965.

--, The Mexican Economy. Twentieth Century Structure and Growth. New Haven, Conn., London 1970.

R i e d e l , J., The Industrialization of Hong Kong. (Kieler Studien, 124.) Tübingen 1974.

--, A Thought on Factor Intensity in an Input-Output Framework. (Institut für Weltwirtschaft.) Kiel 1973. (Unveröff. Manuskript.)

R o b o c k , S.H., Una Dicotomia falsa: Industrialización a través de Sustitución de Importaciones o Mediante Industrias de Exportación. "El Trimestre Económico", México, Vol. 39 (1972), S. 523-543.

R o s e , K., Theorie der Außenwirtschaft. 4., erw. u. verb. Aufl. München 1972.

S a k a m o t o , J., Medición de las Repercusiones del Proceso de Industrialización sobre la Economía. Un Análisis Critico del Modelo Baer-Kerstenetzky. "El Trimestre Económico", México, Vol. 39 (1969), S. 247-271.

S c i t o v s k y , T., Two Concepts of External Economies. "The Journal of Political Economy", Chicago, Ill., Vol. 62 (1954), S. 143-151.

S e e r s , D., A Theory of Inflation and Growth in Under-Developed Economies Based on the Experience of Latin America. "Oxford Economic Papers", Oxford, N.S., Vol. 14 (1962), S. 173-195.

Sheahan, J.B., Imports, Investments, and Growth. Colombia. In: G.F. Papanek (Ed.), Development Policy - Theory and Practice. Cambridge, Mass., 1968. S. 93-114.

Soza Valderrama, H., Planificación del Desarrollo Industrial. Mexico, D.F., 1966.

Stäglin, R., Der Einsatz der Input-Output-Rechnung zur Quantifizierung direkter und indirekter Beschäftigungseffekte. "Mitteilungen aus der Arbeitsmarkt- und Berufsforschung", Stuttgart, 6. Jg. (1973), S. 289-313.

Stecher, B., Entwicklungsstrategien und internationale Arbeitsteilung - Die Erfahrungen in Chile, Südkorea und Mexiko. (Kieler Diskussionsbeiträge, 23.) Kiel, August 1972.

Steuer, M.D., C. Voivodas, Importsubstitution and Chenery's Patterns of Industrial Growth: A Further Study. "Economia Internazionale", Genova, Vol. 18 (1965), S. 47-82.

Stigler, G., The Division of Labour is Limited by the Extent of the Market. "The Journal of Political Economy", Chicago, Ill., Vol. 59 (1951), S. 185-193.

Streeten, P., The Case for Export Subsidies. "The Journal of Development Studies", London, Vol. 5 (1969), S. 270-273.

Tinbergen, J., The Design of Development. Baltimore 1958.

Tyler, W.G., Employment Generation and the Promotion of Manufactured Exports in Less Developed Countries: Some Suggestive Evidence. In: H. Giersch (Ed.), The International Division of Labour. Problems and Perspectives. International Symposium. Tübingen 1974. S. 363-398.

--, Exchange Rate Flexibility Under Conditions of Endemic Inflation: A Case Study of the Recent Brazilian Experience. In: Leading Issues in International Economic Policy: Essays in Honor of G.N. Halm. Lexington, Mass., London 1973. S. 19-49.

--, Export Diversification and the Promotion of Manufactured Exports in Brazil. (Report prep. for US AID.) Rio de Janeiro 1969. (Unveröff. Manuskript.)

Tyszynski, H., World Trade in Manufactured Commodities, 1899-1950. "The Manchester School of Economic and Social Studies", Manchester, Vol. 19 (1951), S. 272-304.

United Nations (UN), A Study of Industrial Growth. New York 1963.

UN, Conference on Trade and Development (UNCTAD), New York:

Incentives for Industrial Exports. 1970. Study by the Secretariat of UNCTAD, Geneva. (UN Publ. E. 70. II. D. 8. TD/B/C. 2. /89/ Rev. 1.)

Trade Prospects and Capital Needs of Developing Countries. 1968. Study prepared by the UNCTAD Secretariat, Geneva. (UN Publ. E. 68. II. D. 13. TD/34/Rev. 1.)

UN, Department of Economic and Social Affairs, Classification of Commodities by Industrial Origin. Relationship of the Standard International Trade Classification to the International Standard Industrial Classification. (Statistical Papers, Series M, No. 43.) New York 1966.

UN, Economic Commission for Asia and the Far East (ECAFE), "Economic Bulletin for Asia and the Far East", New York, Vol. 12 (1961).

UN, Economic Commission for Latin America (ECLA), New York:

Economic Survey of Latin America 1951-1952, 1953.

Economic Survey of Latin America 1956, 1957.

The Growth and Decline of Import Substitution in Brazil. "Economic Bulletin for Latin America", Vol. 9 (1964), S. 1-59.

Inflation and Growth. Santiago. (Unveröff. Manuskript.)

Vernon, R., International Investment and International Trade in the Product Cycle. "The Quarterly Journal of Economics", Cambridge, Mass., Vol. 80 (1966), S. 190-207.

Viner, J., International Trade and Economic Development. Oxford, London 1953.

Westphal, L.E., K.S. Kim, Industrial Policy and Development in Korea. (North-Western University.) February 1974. (Unveröff. Manuskript.)

Zañartu, M., J.J. Kennedy (Eds.), The Overall Development of Chile. London 1969.

Statistische Quellen

Banco Central de Chile, "Boletín Mensual", Santiago, versch. Jgg.

Banco de México, La Estructura Industrial de México en 1960. México 1967.

Bank of Korea, The-, Seoul:
Economic Statistics Yearbook, versch. Jgg.
Interindustry Relations, Tables for 1960 (43 sectors), 1964; 1968 (43 sectors), 1970.

Bank of Mexico, Department of Economics, Cuadro de Insumo-Producto de México (45 sectors), México 1967.

Dirección de Estadística y Censos, Comercio Exterior, Santiago, versch. Jgg.

Estados Unidos Mexicanos, Secretaría de Industria y Comercio, Dirección General de Estadística, VIII Censo Industrial 1966. Datos de 1965. Resumen General. México, D.F., 1967.

International Bank for Reconstruction and Development (IBRD), World Tables, Washington, D.C., versch. Jgg.

International Monetary Fund (IMF), Balance of Payments Yearbook, Washington, D.C., versch. Jgg.

Korean Reconstruction Bank, The-, Final Report, Census of Mining and Manufacturing 1958. Seoul 1959.

Presidencia de la República de Chile, Oficina de Planificación Nacional, Matriz de Transacciones intersectorales de bienes y servicios nacionales. (54 sectores.) [Santiago 1962.]

República de Chile, Ministerio de Economía, Dirección de Estadística y Censos, Santiago:
III Censo Nacional de Manufacturas. 1960.
Industrias manufacturas año 1967.

United Nations (UN), Department of Economic and Social Affairs, New York:
Commodity Trade Statistics, versch. Jgg.
The Growth of World Industry, versch. Jgg.
"Monthly Bulletin of Statistics", versch. Jgg.
Yearbook of International Trade Statistics, versch. Jgg.
Yearbook of National Accounts Statistics, versch. Jgg.

UN, Economic Commission for Asia and the Far East (ECAFE), Statistical Yearbook for Asia and the Far East, New York, versch. Jgg.

UN, Economic Commission for Latin America (ECLA/CEPAL):
"Statistical Bulletin for Latin America", New York, versch. Jgg.

Nacional Financiera, S.A.: La Política Industrial en el Desarrollo Económico de México. México, D.F., Agosto de 1971. (CEPAL/MEX/71/11/Rev.1.) (Mimeo.)

Kieler Diskussionsbeiträge

Kiel Discussion Papers

27. Die Textilindustrie und das Theorem der komparativen Kosten. Eine Erwiderung. Von G. Fels. Kiel, Januar 1973. 18 S. *DM.* 3,–. Vergriffen.
28. Methodological Notes on Analyzing the Manufactured Export Performance in Less Developed Countries. By W. G. Tyler. Kiel, February 1973. 38 S. *DM* 3,–.
29. The Hong Kong Model of Industrialization. By J. Riedel. Kiel, February 1973. 18 S. *DM* 3,–.
30. Handelsliberalisierung oder gemeinsame Entwicklungsplanung bei der Integration von "least developed countries". Das Beispiel der Zentralafrikanischen Zollunion. Von R. J. Langhammer. Kiel, April 1973. 26 S. *DM* 3,–.
31. Welthandel und Strukturanpassung in den Industrieländern. Kiel, Oktober 1973. 18 S. *DM* 3,—. Vergriffen.
32. Indexklauseln und Inflationsbekämpfung. Von H. Giersch. Kiel, Oktober 1973. 25 S. *DM* 3,—. Vergriffen.
33. Wechselkursänderungen und EWG-Agrarmarkt. Die Kontroverse um den Grenzausgleich. Von H. Rodemer. Kiel, Februar 1974. 26 S. *DM* 3,—. Vergriffen.
34. Indexklauseln auf dem Index? Einwände, Mißverständnisse – nicht genutzte Chancen. Von R. Vaubel und A. Ahnefeld. Kiel, Oktober 1974. 24 S. *DM* 3,–.
35. Die gesamtwirtschaftlichen Kosten der Protektion. Von H. H. Glismann. Kiel, Oktober 1974. 36 S. *DM* 3,–.
36. Weltrohstoffversorgung: Konflikt oder Kooperation? Kiel, Dezember 1974. 40 S. *DM* 5,80. Vergriffen.
37. Krise der Weltwirtschaft? Beiträge zu einer Round-Table-Diskussion des Instituts für Weltwirtschaft. Kiel, Januar 1975. 33 S. *DM* 5,80.

38/39. Comments on "Economic Policy for the European Community – The Way Forward". Kiel, June 1975. 78 S. *DM* 11,60.

40. Exportbeschränkungen, ein neues Problem der Welthandelsordnung. Von H. R. Krämer. Kiel, Juni 1975. 23 S. *DM* 5,80.
41. Anatomie einer "Krise". Zur Situation der öffentlichen Finanzen und zu den konjunkturellen Wirkungen öffentlicher Haushalte in der Bundesrepublik. Von D. Biehl. Kiel, August 1975. 24 S. *DM* 5,80.
42. Die Weltwirtschaft im Wandel. Symposium 1975. Kiel, Oktober 1975. 48 S. *DM* 5,80.
43. Die Auswirkungen des gesamtwirtschaftlichen Strukturwandels auf die Nachfrage nach Arbeitskräften in den Bundesländern. Eine Prognose der Wirtschaftsstruktur und des Arbeitsplätzeangebots bis 1985. Von H. Vögele. Kiel, November 1975. 24 S. *DM* 5,80.
44. Volkswirtschaftliche und soziale Implikationen sinkender Sterblichkeit bei anhaltendem Geburtenrückgang in West- und Nordeuropa. Von H. Wander. Kiel, Dezember 1975. 18 S. *DM* 5,80.
45. Weltwirtschaft im Übergang. Beiträge zu einer Vortragsveranstaltung des Instituts für Weltwirtschaft. Kiel, Januar 1976. 30 S. *DM* 5,80.
46. Ökonomische Implikationen der "Neuen Weltwirtschaftsordnung". Von H. H. Glismann, P. Juhl und B. Stecher. Kiel, Februar 1976. 56 S. *DM* 5,80.

©
Institut für Weltwirtschaft an der Universität Kiel,
Postfach 4309, D-2300 Kiel 1

Kieler Studien

Institut für Weltwirtschaft an der Universität Kiel

Herausgegeben von Herbert Giersch
Schriftleitung: Hubertus Müller-Groeling

122. Dr. Friedrich Ortmann, Überlegungen zur regionalpolitischen Anwendbarkeit des Multiplikatorkonzeptes. 1973. V, 184 S. *DM* 40,—.
123. Juergen B. Donges, Gerhard Fels, Axel D. Neu u. a., Protektion und Branchenstruktur der westdeutschen Wirtschaft. 1973. XVIII, 393 S. Broschiert *DM* 68,–. Leinen *DM* 76,–.
124. James Riedel, The Industrialization of Hong Kong. 1974. VIII, 160 S. Broschiert *DM* 38,–. Leinen *DM* 43,–.
125. Heinz-Michael Stahl, Regionalpolitische Implikationen einer EWG-Währungsunion. 1974. XI, 238 S. Broschiert *DM* 44,–. Leinen *DM* 51,–.
126. Juergen B. Donges, Bernd Stecher, Frank Wolter, Industrial Development Policies for Indonesia. 1974. XI, 178 S. Broschiert *DM* 38,–. Leinen *DM* 45,–.
127. Frank Wolter, Strukturelle Anpassungsprobleme der westdeutschen Stahlindustrie. Zur Standortfrage der Stahlindustrie in hochindustrialisierten Ländern. 1974. XI, 182 S. Broschiert *DM* 38,–. Leinen *DM* 45,–.
128. Klaus-Werner Schatz, Wachstum und Strukturwandel der westdeutschen Wirtschaft im internationalen Verbund. Analysen und Prognosen. 1974. XIII, 266 S. Broschiert *DM* 46,–. Leinen *DM* 52,–.
129. Lotte Müller-Ohlsen, Importsubstitution und Exportdiversifizierung im Industrialisierungsprozeß Mexikos. Strategien, Ergebnisse, Perspektiven. 1974. XIII, 284 S. Broschiert *DM* 46,—. Leinen *DM* 52,—.
130. Ranadev Banerji, Exports of Manufactures from India. An Appraisal of the Emerging Pattern. 1975. XVII, 347 S. Broschiert *DM* 52,—. Leinen *DM* 58,—.
131. Hans H. Glismann, Wettbewerbsbeschränkende Absprachen im Außenhandel. Exportkartelle und Selbstbeschränkungsabkommen mit deutscher Beteiligung. 1975. XV, 334 S. Broschiert *DM* 54,–. Leinen *DM* 62,–.
132. Jamuna P. Agarwal, Juergen B. Donges, Ernst-Jürgen Horn, Axel D. Neu, Übertragung von Technologien an Entwicklungsländer. 1975. XXII, 350 S. Broschiert *DM* 55,–. Leinen *DM* 63,–.
133. Dieter Biehl, Eibe Hußmann, Kord Rautenberg, Sebastian Schnyder, Volker Südmeyer, Bestimmungsgründe des regionalen Entwicklungspotentials. Infrastruktur, Agglomeration und sektorale Wirtschaftsstruktur. 1975. X, 199 S. Broschiert *DM* 40,–. Leinen *DM* 48,–.
134. William G. Tyler, Manufactured Export Expansion and Industrialization in Brazil. 1976. XXIII, 373 S. Broschiert *DM* 78,–. Leinen *DM* 88,–.
135. Jürgen Roth, Der internationale Konjunkturzusammenhang bei flexiblen Wechselkursen. Eine modelltheoretische Analyse. 1975. XII, 264 S. Broschiert *DM* 54,–. Leinen *DM* 64,–.
136. Bernd Stecher, Erfolgsbedingungen der Importsubstitution und der Exportdiversifizierung im Industrialisierungsprozeß. Die Erfahrungen in Chile, Mexiko und Südkorea. 1976. XI, 207 S. Broschiert *DM* 43,–. Leinen *DM* 53,–.
137. Hugo Dicke, Hans H. Glismann, Ernst-Jürgen Horn, Axel D. Neu, Beschäftigungswirkungen einer verstärkten Arbeitsteilung zwischen der Bundesrepublik und den Entwicklungsländern. Im Druck.

J. C. B. Mohr (Paul Siebeck) Tübingen
Postfach 2040, D-7400 Tübingen